组织行为学

主　编　索柏民　王天崇

副主编　史宪睿　芦　刚

参　编　李　森　李永年

李　岩　张聪颖

北京理工大学出版社
BEIJING INSTITUTE OF TECHNOLOGY PRESS

内容简介

本书力求突出中国特色，尽量确保相关教材内容在充分吸收和借鉴西方先进管理思想和管理理念之下，融入中国传统管理思想的精华，有效结合中国管理的实践，进而实现本土化，以期对中国企业和相关组织的管理实践产生有益指导以及对管理水平产生促进和提高作用。本书分四大部分共十二章，分别从组织行为学概述，个体行为的基础，组织中的多元化与个体差异，价值观，知觉与个体决策，激励理论，群体行为的基本原理，工作团队建设与管理，沟通，领导、领导力与领导理论，组织文化，组织变革与压力管理等角度，论述了个体、群体的心理与行为、组织与行为的内在关联和相应的规律，分析了组织中的沟通、领导理论以及组织变革和组织发展等问题，并将研究性学习的理念与方法渗透到各个部分。

本书可作为高等学校管理类专业的教科书，也可作为其他专业学生和读者了解组织行为学领域知识和相关内容的阅读材料。

图书在版编目（CIP）数据

组织行为学/索柏民，王天崇主编．—北京：北京理工大学出版社，2017.8
ISBN 978-7-5682-4647-7

Ⅰ．①组…　Ⅱ．①索…　②王…　Ⅲ．①组织行为学-高等学校-教材　Ⅳ．①C936

中国版本图书馆 CIP 数据核字（2017）第 200256 号

出版发行／北京理工大学出版社有限责任公司
社　　址／北京市海淀区中关村南大街 5 号
邮　　编／100081
电　　话／（010）68914775（总编室）
　　　　　（010）82562903（教材售后服务热线）
　　　　　（010）68948351（其他图书服务热线）
网　　址／http：//www. bitpress. com. cn
经　　销／全国各地新华书店
印　　刷／北京紫瑞利印刷有限公司
开　　本／787 毫米×1092 毫米　1/16
印　　张／13　　　　　　责任编辑／李志敏
字　　数／305 千字　　　文案编辑／赵　轩
版　　次／2017 年 8 月第 1 版　2017 年 8 月第 1 次印刷　　责任校对／周瑞红
定　　价／53.00 元　　　责任印制／施胜娟

前　言

当前，与组织行为学相关的专业教材在图书市场上品种繁多，其中也包含一些国外经典教材和国家级的规划教材。然而，伴随着我国改革开放的不断发展和深化以及教育部提出的全新的应用型高校建设目标的要求，通过毕业生在就职岗位的信息反馈，我们可以发现在企业经营管理工作中产生了许多新的问题和新的情况，这些都反映在固有的组织行为学中的理论与现实的实践出现脱节、定位不准、缺乏行业发展状态支撑脱节等现象之上。基于以上原因，编撰一本理论与实践密切结合，切实满足目前我国应用型本科高校人力资源管理专业使用的组织行为学教材，成为一项迫在眉睫的工作。

在编写过程中，本教材编写组获得了北京理工大学出版社的全力支持和竭诚服务。2015年，北京理工大学出版社在沈阳召开了教材编撰研讨会，参会的人员均为辽宁地区高校的一线教师及行业专家，会议结合当前社会发展的现实要求，对重新编写的本科教材的特点、应用型本科与传统本科教学的区别以及教材的差异性进行了深入探讨，与会人员就这些议题基本达成共识，并在形成这些共识的前提下组建了教材编写组和大纲审定专家组，按照全新的发展观点、发展理念和发展思路，开始了教材的编写工作。

本教材除了具有传统教材的特点外，还有自己独特的优势：

（1）定位于应用型人才培养。组织行为学虽然是人力资源管理专业的基础课，但其课程内容本身存在着大量与实践密切结合的内容，可以与应用型人才培养的目标紧密对应，因此教材在编写过程中尽可能多地将所传授的知识内容定位于让应用型本科学生不仅学习到相关的专业理论，同时能体会到这些理论是如何在未来的工作岗位上指导实践的，使大量的理论知识具有操作性的特征，让学生不仅奠定了坚实的专业理论基础，而且掌握了理论应用的范围、角度和方式。

（2）教材整体设计体系有所创新。在应用型人才培养目标定位之后，教材编写人员对《组织行为学》本科课程和教材体系进行了调整，核心是改变传统本科教材从知识投入入手的缺陷，引入 OBE（Outcomes-based Education，基于学习产出的教育模式）的理念，尝试从产出的角度开展教材体系的再设计，按照市场对人力资源管理人才需要和工作岗位的性质来重新谋划该门课程的体系结构，并根据新的课程体系调整教材体系，增加了许多国内外组织行为学的相关实践环节等，使教材体系与产业结合得更加紧密。同时，结合编写组成员主持的省级和校级教学改革研究项目的内容，设计了一些研究性学习相关的教学内容，使整个教材的体系结构有所创新。

为了便于教师和学生使用本教材，在编写体例上也注重以人为本的理念，对于每个章节均从“名人名言”开篇，安排了“学习目标”“关键词”“开篇案例”“本章小结”“本章练习题”“研究性课题”等内容，同时配套相应的教学资源，充分满足学生以及教师在教学活动中的各种需要。

在历时一年多的时间中，在编写组的各位成员的共同努力下，《组织行为学》教材的书稿终于新鲜出炉。曾经以为自己从事“组织行为学”的教学工作有十年的时间，积累了较为充分的素材和经验，然而在将这些心得落实到纸面上形成文字的时候，才发现自己许多的理解并不成熟，还有许多需要斟酌之处。特别是其间自己还分别承担了省教育厅和学校的“组织行为学”课程的教学改革研究工作，对于其中的一些内容和新的教学理念又产生了新的想法与认识，特别希望将研究性学习的理念与 OBE 教学模式导入这本正在撰写的教材之中，以便使这样一本教材能够突破既往的教材的框架，破茧成蝶。尽管在这方面做出了一点尝试和努力，然而由于沉淀的时间较短和认识的粗浅，所以只能形成些许痕迹，而未能把这种想法贯彻在整本教材的体系和内容之中。

在教材的编写工作中，编写组的各位成员均承担了重要的工作。具体工作分工如下：第一章（索柏民）、第二章（索柏民）、第三章（索柏民、李森）、第四章（索柏民、李永年）、第五章（索柏民、李森）、第六章（史宪睿、李岩、张聪颖）、第七章（王天崇、芦刚）、第八章（索柏民、李永年）、第九章（王天崇、张聪颖、李岩）、第十章（王天崇、史宪睿、李岩）、第十一章（王天崇）、第十二章（王天崇）。最后由索柏民与王天崇带领研究生曲涛、魏晓霖、李璇、王楠、刘竹负责全书的校对与修订工作。本教材的编写工作凝聚了整个编写组成员的心血与努力，在此向各位成员表达深深的感谢。同时，向本教材编写过程中参考和借鉴过的相关研究成果的作者们表示感谢。

本教材的编写工作获得了辽宁省教育厅教学改革项目“以学生为中心、以解决实际问题为导向的大学生研究性学习教学模式改革研究与实践（项目编号：2016 - 458）”和沈阳师范大学校级教学改革项目“鼓励学生开展研究性学习的机制研究与实践——以《组织行为学》为例（编号：JG2015 - ZD019）”的资助，在此表示感谢。本教材就两个项目的研究成果。

由于编写时间的仓促、理论与实践视野的束缚以及编写能力与水平的限制，本教材并不能完全达到预期目标，可能还会存在纰漏，因此，本教材的全体编写成员竭诚欢迎来自各方面的专家、学者、读者以及广大师生给予批评指正，以便促进该教材在质量和水平上通过不断修订而获得完善与提升。希望本教材的出版，能够为当前人力资源管理专业向应用性本科专业建设转变提供一条可供借鉴的发展路径，为相关的传统高校向应用型高校转型及促进本科教学改革做出应有的贡献。

编 者

目 录

第一部分 导论

第二部分　个体层面的组织行为及规律

第三部分　群体层面的组织行为及规律

第四部分 组织层面的组织行为及规律

第一部分　导论

第一章

组织行为学概述

★名人名言

不管多么伟大的企业，都必须仰赖员工各自贡献才能和力量，才能创造出辉煌的成果。

——华特·克莱斯勒（1875—1940，美国克莱斯勒汽车公司创办人）

★学习目标

1. 了解组织行为学的历史渊源。
2. 掌握组织行为学的概念，并了解其主要的相关学科。
3. 了解当前组织行为学研究所呈现出的主要发展趋势。
4. 了解组织行为学的体系结构。

★关键词

组织行为学　科学管理原理　权变思想　多元化　管理伦理

★开篇案例

苹果公司 5 个极具时代气息的特征

每当有重要产品即将宣告完成时，苹果都会退回最本源的思考，并要求将产品推倒重来，以至于有人认为这是一种病态的品质、完美主义控制狂的标志。库克称苹果最大的不同之处就是文化和人才。“什么中层、部门、领导，这些词我们统统没有，这就是我们独一无二的地方。”苹果员工如是说。

1. 以用户为本

苹果产品设计的目标是简便易用，总是贯穿着以人为本的设计理念。苹果公司把消费者的需求放在第一位，在一切看似复杂的技术面前，苹果公司往往能化繁为简，让消费者容易使用。

2. 创新精神

苹果公司产品创新来自其创新时尚的企业文化。苹果公司的符号意义为设计、科技、创造力和高端的时尚文化。

3. 精英主义

苹果公司在人才的使用上，极力强调“精”和“简”，强调“质量比数量更加重要”。一群想“改变世界”的精英聚集在苹果旗下，组成一流的团队。

4. 精益求精的设计文化

卓越的产品设计成就了苹果产品“另类、品味、时尚”的文化符号。乔布斯追求产品完美细节的激情使其被媒体形容为“魔鬼性的完美主义者”。

5. 个人主义

苹果公司鼓励个人主义，个人主义可以创造差异。个人主义的企业文化，在产品层面则表现为个性化地对待客户。

（资料来源：郁伟．从苹果到亚马逊，硅谷五巨头谁家“文化”最任性．世界经理人，2017-05-10）

第一节　组织行为学的概念和学习意义

组织是人们实现群体活动的一种重要形式，它深刻地体现着人们的社会属性。人们在组织中展现出不同的行为表现，因此，针对组织中的人开展其行为及其背后的行为规律的研究，无论对于作为个体的人本身对自己有更为全面深刻的认识，还是对组织正常有效地开展管理活动而言，都具有十分重要的意义和价值。

一、组织与组织行为学的概念

1. 组织的概念

组织的概念可以从广义和狭义两个角度来理解。从广义上说，组织是指由诸多要素按照一定方式相互联系起来的系统；从狭义上说，组织就是指人们为实现一定的目标，互相协作结合而成的集体或团体，如党团组织、工会组织、企业、军事组织等。在现代社会生活中，组织是人们按照一定的目的、任务和形式编制起来的社会集团，组织不仅是社会的细胞、社会的基本单元，而且可以说是社会的基础。

组织的存在需要具备以下三个条件：

(1) 组织是人组成的集合。组织是由人构成的特殊的群体，当然其存在也需要其他一些物质资源。可以这样理解，组织既具有物质的结构，又具有社会的结构。组织中的活动的实施与完成，是通过人的参与来实现的，人在其中发挥着资源优化与有效配置的作用。因此，人聚合成群体而形成了组织，没有了群体也就不会存在组织。

(2) 组织为实现目标而存在。在社会生活中，没有一个组织可以没有目标而存在。因此，组织就是为实现目标而存在的。组织目标规定了组织的使命和职责，指示着组织的行为、行动和方向，解释了组织存在的理由和根据。

(3) 组织实现目标的方式是分工与协作。任何一个组织的存在都有自身的使命和目标，这些使命和目标确保了组织在一定框架和范围内开展活动。但这些活动与过程具有社会性，不能靠个体的单独力量而实现。因此，在组织内为实现这些使命和目标而产生了两种活动：一是作业工作，二是管理工作。这样就使组织的活动出现了专业化分工。在分工指导下，组织中的成员个体或群体把组织的任务与目标进行层层分解，按相应的组织规则去完成，从而形成组织工作中的分工体系。

形成分工体系的组织成员个体、群体与部门之间，根据任务或活动的要求，按照组织目标的规定，密切配合，相互协作，从而确保组织的目标与使命顺利达成，并且在完成过程中避免出现不必要的各自为政的混乱局面。

分工与协作促使组织本身及其活动形成相互联系的具有层次性和网络化结构的整体，组织的成员按照各自的责、权、利形成相应的指挥与协调系统，进而形成组织的层级制结构。

2. 组织行为学的概念

(1) 组织行为的层次。组织行为具有系统性和复杂性，可以把它细分为三个层次：个体层次、群体层次和组织层次。

个体是构成组织最基本的单元，是组织行为学研究的基础和出发点。由于组织是由人组成的，因此组织行为学从最基本和最简单的个体层次开展研究工作。这项研究工作与传统的管理心理学的研究有相似之处，研究的重点放在个体心理学的发展理论和解释之上，试图找到个体行为以及他们对不同组织政策、实践和过程的反应，以心理学的理论与方法探索个体的人性、需求、动机和激励等方面的行为与规律，进而发现对组织绩效的影响。

群体层次表明人在组织中开展活动往往需要分工与协作，这样就以一定的结构和功能按照工作和任务的需要整合成一定的群体。这些形式是自由的，可以是正式的，也可以是非正式的，诸如小组、部门、委员会等形式。群体中的人们是如何开展工作的，如何解决群体的凝聚力和领导问题，群体成员如何发挥自身的效用以及如何做出决定，群体的效率与效益如何产生？这些都是组织行为学中群体层次所涉及的问题。在这一层次上，组织行为学的研究工作开始大量运用社会心理学的理论与方法探索群体的行为及其规律，其所研究的内容有别于纯粹个体行为及其规律的观点。

组织层次表明组织也是组织行为学的重要研究对象。这种研究视角被调整到宏观的层面，一般运用社会学的理论和方法探索组织层面的人的行为及其规律。重点围绕组织结构设计与组织效率、有效沟通和信息传递的关系，认识组织与环境之间的互动和影响，组织变革与压力间的关系等领域和议题开展研究与探索工作，为管理工作提供一些可供参考与借鉴的内容。

(2) 组织行为学的内涵。关于什么是组织行为学，是刚刚接触组织行为学的读者首先想要知道的问题。尽管组织行为学自20世纪初就开始了学科的萌芽，但发展到今天也仅有不足百年的历史，因此，该学科仍然算是一门新兴学科，它的内涵和外延还处于不断地发展变化之中，不同的学者从不同的角度有不同的理解。

美国学者史蒂文·L·麦克沙恩和玛丽·安·冯·格里诺（2007）认为，组织行为学（Organizational Behavior，OB）是研究人们如何在组织之内或围绕着组织进行思考、感受和行动的一门学科。

美国学者斯蒂芬·罗宾斯和蒂莫西·贾奇（2008）指出，组织行为学是研究个体、群体以及组织结构对组织内部行为的影响的一门学科。

中国学者李永瑞（2013）指出，组织行为学是综合运用于个体及群体行为有关的各种知识，采用系统分析的方法，研究组织系统内的个体、群体、组织及其相互关系的行为规律，从而提高管理者预测、引导和控制人的行为的能力，以便有效地实现组织目标的一门学科。

本书采用中国学者时巨涛、马新建和孙虹（2013）的观点，认为组织行为学就是运用系统分析的方法，研究一定组织中人的心理和行为规律，从而提高管理人员解释、预测、引导和控制人的行为的能力，以实现组织既定目标的学科。

从这个概念可以领会出组织行为学所包含的四重含义：

（1）组织行为学的研究对象是人的心理和行为的规律性。组织行为学不仅研究人的心理活动及其规律性，而且探索人的行为活动背后的规律性，是一个综合研究的学科。而实际上人的心理与行为是不可分割的整体，心理是行为的内在表现，行为是心理的外在展示，因此组织行为学必须把二者结合起来开展探索与研究。

（2）组织行为学的研究范围是工作组织中人的心理和行为的规律性。组织行为学并不广泛地研究人的心理和行为的规律，它更关注工作组织范围内的人的心理和行为规律。这里所说的工作范围是指企业、商业、学校、政府、军队、医院和乡村等所有的组织机构。组织行为学研究这些组织机构中集聚在一起的人的心理和行为的规律。因此，组织行为学的研究内容又可以分为个体的心理与行为、群体的心理与行为以及组织的心理与行为三个层次或领域。

（3）组织行为学的研究方法是系统分析的方法。系统分析的方法是指在研究的过程中，组织行为学不是孤立地研究一个组织中的个体、群体和组织的心理与行为，而是在研究过程中，把个体的人纳入群体这个更大的系统中来研究，这样个体就成为群体的子系统，相应的群体研究则放到组织的大系统中研究，群体则成为组织的子系统。个体、群体和组织彼此密切联系，不可分割。同时，研究的过程中又考虑它们作为系统与身边的社会环境之间的相互联系、作用和影响。

（4）组织行为学的研究目的是预测、引导、控制人的行为，以达到组织既定的目标。组织行为学在对一定组织中人的心理与行为的规律性有所把握的基础上，致力于提高预测、引导、控制人的行为的能力，特别是采取相应的措施变消极行为为积极行为，以实行组织预期的目标，并不断改善、提升组织的工作绩效。

二、学习组织行为学的意义

1. 改善组织管理者的技能构成

罗伯特·卡茨（Robert Kartz）提出了管理者应具有的3种基本管理技能：技术技能、人际技能和概念技能。

技术技能是指管理者应用专门知识或技能的能力。一个组织中的管理者，无论他处在基层岗位，还是在高层岗位，这些岗位都需要本领域或行业的专门知识或技能。要想成为一个好的管理者，必须具有相关工作所必需的专门知识或技能，并成为所从事工作的精通者和专家，这是赢得下属尊重的一个重要条件。

人际技能是指无论独处还是在群体中与他人共事、理解他人和激励他人的能力。一些管理者在技术技能方向出类拔萃，但是缺乏人际技能，不擅长和他人合作共事，缺乏倾听的耐心和处理矛盾冲突的能力。他们或许是某些领域的专家，但绝对不会是一个成功的管理者。所以，管理者是在与别人共事合作中体现出他的管理能力的，这就要求他们必须具有良好的人际技能，才能在与人共事中有效沟通、激励和授权，才能领导下属共同努力，实现组织的预定目标。

概念技能，是指管理者所必须具备的分析和诊断复杂情况的心智能力。

2. 促进组织管理者走向高效和成功

人们常常会认为，管理的目标就是有效地提高工作的效率。有效的管理者通常也会是成功的管理者。但是，实际中的组织中晋升迅捷的人，往往不是那些被大家公认为工作最出色和最有效的人。究其原因，这体现出组织行为中的一个普遍现象。根据美国管理学家弗雷德·卢桑斯（Fred Luthans）和他的同事们从另一个角度对大量的管理者开展的研究，发现这些管理者都与四类管理活动相关：

（1）传统的管理活动：决策、计划和控制；

（2）沟通活动：交换日常信息并处理书面资料；

（3）人力资源管理活动：激励、训练、管理冲突、安置、培训；

（4）联络活动：社交、政治活动与外部交往。

研究过程统计，平均而言，管理者把32%的时间用于传统管理活动中，把29%的时间用于沟通活动，把20%的时间用于人力资源管理活动，把19%的时间用于社交联络活动。但作为个体的不同管理者花费在四种活动中的时间和精力却各不相同且相去甚远。一般而言，成功的管理者（晋升速度快）与有效的管理者（以绩效数量和质量及其下属的满意程度和承诺界定）所关注的工作重点也存在较大的差异。社交联络对成功管理者的贡献最大，对人力资源管理的贡献最小。对于有效的管理者来说，沟通的贡献最大而社交的贡献最小。这个研究成果向人们呈现出一个生动的事实，即社会和政治技能对于管理者谋求组织内部晋升发挥着不可替代的作用。

3. 帮助组织及组织管理者面对各种挑战

21世纪以来，与以往的社会发展阶段不同的是，人力资本已经开始逐渐取代物质资本成为最重要的生产要素，在这一过程中，人的素质和能力已经成为企业、地区和国家的核心竞争力。伴随着知识经济的出现和发展，特别是信息技术和网络技术的发展与进步，人类生产方式和生活节奏已经彻底改变。与此同时，伴随着经济全球化、劳动力多元化、科技进步、产业重组与结构调整等引发的一系列社会问题和组织问题，个人意识的觉醒、残酷的市场竞争所引发的社会伦理和道德问题等，也使每一个组织和组织的管理者面对和承受着超越以往的环境压力和严峻考验。因此，学习组织行为学的理论和方法，理解和解释个体、群体和组织行为背后的规律与发生机理，对于组织和管理者面对挑战与化解不断出现的危机都将起到重要的帮助和借鉴作用。

第二节　组织行为学的历史演变

尽管有了人类的文明就有了管理的活动和管理理论的探索，但是真正意义上的理论体系却是在20世纪初才开始出现并奠定了理论基础，而组织行为学作为管理学科体系中的一个重要分支并成为一门独立的学科出现还要更晚一些，它是伴随着古典管理理论的出现而萌芽，并脱胎成长起来的。厘清组织行为学的学科发展脉络，对于人们深刻理解和领会人在组织中的地位和提升它的价值具有重要的作用和意义。

一、古典管理理论时期的组织行为学萌芽

古典管理理论产生的时期一般认为是20世纪初至20世纪30年代。在这个阶段主要有以泰勒（F. W. Taylor）、法约尔（H. Fayol）、韦伯（M. Weber）等为代表的管理学大师们的实践探索与研究成就的贡献，从而使管理学从经验性的总结上升为理论和科学，并为今天组织行为学的产生奠定了坚实的基础。

（一）泰勒及其科学管理理论

对于管理科学理论的产生做出重大开创性贡献的是具有“科学管理之父”荣誉的美国管理学家泰勒。他在长期实践和实验的基础上，形成了一套基于“经济人”人性假设的科学管理的制度和管理方法，他确信存在从事一项工作的最佳方法，雇员的工作之所以不能达到期望的结果，主要缘于管理方法的不科学，只要管理是科学的，并且确保雇主和工人之间保持一种互利而非冲突的关系，那么管理工作就如一部正常运转的机器，产生较高的效率和效益。基于此，泰勒提出了科学管理的著名思想：

1. 一套基本假设

（1）劳资矛盾日益尖锐的主要原因是社会资源没有充分利用；

（2）对工人的基本假定是“经济人”，人最关心的是如何提高自己的货币收入，即只要使人得到经济利益，他愿意配合管理者挖掘出自身最大的潜能；

（3）单个人是可以取得最大效率的，集体的行为反而会导致效率下降。

2. 两个基本原理

（1）作业研究原理：改进操作方法以提高工效，并以合理利用工时为目的。

（2）时间研究原理：在动作分解与作业分析的基础上，进一步观察和分析工人完成每一项动作所需的时间，考虑到满足一些生理需要的时间和不可避免的情况而耽误时间，为标准作业方法制定标准的作业时间，以确定工人的劳动定额，即一天合理的工作量。

3. 三个基本出发点

（1）效率至上。即谋求最高的工作效率，管理的中心问题是提高劳动生产率。

（2）为了谋求最高的工作效率可以采取任何方法。在各项工作中，要挑选一流的工人，在作业过程中工人掌握标准化的操作方法，使用标准化的工具、机器和材料，作业的环境也是标准化的，不用考虑人性的特点，将人训练成“肉体机器”。

（3）劳资双方应该共同协作。为追求效率最高，管理人员和工人都要实行重大的“精神革命”，在工作中要互相协作共同努力。

4. 四项任务

（1）对工人操作的每一动作进行科学研究，用科学的方法代替传统的经验方法。

（2）科学地挑选工人并进行培养和教育，使之学会工作。

（3）与工人亲密协作，以保证一切工作都按已形成的科学原则去办。

（4）资方与工人之间在工作和职责上进行分工，资方做自己比工人更胜任的那部分工作，从而改变过去那种几乎将所有的工作和大部分的职责都推到工人身上的管理方法。

（二）法约尔及其一般管理理论

法约尔作为科学管理之父，其重要成就在于把研究重点放在一般管理职能之上，他首次提出了关于管理和协调的一系列指导原则，界定了管理者所执行的基本职能，明确了管理的一些基本概念，他在《工业管理与一般管理》一书中提出了计划、组织、指挥、协调、控制五个管理职能，成为目前仍然在用的管理工作基本框架。

另外，他还提出了 14 项管理的原则。这些原则包括：分工；权限与职责；纪律；统一指挥；统一指导；个人利益服从整体利益；公平的报酬；集权；等级链；秩序；公平；个人任期的稳定性；主动性；集体主义精神。尽管有些原则的提法在今天看来不够科学规范，但其中的一些观点，诸如统一指挥原则、明确划分职能与权限原则，以及在等级制的组织中如何在保证命令统一的前提下，推进横向沟通，提高管理效率的原则等，在今天仍然被普遍使用，具有旺盛的生命力。

（三）韦伯及其行政组织理论

马克斯·韦伯是同法约尔和泰勒在同一时期的另外一位古典管理理论的奠基人，他在研究过程中开始思考以下几方面的问题：一个资本主义的、以市场为导向的社会，是否可以形成大型组织并按照促进创新精神的方式来进行管理？任何大型组织，不管它是都会、政府，还是企业，是否可以理性而系统化地运行？在韦伯专注于自己研究的经济和社会问题的著作时，科学管理的思想传播到德国，并成为管理理论界和实践中遵循和参照的原则与标准。韦伯感受到为大型组织和大规模企业管理建立合理基础的需要（这些组织不管是政治组织、宗教组织，还是工业组织）。问题在于如何使任何一个大型组织都可以更为系统化地发挥作用。这样，在这个思考过程中，韦伯找到了问题的答案——官僚集权制。官僚集权的意思是通过官职或职位而不是个人或世袭来进行管理。官僚集权被认为是理想的组织结构，它并不意味着是最有利的形式，但意味着是组织的纯粹形式。在实践中出现的，可能是各种组织形式的联合或混合物，但韦伯想确定一种形式的特性是出于理论分析的目的。官僚集权结构可以作为一个标准模式使得由小规模企业（世袭）组织向大规模专业化管理过渡。

二、组织行为学学科的成长

自 20 世纪 30 年代兴起的人群关系学说和行为科学理论，把重点转向对人的研究，包括个体行为、群体行为、个人与组织的关系等，开始注意运用心理学、社会学、文化人类学等的理论方法研究人的动机、行为、需求、激励、群体交往、沟通及非正式群体等。

1933 年梅奥出版了《工业文明中的人的问题》，系统提出了人群关系学的许多重要的新的管理理念。主要包括：

（1）以前的管理把人假设为经济人，认为金钱是刺激积极性的唯一动力；霍桑实验证明人是社会人，还有社会和心理的因素影响着人的生产积极性。

（2）以前的管理认为生产效率主要受工作方法和工作条件的制约；霍桑实验证明生产效率主要取决于员工的积极性和士气，而积极性和士气则取决于员工家庭和社会生活以及企业中人与人的关系。

（3）以前的管理只注重组织机构、职权划分、规章制度等正式群体的问题；霍桑实验发现除正式群体外，职工中还存在着非正式群体，这种非正式群体有着特殊的感情和倾向，影响着群体成员的行为。

（4）新型领导者应能提高员工的满足感，善于倾听和沟通员工的意见，使正式组织的经济需要和非正式组织的社会需要取得平衡。

梅奥的理论构成了行为科学的理论基础，对后世产生了很大的影响。在他的理论引导与影响下，马斯洛、麦戈雷格、斯金纳、赫斯伯格、弗鲁姆、费德勒等管理学家也对这一学说的形成和发展做出了巨大贡献。

第三节　组织行为学的学科发展基础

一、多学科支撑的基础

有很多学科对组织行为学的发展产生了重大的作用和影响。首先是管理学自身，如组织行为学家一般都把霍桑实验作为对本学科有开创意义的研究。另外，管理学中称为行为学派的许多研究，如领导理论、需求理论激励理论等都是目前组织行为理论中的重要组成部分。但是组织行为学是一门边缘学科，除管理学本身以外还有许多学科做出了重要贡献，见表 1-1。

表 1-1　相关学科对组织行为学的贡献

名称	有关主题
实验心理学	学习、激励、感知、心理测试、压力
社会心理学	群体动力学、态度与态度改变、印象形成、个性、领导
临床心理学	人的适应性、感情压力、变态行为、人生的发展阶段
社会学	社会化过程、社会满足、身份体系、主要社会制度（如家庭）的效用、群体、宗教、组织结构
政治科学	利益团体、冲突、权力、谈判、联合、决策制定、控制
文化人类学	比较组织结构、不同文化的功能、文化对组织的影响、组织对环境的适应
经济学	人力资源规划、劳动力市场变化、生产效率分析、成本效益分析

组织行为学虽然应用了大量相关学科的概念原理和方法，但作为管理学中分学科与这些

相关学科的研究目标是有差异的。例如，组织行为学对个体行为的研究主要建立在心理学包括社会心理学的理论之上，但是两者研究的目的有明显的不同。心理学更多考虑的是心理健康，为医学提供理论上的根据，即使像弗洛伊德的心理分析这么深奥的理论也被其本人首先应用于心理治疗。但在组织行为学中，心理健康并非关注的重点，心理学研究的成果被用来帮助组织行为学家们和管理者们来“描述理解、预测最后达到控制管理组织中个体行为的目的”。所有被纳入组织行为学的其他学科的知识，在这里也都是为了同一个目的。组织行为学是结果导向，其结果是组织的有效性。

在管理学科内部与组织行为学关系最为密切的学科是人力资源管理学。两门学科都是以组织中的行为为管理对象的，都致力于提高组织的有效性。一般来说，组织行为学为人力资源管理学提供着理论的基础。这两门学科构成了管理学中的人力资源管理研究领域。组织行为学与人力资源管理学相比较，存在的区别见表 1-2。

表 1-2　组织行为学与人力资源管理学的区别

学科	区别
组织行为学	理论基础与原理构建 三个层次兼顾 个体、群体、领导、组织
人力资源管理学	管理实务与理论应用 主要个体层次 选任、培训、绩效、薪酬

二、系统性的研究基础

组织行为学研究者相信通过系统方法来研究组织行为学的价值。传统上，学者们依赖于科学研究方法，即形成研究的课题，系统化地收集数据和基于这些数据来验证假设。通常，这一方法依靠大量的数据（数字信息）和统计学方法来检验假设，这种科学方法背后的理念是，将对组织事件的个人偏见和曲解降到最低程度。

最近组织行为学学者开始应用一种扎根理论的方法来拓展知识。扎根理论是通过持续不断的数据收集和理论概念的推理之间的相互作用来创造一种理论的过程。这种将研究过程视为互动和循环的观点，允许人们在数据收集过程中融合观察参与和其他定性化分析方法，使之不再是一个单纯的量化数据收集。

三、权变思想的基础

在回答一个有关解决组织问题的最佳方案的问题时，组织行为学的学者要使用一些略显含糊的提法来理解和预测，即一个特定的行动在不同的情形下可能有不同的结果，这种方法称为权变的方法。

过去，很多组织行为学家提供一成不变的规律来预测和解释组织生活，但这种所谓的“最佳方法”的理论常常产生太多的意外。在实践中人们将懂得，领导者将在一些情形下应用一种领导风格，而在另外的情形下运用另一种领导风格。因此，在面临一个特殊的问题或机会时，人们需要理解和诊断形势并且选择最恰当的策略。

尽管权变导向的理论在大多数组织行为学领域是必需的，但是人们也需警惕把这个根基极端化，某些权变模型会比固定模型带来更多的困惑。结论是，人们需要在偶然因素的敏感和固定理论的简洁之间找到平衡。

四、开放性的基础

惠普或许有很多大厦和设备，但是其 CEO（首席执行官）费奥瑞娜（Carly Fiorina）说，她的工作是培育某些活的东西。“我认为公司是一个有生命的系统”，费奥瑞娜说。“它是一个运行在其他生命系统中的有机体，公司领导者必须把公司看作一个有生命的、活的系统”，费奥瑞娜描述了组织行为学的又一个根基，即组织是一个开放系统的观念。

组织是一个开放的系统，这是因为它从外部环境获得生存来源。作为一个开放的系统，成功企业监测着它们的生存环境，并且采取恰当的步骤与新的外部环境保持和谐共存。最近的研究表明，成功的企业往往能迅速地适应快速变化的周围环境。它们锻炼出一种动态的能力——一种改变它们的产品和制造产品的过程的能力来维持与外部环境的和谐。这并不意味着成功企业总是在迅速变化，相反，一些公司变化得太快，比如在公众的需求远未达到时，就提供超前的产品、服务和客户体验。关键在于，企业需要适应快速变化的环境，但不要过分消耗自身的资源或者超前满足利益相关者的需要。

利益相关者代表着内部和外部环境的核心部分，正如前面提到的，利益相关者包括在组织之内有着既定利益的任何个人和团体，利益相关者影响着企业的投入和产出的能力，并且，除非企业领导者关注所有利益相关者的需求，否则他们的生意可能会出现问题。例如，企业领导者只关心股东的利益而忽视企业社会责任，他们就可能把企业推向危险的边缘，当应聘者不理睬那些忽视企业社会责任的公司的时候，当企业不尊重它的雇员和供应商的时候，人们就会看到利益相关者关系失调的现象。

第四节　组织行为学的发展趋势

变革时代总是给个人和组织带来挑战，全球竞争则是驱动变革的主要因素。在过去的几十年里，全球经济中的竞争日趋激烈，尤其是在银行、保险、航空运输等行业。企业间的竞争带来了绩效和成本方面的压力，而这种压力又对员工和他们的工作行为产生了连锁效应。在这个充满变革的时代，竞争所带来的压力绵延不断。当公司和工作在复杂多变的经济环境中遭受打击时，员工也会产生挫折感。在全球经济一体化面前，机遇和风险并存的现实图景既令人兴奋，又让人感到有些畏惧。竞争可能会导致公司规模缩减和结构重组，当然，同时也会提供重整旗鼓的机遇。而且，在这个充满竞争的环境中，小企业未必一定就是失败者。

总部位于爱达荷州爱达荷福尔斯的一家科技公司，主营电力和能源。它通过增强管理团队、提高服务质量来应对大公司的竞争并求得自身的发展。在这样的竞争环境中，产品和服务质量是取胜的一个工具。解决问题的技能是另一个工具，这个工具被 IBM（国际商业机器公司）、控制数据公司、西北航空公司、西北国民人寿保险公司等企业广泛使用以获得高质量的产品和服务水平。变革太多会导致混乱，变革太少又会成为死水一潭。舰队金融集团是在新英格兰地区迅速崛起的一家金融机构，其董事长特伦斯·默里曾经说："只要变革存在，士气永远不会高昂。"对个人来说，变革是一种机遇，还是一种威胁；面对变革，是做个乐观主义者，还是悲观主义者，这都需要思考。

一、全球化的发展趋势

经济全球化正成为当前管理者所面临的一次极其重要的挑战。在经济全球化的冲击下，各个国家民族之间经济与文化的交流更加频繁和广泛，越来越多的组织跨越国界经营，拓宽自己的视野，重新审视竞争已成为当务之急。更重要的是，组织必须直接面对各个国家不同的行为，因此要求组织行为学更加重视跨文化研究，学会了解不同国家和民族的心理与行为特征、道德规范、跨文化的道德行为等问题，尊重不同的价值观。

二、信息化的发展趋势

信息技术作为组织重构的主要手段，是指发展以计算机为代表的智能化生产工具并使之为社会生产力发展服务的过程及其结果。智能化生产工具不是分散孤立的东西，而是一个具有庞大规模的信息网络有机体系。这种网络性的生产工具改变了人们的生产、工作、学习、交往、思维等各个方面，也使人类社会发生了极其深刻的变化。

三、劳动力多元化的发展趋势

全球化的直接结果是导致组织劳动力的多元化，跨国公司的成员来自不同的国家和民族，不同的人在组织中多多少少会被同化，但是，员工在工作时不会把自己的文化价值观和生活方式偏好放在一边。因此，组织所面临的挑战是通过澄清不同的生活方式、家庭需要和工作风格来使自己适应各种各样的人群。劳动力多元化对管理实践意义重大，管理人员需要改变他们的经营哲学，从把员工作为相同的人来对待，转变为承认差异，并以能够保证员工稳定和提高生产效率的方式对差异做出反应。同时，不要有任何歧视。如果管理得当，多元化会提高组织的创造性，通过鼓励不同的观点来改善决策质量。如果管理不当，就可能会出现流动率高、沟通困难和更多人际冲突问题。

四、雇佣关系变化的发展趋势

（一）雇佣关系的内涵及影响因素

雇佣关系是维系人类社会的基本社会关系，具体是指雇员与特定组织或者雇主之间建立的社会交换关系。从微观上看，雇佣关系贯穿企业生产经营分配的各个环节；从宏观上看，雇佣关系是现代社会中最主要的一种社会经济关系。雇佣关系的影响因素主要可以分为以下三方面：

①自觉性和道德约束。自觉性是指雇用双方自发的良好意愿，而道德约束是指若损害对方利益会使自己受到社会谴责的压力，为此雇用双方一般都不会主动损害对方的利益。

②雇用双方对收益的影响能力。组织和员工都能在一定程度上影响对方的收益，如果组织企图压迫员工，并导致员工辞职，那么雇佣关系的终止将使组织承担较大的成本。对员工

而言，辞职也会产生很多成本。正是因为双方都面临着巨大的损失，所以雇佣关系通常会维持均衡状态。

③组织（或雇主）声望。在特定组织中，组织给予雇员的待遇可以影响组织在雇员中的声誉，进而影响其在产品市场和雇用市场中的声望。在某种程度上，雇员与雇员之间的各种关系，为相互沟通创造了条件，从而会使组织的声望能够在雇员之间甚至组织外部快速传播。

（二）雇佣关系的构成

麦克耐尔、卢索等区分了用于定义雇佣关系的两种合同，即交易合同和关系合同。其中，交易合同周详地叙述了所有的交易条款（通常表现为经济方面的条款），有一定的时限和具体的业绩要求；关系合同是指连接企业与其雇用员工的有关条款，条款较为抽象，不太明确。借鉴上述分类方式，有学者将雇佣关系分为两个层面，即与外在工作相关的工作关系和与内在感受相关的情感关系。

（1）工作关系。是雇佣关系中的外显维度，是围绕工作性质、工作条件、工作特征、工作技能等因素形成的关系。其中，工作关系主要以雇用合同为载体，以工作为核心展开，体现为任务性特征。工作关系包括工作自主性技能要求、工作任务、工作支持、工作回报等维度。

（2）情感关系，情感关系是雇佣关系中的内在维度，是指因为工作关系而形成基于社会互动以及主观认知而升华了的关系。情感关系主要以心理契约为基础，围绕承诺、互惠和公平展开，体现为社会性特征。情感关系包括管理政策、相互信任、职业发展、工作家庭平衡和企业文化等维度。

（三）雇佣关系的发展趋势

雇佣关系的核心是工作本身，但是人的社会性和能动性使得派生出的社会关系和情感关系在雇佣关系中占有重要地位，并且随着人力资本在社会生产要素中的地位不断提升，二者将会成为决定雇佣关系的主导因素，传统雇佣关系正逐步被新型雇佣关系替代。

新型雇佣关系与传统雇佣关系的主要区别在于，新型雇佣关系更注重双方之间的工作关系，而传统雇佣关系更注重情感关系。传统的情感主导型雇佣关系是以关爱和责任换取雇员的忠诚和奉献，以内部劳动力市场作为工作和人员匹配的主要手段，雇用双方之间的关系维系和依附程度较高，雇员具有较小的市场主体意识和自由选择，但是组织因背负了沉重的责任而丧失了人员柔性；新型的工作主导型雇佣关系是以能力和平台换取雇员的承诺和绩效，以外部劳动力市场作为工作和人员匹配的主要手段，雇用双方之间的关系维系和依附程度十分脆弱，雇员在就业选择意识和能力方面自主性极为显著，组织获得了人员柔性却失去了忠诚和奉献，新型雇佣关系是企业边界模糊的一个结果，可以用科斯的市场和组织替代规则来解释，市场人力资源配置和组织人力资源配置之间出现了一个比较和选择，因此，新型雇佣关系的核心在于市场因素的变动，使得雇佣关系在内部化和外部化之间的某个点达到均衡。

（四）新型雇佣关系的特征

当今时代，组织与员工之间的新型雇佣关系主要体现在个人主义、专业忠诚、柔性化、就业能力四方面。

（1）个人主义。在工业化早期，工会是雇员为对付残酷的家长专制式压迫而组织起来的一种抗衡力量，自20世纪80年代以来，新的管理开始关注个人。管理层不断寻求绕开工会直接与雇员交涉的方式，依靠集体谈判、共同磋商以及程序主义的集体关系正在衰落，这对第二次世界大战之后形成的传统产业关系是一种挑战。与新的管理战略相一致的是，劳动法的框架也从支持集体主义向支持个人主义转变。在英国，政府废除了对集体谈判的支持，还通过关闭工厂以破坏工会的防御、收缩合法产业边界以阻止集体支持，并授予个人成员与工会一样的权利，其结果直接导致了工会的影响能力迅速下降。

（2）专业忠诚。在工业化过程中，一是由于市场竞争和环境变迁没有像现在这样剧烈；二是由于市场上相应的熟练工人和知识工人的培训教育机制不太成熟，组织更多是通过内部劳动力市场培养和配置人力资源，而这种体制需要长期的雇佣关系才能维持。因此，雇佣关系中强调雇员对组织的忠诚，以获取组织提供的工作经验、能力培养和晋升机会，但是，当环境有所变化，进而使这一前提发生改变时，组织忠诚自然也就失去了存在的根基。现代的企业员工倾向于忠于某个职业，并往专业化方向发展，而不是忠于某个公司，只要这个公司对他的职业发展没有帮助，他会选择立即跳槽，一味讲究忠诚反而不利于个人的发展。

（3）柔性化。组织应当为适应复杂环境的快速变化而实施变革，组织结构要趋于扁平化，并尽可能与组织的利益相关者结成合作网络。由于组织最核心的适应能力来自人，因此雇佣关系的柔性化将是组织适应能力和核心竞争能力的根源。然而，这并不意味着组织放弃与所有类型员工的稳固关系，而是将柔性的雇佣关系融入雇佣关系体制中来，多种形式地获取最新、最需要的技术和能力，通过各种临时性的雇用解决组织出现的短期和波动性的人员短缺。

（4）就业能力。所谓就业能力，就是在员工离职后寻找新的工作时，保证其胜任目标工作所需要的竞争力。换言之，就业能力不仅要让员工拥有更高的专业技能，而且还要让其有更多、更广的知识技能，以让员工在应聘新工作时有更为充足的知识技能储备。不难看出，就业能力将是对传统雇佣关系的一个划时代的超越，也是顺应时代潮流的产物。这种新的雇佣契约将带来一个“双赢”的策略；对员工而言，公司虽然不能保证永远不解雇他们，却能保证其尽可能地具备较强的就业能力（不断地为他们提供各种学习新技能的机会和工具，使他们在任何时候都具备在其他企业里找到理想工作的能力）。这意味着员工可以和企业一起担负起自己职业发展的责任，并尽力保证自己和所在公司部门的竞争力。员工必须对自己技能方面的优势和劣势有清醒的认识，有计划地强化自己的业绩表现和长期的可雇性，随时准备重新发现自己的潜质以保持与环境变化同步。

（五）新型雇佣关系的管理

传统观点认为，员工对组织的价值在于他们所做的工作和工作经验。然而，进入信息时代之后，许多员工的价值在于他们所掌握的知识。这些员工被称为知识工作者，对他们的管理将成为组织未来成功的主要决定因素。知识工作者包括计算机科学家、物理科学家、工程师、产品设计师和视频游戏开发员等。他们倾向于在高技术企业谋职，通常掌握某种以抽象的知识为基础的专业能力。他们往往认为自己有权自主地开展工作，更强调自己的专家身份而不是组织成员身份，甚至连绩效评估方面也更看重其他专业人员而不是组织的看法。

随着与信息有关的工作岗位的增加，对知识工作者的需求也会增加，但是这些员工需要大量高度专业化的培训，不是人人都愿意进行这类必要的人力资本投资。事实上，即使在知识工作者上岗之后，仍然需要不间断的培训和再培训，以免技能落伍。据说，在组织里面，完成工程技术教育的艰苦过程需要三年的时间。此外，技术更新的落后不仅会导致企业的损失，还会增加知识工作者转移到其他更愿意更新技术的企业去工作的可能性。

对知识工作者的报酬和相关政策也必须特别制定。例如，在许多高技术企业，工程师和科学家可以选择技术晋升的职业发展道路，而不必选择管理职位的晋升。在这一体制下，知识工作者可以持续其专业化的工作，不必承担繁重的管理责任，所获得的报酬却可以同相应的管理职位相同。而在另一些高新技术企业中，考核的重点是绩效，以知识工作者开发的项目或产品为基础实行利润分享。此外，绝大多数聘用这类知识工作者的企业倾向于减少组织层级，从而减少官僚主义审批的时间，令知识工作者可以对外部环境做出快速反应。

五、组织伦理与社会责任冲突的发展趋势

竞争的问题已显得尤为突出，组织行为中蕴含着丰富的伦理性，这些伦理在诸多方面指导和影响组织行为，协调组织与其利益相关者之间的关系，实现商业运作能够在一定的国度内或在特定的经济体制下和谐运行。组织伦理主要表现在：自利与互利、自主与负责、竞争与协作、契约与守信。

1. 自利与互利

所谓自利是指经济主体追求自身利益的行为，在亚当·斯密看来，自利是“经济人”表现出的理性行为，他将追求财富视为理所当然的伦理品格。经济主体追求财富的欲望和行为一方面带来了经济文化的繁荣，另一方面也起到了维护社会秩序和推动社会制度变革的作用。事实上，若非自利在行为选择中起了决定性作用，则正常的经济交易活动就会停止。因此，作为市场主体的企业，将自利作为伦理准则，按照正常的商业规则去追求财富的行为是正当的、合理的，应予以支持和认同。所谓互利是指合作双方或者多方在经营活动中追求并实现共同利益的行为。互利既蕴含了利益主体的多元性特征，如与企业相关的利益主体有员工、股东、顾客、用户、供货商、经销商、债权人、政府、社区等，又强调了不同主体之间互换、互助、互惠、互尊、互爱、互谅等相互协作、彼此配合的行为方式。

自利与互利是辩证统一关系，其原因在于：①自利是互利的动力之源，每个人都在不断地为追求利益而奋斗，人们只有满足自己最起码的生理需求，才会更努力地追求，在市场经济条件下，企业在实现自身的理性利益最大化的同时也增加了社会财富，实现互利；②互利是自利的必然选择，如果每个主体都完全追求自身利益最大化，并不见得会对自己最有利，因为每个市场主体都有可能置于“囚徒困境”的博弈之中，只有考虑互利合作，才能实现双赢。企业的行为既存在获利动机，又存在互利动机。因此，现代商业伦理表现就是利己与利他、个人利益和他人利益、个人利益与集体利益的辩证统一。

2. 自主与负责

自主与负责是现代企业行为的重要伦理表现，反映在企业中，既是内在属性，又是外在要求。所谓自主，是指企业在市场经济交易活动中“自主经营、自负盈亏、自我约束、自我发展”。自主一方面体现了企业是责、权、利相结合的统一体，另一方面也体现了自主行为决定企业命运的运作模式。也就是说，具有自主性的企业拥有决定权，能够选择与自身发

展道路相适应的生产经营项目和商业运作模式。在市场经济下，自主体现出一种伦理上的自主性原则，即充分肯定个体（企业或个人）的意义、价值和尊严。相反，在计划经济下，因体制过于强调整体的意义、价值和作用，忽视了个体的主观能动作用，从而限制了个体的自主行为，使其在经济发展中常出现被动局面。因此，企业自主行为主要体现在企业内部要素能够得以积极地、有效地发挥出应有作用。

所谓负责就是企业在承担自身责任的同时也承担社会责任的双重使命。自从企业成为经济主体以来，就注定了它有承担责任的使命，承担自身责任是毋庸置疑的，而承担社会责任是现代企业的理性选择，也是企业伦理价值最重要的体现。企业自身责任来自既要为自身创造价值，又要承担因经营不善而亏损的后果，而社会责任来自企业对其他社会利益相关者承担的义务。社会责任主要体现在承担相应的伦理道德责任，如企业通过对环境的关注，避免“三废”任意排放，保护生态环境；通过慈善捐助活动，对社会予以救助。在社会各种机制不断健全的今天，承担相应社会责任成了企业发展的必然选择。鉴于此，现代企业行为是在承担社会责任下的自主行为，也是在自觉主动意识下的负责行为，两者共同彰显企业的伦理价值。

3. 竞争与协作

竞争与协作贯穿企业运营过程中的方方面面，是推动企业发展的重要杠杆，也是现代经济体制下最能体现出企业伦理道德的两方面。企业之间必然存在竞争，马克思说，一种没有竞争的商业，这就等于有人而没有身体，有思想而没有产生思想的脑子。在市场经济条件下，竞争机制为社会价值的实现提供了一种判别法则，是否实现社会价值是企业竞争优胜与否的依据，竞争机制推动了生产力的发展，使社会充满生机和活力。协作，在狭义上专指生产过程中的协同劳作，而在广义上泛指一切主体间为了共同利益或某种道义而自由组合的联合行动。在现代经济活动中，产品或服务的研发、生产、销售，靠单一企业往往无法进行，只有相互配合通力协作才能顺利完成。现代企业普遍存在“战略联盟”的模式，即合作双方着眼于长远利益，通过互相联合、通力协作，共同开发市场、共同赢利、共同承担风险，这种模式有利于企业转劣为优，走向新的发展水平。鉴于上述原因，在现代社会，竞争与协作是不可或缺的，它们的存在为企业带来了更强的发展态势，体现出更优越的伦理价值。

4. 契约与守信

契约是指两个或两个以上的主体以自由平等为基本原则所达成的在法律上具有约束力的协议。就经营层面而言，契约是企业产权明晰、运营稳定的重要保障，也是回报利益相关者、承担社会责任的前提。所谓守信就是恪守信用。守信在市场经济时代尤为重要。其原因在于，在合作双方均掌控互补资源的条件下，若存在背叛或者机会主义行为，则会使双方均遭受损失，而相互守信、联合使用各自资源，则能为双方带来更大的利益。具体地说，如果一方采取背叛或者机会主义行为，另一方通常表达的是“投诉”，而不是“退出”；如果合作双方采取的都是博弈论中的“冷酷战略”，那么就很难达到各自的目的。因此，在企业发展中，守信是一种“生产要素”，是市场经济繁荣、扩展和有秩序的伦理基础。现代企业应充分认识这一点，并努力实践这一伦理行为。企业的契约关系是法权关系的一种，而维护法权关系的基础和前提就是“守信”。在全球化时代，由于资源、资本、人才信息等生产要素逐步打破了民族国家界限，能够在更大的范围内自由流动、优化配置，企业固有的契约因子同守信形成了不解之缘。守信是企业交往中契约关系得以正常维持的基本道德规范，其实质是对顾客、职工、同行和社会履行市场契约的一种责任。企业若在契约的基础上注入守信这种精神，便会成为现代经济体制下的真正受益者。

本章小结

组织行为学属于一个相对年轻的学术领域，它研究人们在组织内和组织周围的思想感觉和行为。组织是由一些相互依赖的、有着某种目标的人组成的群体。组织行为学概念帮助人们预测和理解组织事件，采用更准确的理论来影响组织事件。这一知识领域也可以增强组织的财务健康。

全球化要求企业决策者对文化差异反应灵敏。文化差异与近年来日益凸显的工作安全感缺乏、工作强度加大等工作压力现象有关。信息技术模糊了个人与雇佣他们的组织之间的时间和空间的界限。信息技术也助长了远程办公的兴起，远程办公是一种另类的工作安排，雇员可以在家或在外地工作，通常用一台计算机与公司连接。信息技术对于虚拟团队也是一个关键因素。虚拟团队是一个多功能的群体，它可以跨越空间、时间和组织界限来运作。

组织中的一个趋势是劳动力的日益多样化。劳动力多样化具有优化决策、制定团队绩效和客户服务的潜力，但也带来了新的挑战。还有一个趋势是由于劳动力变化、信息技术和通信技术以及全球化力量所导致的雇佣关系。雇佣关系趋势包括就业能力和临时性工作。需要强调的是，企业正在学会在一个全球化的环境里运用价值观，并且正面临遵守组织伦理的问题。

本章练习题

1. 什么是组织行为学？
2. 简述泰勒科学管理原理的原则。
3. 当前组织行为学主要面临哪些挑战？

研究性课题

试述对“组织行为学”的认知与理解。

第二部分　个体层面的组织行为及规律

第二章

个体行为的基础

★名人名言

人生像攀登一座山，而找寻出路，却是一种学习的过程，我们应当在这过程中，学习稳定、冷静，学习如何从慌乱中找到生机。

——席慕蓉（1943— ，中国台湾著名诗人、画家、散文家、大学教师）

★学习目标

1. 了解行为和遗传的关系。
2. 掌握操作性条件反射的基本观点。
3. 能够运用社会学习的理论对行为的形成做出解释。
4. 掌握组织行为的塑造过程。
5. 理解社会文化环境对行为的影响。
6. 掌握能力的特点和分类、不同能力类型人的行为特点。
7. 掌握态度的概念及类别。

★关键词

条件反射　社会学习理论　能力　态度　学习

★开篇案例

印度狼孩

1920 年 9 月 19 日，在印度加尔各答西面约 1 000 千米的丛林中，发现两个狼哺育的女孩。年长的估计 8 岁，年幼的一岁半。

她们大概都是在生后半年被狼衔去的。两人回到人类世界后，都在孤儿院里养育，分别取名为卡玛拉与阿玛拉。她们的言语、动作姿势、情绪反应等方面都能看出很明显的狼的生活痕迹。

她们不会说话，发音独特，不是人的声音。不会用手，也不会直立行走，只能依靠两手、两脚或两手、两膝爬行。她们惧怕人，对于狗、猫似乎特别有亲近感。白天她们一动也不动，一到夜间，到处乱窜，像狼一样嚎叫，人的行为和习惯几乎没有，而具有不完全的狼的习性。这两个狼孩回到人类社会以后，辛格牧师夫妇俩为使两个狼孩能转变为人，做出了各种各样的尝试，但没有充分的计划性。

阿玛拉到第2个月，可以发出“波、波”的音，诉说饥饿和口渴了。遗憾的是，回到人间的第11个月，阿玛拉就死去了。

卡玛拉在两年后，才会发两个单词（“波、波”和叫牧师夫人“妈”）。4年后掌握了6个单词，第7年学会45个单词。她动作姿势的变化也很缓慢。1年4个月时，只会使用两膝步行。1年7个月后，可以靠支撑两脚站起来。不用支撑的站立，是在2年7个月后；到两脚步行，竟花费了5年的时间，但快跑时又会用四肢。经过5年，她能照料孤儿院幼小儿童了。她会为跑腿受到赞扬而高兴，为自己想做的事情（例如解纽扣）做不好而哭泣。这些行为表明，卡玛拉正在改变野孩的习性，显示出获得了人的感情和需要进步的样子。大女孩卡玛拉一直活到17岁。但她直到死时还没真正学会说话，智力只相当于3、4岁的孩子。中国也有类似狼孩、猪孩的报道，结果和印度狼孩大致相似。

在大脑结构上，这个狼孩和同龄人没多大差别。一个10岁儿童的大脑在重量和容量上已达成人的95%，脑细胞间的神经纤维发育也接近完成。只是因为狼孩长期脱离人类社会，大脑的功能得不到开发，智力也就低下。

从狼孩的故事可以看出，一个人的智力高低，并不完全取决于大脑的生理状态，而更多地受到成长环境的影响。

（资料来源：1920年9月19日印度丛林发现印度狼孩，2005-09-27）

人作为一个社会生活中的个体，其自身的各种行为发生的原因很多，归结起来可以从三方面加以理解。一个方面缘于个体的生物学基础，主要与人的遗传、大脑机能以及神经系统有关；另一个方面缘于个体的社会学基础，主要与人的经典条件反射、操作性条件反射和社会学习有关；此外，个体的行为还与他所处的社会环境中的文化因素存在密切的关系。

第一节 影响个体行为的生物学基础

人们走在街道上，看到一个熟悉的朋友，会向他（她）挥手打个招呼，并露出微笑。人们的行为可能既包含了一种外显的行为，即生物学基础（从生理角度机体支配下的行动，招手与微笑）下的行为，同时也包含行为的心理学基础（从记忆中认出这个人是自己的熟人，并希望引起对方的注意）和社会文化基础（用挥手和微笑来致意，而不是用说话的方式）。在这个过程中，如果需要分析这个行为背后的具有心理和社会意义的内容，可能就比较困难了，毕竟在这个过程中，人们的行为究竟是一种随意的行为，还是有目的的行为？是一种善意友好的行为，还是敷衍塞责的行为？这些比较复杂且难于区分。然而，关于这些内容的研究与探索，对于发现和了解人类行为的背后机理和原因，开展有效的管理工作具有重要的意义。

一、遗传与个体行为的关系

人们经常会友善地对由父母带领的小孩子说，“你长得真像你的爸爸（或妈妈）”，然后赢得孩子父母的热情回应。从人类的体貌特征来看，子女通过遗传从自己父母那里获得了可供识别的与父母相近的外貌特征。通过研究可以知道，这种体貌特征不仅可以通过遗传由父母向孩子进行传递，而且部分心理和行为方面的特征也可以借助遗传进行传递。

从对人体基因开展研究来看，每个人的基因中有大约50%是与自己的兄弟姐妹相同的，可整体的基因组却具有独特性，除非是同卵双生的孩子。而这种基因上存在的差异恰恰是人们在体质与行为上存在不同的原因。当然，后天环境的影响也是造成兄弟姐妹间体质与行为区别的原因之一。

由于环境和遗传之间的因素很难进行分离，所以心理学家经常用动物实验来探讨遗传和环境对人的影响问题。对此科学家进行过一项选择性实验，取大鼠若干，先在迷宫中进行学习能力的比较并将聪明的放在一边，愚蠢的放在另一边；然后采用“门当户对”的方式，让大鼠进行自交，经若干代后品系极纯，这时再在迷宫中进行能力行为实验，差异表现得非常明显。这暗示了人的智商是可能遗传的，但从动物实验中获得的结论不能直接推论到人身上。心理学家波查德（Bounchard）采用“双生子”实验的方式，将环境和遗传之间的因素进行了分离，探讨两者对人的作用。实验以四组双生子为调查分析的对象，即在同一环境中喂养的异卵双生子（DIT，异卵双生子和普通兄弟姐妹之间的关系一样，只共享一半基因）、分开喂养的异卵双生子（DIA）、在同一环境中喂养的同卵双生子（MIT，同卵双生子在遗传学上属同一基因的双生儿）和分开喂养的同卵双生子（MIA）。假如后天的养育经验决定智力与人格的发展，那么DIT和MIT在个性的发展方面都应高度相关，而DIT和MIA由于缺乏共同的养育经验，则在这些方面不应相关。

波查德根据后来的实验结果得出结论：在智商方面，DIT相关系数仅为0.14，MIT是0.78，但MIA是0.71。这一结果说明遗传在决定智力方面约占70%的比例；在人格特点方面，儿童与其养父母和一起长大的异父母兄弟姐妹之间无明显类似。而同卵双生子无论是否在一起长大，其人格特点上的相似之处都高度相关。后来心理学家托伦根（Tellengen）进一步发现，双生子的攻击性、成就感、保守性与社交能力等人格特征，遗传性在0.50～0.60。

二、大脑的结构与行为

脑科学家苏萨（Sousa）对人脑有一段精彩的描述：“成人的脑是湿润、易碎的物质，重量为3磅[①]多一点儿，大小如柚子，形状如胡桃，恰好可以放在手掌上。脑由保护性的膜包裹，镶嵌在头颅中，位于脊柱的顶端。人脑在不停地工作，即使人们睡着了也是如此。尽管

① 1磅=0.453 592 4千克。

其重量只有身体的2%，所消耗的热量却是人体的20%！人们越动脑筋，消耗的热量也就越多。或许这将成为新的节食时尚，我们可以将‘我思故我在’，改为‘我思故我瘦’。”

从外观上看，脑包括额叶、颞叶、枕叶、顶叶、运动皮层以及小脑等。脑的皱褶将每个半球分为四个叶。每个脑叶负责执行特定的功能，前面的部分称为额叶，通常认为它执行规划和思维功能（一般后者更多在额叶）。颞叶位于耳朵的上方，处理声音和语言（通常主要在左侧），同时，部分长时记忆也在这里加工。枕叶在后部，几乎专门执行视觉加工功能。顶叶靠近顶部，主要负责定位、计算和某些类型的识别等功能。顶叶和额叶之间，从左耳到右耳横跨脑的顶部有一条带状区域，被称为运动皮层。此条状脑区控制着躯体运动，它与小脑协同，共同完成动作技巧的学习。

从脑的内部结构看，依照功能将其分为三部分：脑干、边缘系统和大脑。

第一部分是脑干。脑干是脑内最古老和最深的区域，该部分进化了约五亿年。人们经常称它为爬行动物的脑，因为它与爬行动物的整个脑非常相似。这里是生命中枢，监控呼吸、体温、血压和消化等功能。脑干也包含着网状激活系统（RAS）负责脑的觉醒。

第二部分是边缘系统。边缘系统位于脑干上部，边缘系统有时被称为古哺乳系统动物脑。边缘系统的大部分结构在每个脑半球内是成对的。这些结构执行不同的功能，包括情绪的产生等。由于它位于大脑和脑干之间，所以情绪和理性可以相互作用。边缘系统的三个部分在学习和记忆中具有重要作用，它们是：

丘脑——所有感觉信息的输入（除嗅觉外）首先进入丘脑，然后传入人脑的其他部位进行进一步加工。

海马——海马位于边缘区的基部（因为它的形状很像海马）。它在巩固学习和记忆中起重要作用。海马受到损伤的人，不能长久地记住事情。患者的海马受损或由于疾病而被摘除后，病人可以记起手术之前的事情，但记不起以后的事情。

杏仁核——附着在海马的末端，是边缘系统的一部分，对情绪，特别是恐惧具有重要作用。电刺激杏仁核可以引起愤怒，狂怒的精神病患者在手术摘除杏仁核后，性格变得比较温顺。杏仁核靠近海马，而且用仪器观察发现，杏仁核经常与海马同时被激活。有研究者认为，当记忆转入长时储存的时候，杏仁核与那些情绪信息有关联。每当进行回忆的时候，情绪性成分也被回忆起来。当人们回忆起童年的歌谣时，常常能再次体验到学习歌谣时轻松愉悦的心情。一些让人们痛苦的事情，时间长了往往难以准确回忆，原因在于人们不愿意再次体验那种情绪，那些记忆就被压抑或扭曲了。因此，认识到脑内主要负责长时记忆的两个结构位于情绪系统中是很有趣的。这暗示人们，如果能让员工保持良好的情绪，在培训和学习中可能会取得更好的效果，反之，则常常徒劳无功。

第三部分是大脑。大脑呈胶块状，是四个脑区中最大的，占脑总重量的80%以上。其表面呈灰白色，多皱褶，并刻有被称为“沟回”的裂纹。最大的裂纹从前向后，将脑分为两半，称为大脑半球。来自躯体左侧的神经交叉到右半球，而来自躯体右侧的神经交叉到左半球。左右两个半球被称为胼胝体的厚纤维束相连，借此左右半球相互联系、协同完成脑功能。大脑的各个区域执行着人类的思维、记忆、言语和肌肉运动等重要功能。

大脑的前端是额叶。额叶位于前额的后部，是脑的执行控制中枢，用以监控高级思维活动，指导解决问题，调节情绪情感，进行注意和短期的记忆。额叶也包含与人们的性格相关的脑区，额叶的损伤可能导致行为或性格的改变。额叶体成熟比较慢，青春后期的额叶仍然在成熟过程中，直到成人早期方才终止。这解释了青年人易受情绪控制、冲动急躁的原因，因为他们调节情绪能力的脑发育的生理基础尚不完全。

小脑位于大脑尾部的下端，协调并控制各种躯体运动。由于小脑监控来自肌肉末端的神经冲动，因此，它在复杂运动任务的学习、表现和协调中非常重要。小脑调整和协调指挥各种动作，比如有效地击打乒乓球，吃饭不会把筷子伸到别人的碗中。小脑受损的人不能调整运动，抓球和握手都很困难。

需要补充说明的是，人脑的运作要消耗大量的能量，越具有挑战性的任务，消耗的能量就越多。如果血液中的氧气和和糖分含量低，将会导致困倦和嗜睡。水分也是人脑活动必需的物质，水分太少会降低神经信号在大脑中传递的速度。此外，水可以保持肺的湿润，有利于将氧气有效地送到血液中。许多大学生养成了不吃早餐的习惯，一天内的喝水量也不足以维持大脑的健康运转，在最需要注意饮食问题的期末考试阶段，因为学习紧张这个问题反而更容易忽略。一般来说，每天的喝水量不应该少于1 500 mL，如果体重较大，在气候干燥的地区，如北京，还应该加大饮水量。

大脑的性别差异近年来受到了广泛关注。脑成像技术的出现为脑结构和脑功能性别差异的研究开辟了新的道路。杨天亮、辛斐、雷旭（2015）借助结构磁共振成像和弥散张量成像等脑结构信息，以及脑电图、正电子发射断层扫描技术和功能性磁共振成像等脑功能信息，主要探讨了脑灰质、脑白质和大脑的基线活动在脑局部区域、脑子系统、全脑连接组三个层次上的性别差异及其在年龄上的发展变化。此外，为了更好地理解脑性别差异，他们还探讨了脑性别差异研究领域的一些认识误区：第一个误区是，性别对大脑的影响是微小且不稳定的；第二个误区是，同一性别内个体的大脑表现出明显的差异，并且这种个体差异大大弱化了大脑的性别间差异；最后一个误区是，如果某种行为没有性别差异的话，那么这种行为的神经基础也不存在性别差异。

根据脑结构性别差异的研究，他们发现脑灰质和脑白质在脑局部区域、脑子系统以及全脑结构连接组层面上存在着广泛的性别差异，而且脑结构性别差异并不是一成不变的，在不同的年龄段上其差异程度有所不同。同时，他们也指出，加强对具有性别特异性的心理疾病脑机制的研究，关注基因和环境对脑性别差异的交互作用，并利用脑功能活动动态变化的特性以及结合多模态的脑成像技术进一步阐明脑性别差异，进而分析不同性别源于大脑结构方面所带来的行为的差异。

三、神经系统与行为

（一）神经系统概述

神经系统是人体内起主导作用的功能调节系统。人体的结构与功能均极为复杂，体内各器官、系统的功能和各种生理过程都不是孤立地进行的，而是在神经系统的直接或间接调节控制下，互相联系、相互影响、密切配合，使人体成为一个完整统一的有机体，实现和维持正常的生命活动。同时，人体又是生活在经常变化的环境中，环境的变化必然随时影响着体内的各种功能，这也需要神经系统对体内各种功能不断进行迅速而完善的调整，使人体适应体内外环境的变化。可见，神经系统在人体生命活动中起着主导的调节作用，人类的神经系统高度发达，特别是大脑皮层，不仅进化成调节控制人体活动的最高中枢，而且进化成能进行思维活动的器官。因此，人类不但能适应环境，还能认识和改造环境。

神经系统的主要功能包括：

（1）神经系统调节和控制其他各系统的功能活动，使机体成为一个完整的统一体。

（2）神经系统通过调整机体功能活动，使机体适应不断变化的外界环境，维持机体与外界环境的平衡。

（3）人类在长期的进化发展过程中，神经系统特别是大脑皮质得到了高度的发展，产生了语言和思维，人类不仅能被动地适应变化的外界环境，而且能主动地认识客观世界，改造客观世界，使自然界为人类服务，这是人类神经系统最重要的特点。

神经系统由脑、脊髓、脑神经、脊神经和植物性神经以及各种神经节组成，能协调体内各器官、各系统的活动，使之成为完整的一体，并与外界环境发生相互作用。

（二）神经元（神经细胞）

神经元（Neuron）是一种高度特化的细胞，是神经系统的基本结构和功能单位，它具有感受刺激和传导兴奋的功能。神经元由细胞体和突起两部分构成。胞体的中央有细胞核，细胞核的周围为细胞质，胞质内除有一般细胞所具有的细胞器如线粒体、内质网等外，还含有特有的神经元纤维及尼氏体。神经元的突起根据形状和机能又分为树突（Dendrite）和轴突（Axon）。树突较短但分支较多，它接受冲动，并将冲动传至细胞体，各类神经元树突的数目不等，形态各异。每个神经元只发出一条轴突，长短不一，胞体发出的冲动则沿轴突传出。

神经元较长的突起（主要由轴突）及套在外面的鞘状结构，称为神经纤维（Nerve-fibers）。在中枢神经系统内的鞘状结构由少突胶质细胞构成，在周围神经系统的鞘状结构则由神经膜细胞（也称施万细胞）构成。神经纤维末端的细小分支称为神经末梢。

神经元的另一构成部分是神经元突起。神经元间联系方式是互相接触，而不是细胞质的互相沟通。该接触部位的结构特化称为突触（Synapse），通常是一个神经元的轴突与另一个神经元的树突或胞体借突触发生机能上的联系，神经冲动由一个神经元通过突触传递到另一个神经元。长而分支少的是轴突，短而呈树枝状分支的是树突。

神经胶质（Neuroglia）的数目是神经元 10～50 倍，突起无树突、轴突之分，胞体较小，胞质中无神经原纤维和尼氏体，不具有传导冲动的功能。神经胶质对神经元起着支持、绝缘、营养和保护等作用，并参与构成血脑屏障。

神经冲动就是动作电位，在静息状态下（即没有神经冲动传播的时候）神经纤维膜内的电位低于膜外的电位，即静息电膜位是膜外为正电位，膜内为负电位。也就是说，膜属于极化状态（有极性的状态）。在膜上某处被给予刺激后，该处极化状态被破坏，称为去极化。在极短时间内，膜内电位会高于膜外电位，即膜内为正电位，膜外为负电位，形成反极化状态。接着，在短时间内，神经纤维膜又恢复到原来的外正内负状态——极化状态。去极化、反极化和复极化的过程，也就是动作电位——负电位的形成和恢复的过程，全部过程只需数毫秒的时间。

神经细胞膜上出现极化状态：由于神经细胞膜内外各种电解质离子浓度不同，膜外钠离子浓度高，膜内钾离子浓度高，而神经细胞膜对不同粒子的通透性各不相同。神经细胞膜在静息时对钾离子的通透性大，对钠离子的通透性小，膜内的钾离子扩散到膜外，而膜内的负离子不能扩散出去，膜外的钠离子也不能扩散进来，因而出现极化状态。

动作电位的产生：在神经纤维膜上有两种离子通道，一种是钠离子通道，一种是钾离子通道。当神经某处收到刺激时会使钠通道开放，于是膜外的钠离子在短期内大量涌入膜内，造成了内正外负的反极化现象。但在很短的时期内钠通道又重新关闭，钾通道随机开放，钾离子又很快涌出膜外，使得膜电位又恢复到原来外正内负的状态。

脑大约由 1 万亿个细胞组成，脑细胞可以分为两类：神经细胞和神经胶质细胞。神经细胞被称为神经元，约占细胞总数的1/10，人脑约有 1 000 亿个神经细胞。大多数脑细胞属于神经胶质细胞，它们将神经元网织在一起，将有害物质从神经元中过滤出去。

（三）神经递质

神经冲动通过电化学过程沿着神经元传导，传遍一个 1.8 米高的成人的全身所需时间仅为0.2 秒。神经元之间并不直接相互接触。在每个轴突和树突之间大约有百万分之一英寸①的间隙，称为突触。典型的神经元通过树突收集由其他细胞传来的信号，将电活动（冲动）通过轴突传导到突触，突触的冲动激活并释放存储于轴突末端的囊泡中（称为突触小泡）的化学物质，该生物信息又会被其他神经元的树突获取，神经冲动就这样传递下去。如果这些化学物质的释放停止了，就不会有随后的反应发生。

这些传递信息的化学物质一般被称作神经递质，可以兴奋或抑制周围的神经元。迄今为止，已发现了近 100 种不同的神经递质（一些常见的神经递质包括乙酰胆碱、去甲肾上腺素、5-羟色胺和多巴胺等）。一般而言，不同神经递质都可能影响行为的调节。

1. 乙酰胆碱

乙酰胆碱广泛存在于中枢与外周神经系统。在老年人中发病率较高的退行性阿尔茨海默病的病人中，记忆丧失是由于分泌乙酰胆碱的神经元退行性变化造成的。在神经和肌肉节点上，乙酰胆碱也是一种兴奋性递质，会引起肌肉收缩。箭毒是亚马孙河一带印第安人涂在毒箭尖上的剧毒物质，使中毒的人分泌的乙酰胆碱不起作用，引起胸部呼吸肌肉麻痹，最终导致中箭人死亡。

2. 多巴胺和去甲肾上腺素

多巴胺和去甲肾上腺素神经递质在精神病中均有重要作用。去甲肾上腺素与抑郁症有关，服用增加这种递质含量的药物，可以提高情感状态，减轻抑郁。精神分裂症病人脑内多巴胺高于正常水平。

3. 内啡肽

内啡肽是内源性吗啡的缩写，在情绪性行为和疼痛控制中具有重要作用，包括焦虑、恐惧、紧张和愉快。它类似于鸦片和吗啡，在脑内与其相同受体结合。由于内啡肽具有愉快与痛苦调节控制作用，被称为“进入天堂的钥匙”。研究者们已经检查出在针灸和安慰片降低疼痛过程中，内啡肽起到部分作用。

4. 5-羟色胺

5-羟色胺正常情况下抑制其他神经元。致幻药（Hallucinogenic Drugs，HD）由于能抑制

---

① 1 英寸 =2.54 厘米。

5-羟色胺神经元，从而使得5-羟色胺对其他神经元的抑制作用消失，而让人产生大量生动、奇特的感觉体验，其中一些体验可持续数小时。目前一些研究者发现，5-羟色胺水平越高，越表现出较高的社会交往能力和控制攻击的能力。而这些善于处理社会关系的人，尽管不是最聪明、最强壮或最有进取心的人，却更可能成为其他人的领导。有研究者对大学生联谊会的研究发现，处在领导地位的男性5-羟色胺水平也是最高的。

第二节　影响个体行为的社会学基础

一、态度

（一）态度的概念

态度（Attitude）是关于物、人或事的评价性陈述，可能是讨人喜欢的，也可能是令人不快的，态度反映个体对某事的感受。当一个人说“我喜欢我的工作”时，他在表达对工作的态度。要全面了解态度，需要掌握态度的基本特性。

（二）态度的构成要素

根据目前研究者的观点，一般来说，态度主要由三大要素构成：认知、情感和行为。

“歧视是错误的”这一观点具有评价性，这属于态度的认知部分（Cognitive Component），它为态度的更具批判性的部分——情感部分（Affective Component）打好了基础，情感是指态度的情绪或感觉部分，比如“我不喜欢乔，因为他歧视少数民族”。态度的行为部分（Behavioral Component）是指对某人或某事倾向于采用的处理方式。例如，继续上面的例子，“我回避乔是因为我对他的感觉不好”。

把态度看作由三部分组成（认知、情感和行为），有助于理解态度和行为的复杂性以及潜在关系。要时刻铭记这三个要素的密切关系。从很多方面看，认知与态度密不可分。

例如，一个员工没有得到他期望得到的提升，而他的同事却得到了提升，则这名员工对他同事的态度变化如下：认知（该员工认为自己应该得到提升），情感（该员工非常不喜欢他的同事），行为（该员工要寻找另一份工作）。像前面提到的，虽然人们经常认为认知导致情感，情感随之导致行为，但在现实中却很难区分这三个要素。

（三）态度的一致性

研究表明人们试图寻找态度间的一致性，以及态度与行为的一致性。换句话说，个体试图调和不同的态度，并试图使态度和行为一致，这样会使他们看上去比较合理、一致。当出现不一致时，个体要么改变自己的态度或者行为，要么发展出一套合理的理由来解释差异。烟草业的管理者提供了一个很好的例子，这些人是怎么处理那一连串的反映吸烟与健康问题的研究数据的呢？下面是他们的一些理由：

（1）他们可以否认说，吸烟与某些疾病如癌症并不存在确定的因果关系。

（2）他们可以通过不断宣传烟草的好处来洗脑。

(3) 他们可以承认吸烟的危害，但也理所当然地认为是人们本身想吸烟，烟草公司仅仅是提供了自由选择的机会。

(4) 他们可以接受研究证据，开始积极地为生产更加健康的香烟而努力，或者至少减少弱势群体（如青少年）的接触机会。

（四）认知失调

在20世纪50年代后期，Leon Festinger提出了认知失调（Cognitive Dissonance）理论，用来解释态度与行为间的关系。当个体意识到两个或两个以上的态度之间，或者态度与行为之间存在不一致时，认知失调就发生了。Festinger认为任何形式的失调都令人不舒服，个体会尝试降低失调，从而降低不舒服感。因此，个体试图寻找一种达到失调最小化的稳定状态。

当然，没有任何人可以完全回避失调。人们是怎么处理失调的呢？Festinger提出，人们试图降低失调的愿望受到三方面的影响：

(1) 导致失调的要素本身的重要性。如果导致失调的要素不太重要，那么校正不平衡的压力就会比较小。

(2) 个体认为自己对导致失调的要素的影响度。个体认为自己对导致失调的要素的影响度会影响他们对失调的反应。如果他们认为导致失调的因素是自己无力控制的，就不太会接受态度转变。举例来讲，如果导致失调的行为是老板的指示引起的，那么降低失调的压力就会小于因为自发行为所带来的降低失调的压力。

(3) 失调中可能涉及的回报。回报的高低会影响个体降低失调的动力。伴随高失调的高回报会降低失调带来的压力。回报通过增加个体平衡考虑中的一致成分来降低失调感。这些调节因素表明个体不一定会因为感受到降低失调而立即采取措施去降低失调。

认知失调理论有助于管理者预测员工改变行为或者态度的倾向。并且，失调越严重，尤其是经过重要性、影响度、回报调节之后的失调，降低失调的压力就越大。

（五）行为与态度的关系

早期对态度的研究认为态度与行为是因果关系，即人们的态度决定他们的行为。常识也暗示这种关系。但是，在20世纪60年代后期，一个研究评论对态度和行为的这种关系表示质疑，并断定态度和行为没有相关关系，或者最多也是微弱相关。但是，后期的研究证明态度可以很好地预测未来行为，并且支持了Festinger最初的观点——这种相关关系可以通过调节变量而加强。

态度行为关系中最重要的调节变量是：

(1) 重要性。重要的态度反映基本的价值观、私利，或者个人重视的其他个体或者群体的认可。

(2) 具体性。态度越具体，行为越具体，两者间的关系就越紧密。例如，请员工具体描述他接下来六个月留任现在职位的意愿，比请他回答对现在的工资是否满意，更能够预测该员工的离职可能性。

(3) 易接近性。容易记住的态度比不容易记住的态度对行为有更好的预测性。非常有趣的是，人们更容易记住经常表达的态度。因此，一个人越频繁地讨论对某问题的态度，越可能记住这种态度，这种态度也就越可能决定他的行为。

(4) 社会压力的存在。当社会压力要求你做出某种行为，并且这种压力异常强大时，态度和行为间更容易产生冲突。这可以解释为什么在组织中，有的员工明明强烈反对联合，却参加支持联合的会议；为什么烟草行业的执行者自己不吸烟，并且相信吸烟与癌症的相关研究结果，却并不阻止办公室内其他人的吸烟行为。

(5) 个人对态度的直接体验。当态度涉及的事情个体亲身体验过时，态度—行为关系就会增强。例如，问没有工作经验的大学生和遭遇过独裁上司的员工，遇到独裁上司时会怎么处理时，前者的回答对实际行为的预测力远远赶不上后者。

虽然多数态度—行为研究都有好的结果，但是研究者通过其他角度的研究，即研究行为是否影响态度这一议题也发现了更高层面的关系。这种观点称为自我知觉理论（Self-perception Theory），发现了一些令人振奋的结果。当被问及关于某事物的态度时，个体通常会先回忆和该事物相关的行为，然后从这些过去的行为中推断自己的态度。例如，当问一名员工在万豪做培训专员的感受时，他可能会想："我在万豪做这份工作已经有十年了，没有人强迫我做这份工作，因此我肯定喜欢这份工作！"因此，自我知觉理论认为态度是在事实发生之后，用来使已经发生的行动产生意义的工具，而不是在活动之前指导行动的工具。根据自我知觉理论，当人们被问及他们的态度，而他们又没有明确的信念或者感觉时，他们倾向于创造似乎合理的答案。

自我知觉理论得到了研究的很好支持。传统的态度—行为关系总体上是成立的，行为—态度关系也同样成立，尤其是当态度模糊不清时，对某态度没有体会或者之前很少想到时，人们倾向于从行为中推断态度。然而，当之前对某事已经具有明确一贯的态度时，这些态度会引导人们的行为。

（六）工作态度的主要种类

每人都有成千上万种态度，但组织行为学仅仅关注为数不多的和工作相关的态度。这些工作态度包括员工对工作环境所持有的正面和负面的评价。组织行为学研究得最多的是三种态度：工作满意度、工作投入度、组织承诺。在此将探讨这三种态度，以及另外两种引起研究人员注意的态度：组织支持和员工敬业度。

1. 工作满意度

工作满意度（Job Satisfaction）可以定义为因对工作特征的评价而产生的对工作的愉悦的感觉。工作满意度高的员工对工作有积极的情感，对工作不满意的员工对工作有消极的情感。当人们谈到员工态度时，通常是指工作满意度。事实上，这个术语在使用时经常被互换。因为，组织行为学的研究者认为工作满意度至关重要。

2. 工作投入度

虽然被研究的频率远远不及工作满意度，但工作投入度（Job Involvement）也可以测量人们心理上对工作的认同度，以及工作绩效对自尊的影响度。工作投入度高的员工强烈认同并真正关心自己所做的工作。一个密切相关的概念是心理授权（Psychological Empowerment），指员工认为自己对工作环境、胜任力、工作意义和工作中的自主的影响度。例如，新加坡一项关于护理业管理者的研究表明，好的领导授权下属，使下属参与到决策中，并使他们感到自己的工作很重要，给他们"做自己的事情"的判断力。

高度的工作投入和心理授权与组织公民行为和工作绩效正相关。而且，高的工作投入度还可以降低缺勤率和辞职率。

3. 组织承诺

员工认同特定的组织和组织目标，并愿意留在该组织中的状态被称为组织承诺（Organizational Commitment）。因此，高的工作投入度意味着认同自己的具体工作，而高的组织承诺意味着对所在组织的认同。以下是组织承诺的三个独立维度：

（1）情感承诺（Affective Commitment）：情感上归属组织，并认同组织的价值观。例如，一个宠物公司的员工可能情感上归属公司，因为公司涉及动物的照看。

（2）留守承诺（Continuance Commitment）：意识到留守组织与离开组织相比所带来经济价值上的差异。员工服从上司可能是因为薪水很丰厚，他感到如果辞去工作会伤害自己的家人。

（3）规范承诺（Normative Commitment）：因为道德或伦理而觉得有留守组织的义务。一位负责某些创新的员工选择留任的原因，可能是他认为如果离开会“陷老板于困境”。

组织承诺与工作效率之间存在正相关关系，不过该关系不是很强。而且，和工作投入度一样，研究结果表明组织承诺与辞职率之间存在负相关关系。总体来说，情感承诺对工作绩效和辞职率等组织结果的影响比其他两个承诺维度的影响更显著。一项研究发现，情感承诺可以显著预测各种结果（对任务特色的认知、职业满意度、离职意愿）解释度高至72%，规范承诺和留守承诺的解释度则分别是36%和7%。留守承诺的解释力度较弱也是可以理解的，因为它本身并不代表较强的承诺，与效忠（情感承诺）和义务（规范承诺）不同，留守承诺形容员工仅仅是因为没有更好的选择而被“拴”在现任工作上。

承诺的概念对员工和老板来说都不如以前重要了，多年前雇员与老板间不成文的忠诚契约已经被严重破坏，员工打算长期为一个组织工作的想法已经越来越显得过时。同样，“衡量员工—公司归属感的概念，如承诺，对新的员工关系来讲已经是问题重重。”这表明，作为与工作相关的态度，组织承诺已经没有以前那么重要了，职业承诺可能会更加有效，因为它更符合当今劳动力快速流动的特点。

4. 组织支持

组织支持（Perceived Organizational Support，POS）是指员工认为组织重视他们的贡献、关心他们的生活的程度。例如，一名员工认为如果他遇到照顾小孩的问题，他的组织会帮助协调，或者认为当他犯错误时，组织会站在他的角度考虑并原谅他。研究表明，当以下条件满足时，员工会感受到组织的支持：

（1）奖金公平。

（2）员工在决策时有发言权。

（3）他们的上司看起来是持支持态度的。

5. 员工敬业度

员工敬业度（Employee Engagement）是一个很新的概念，它可以定义为个体对工作投入、对工作感到满意并充满激情的程度，具体包括：

（1）资源的有效性和学习新技能的机会。

（2）他们是否感到了工作重要和有意义。

(3) 他们与同事和上司的互动是否有益。

最近的一项研究通过对36家公司的近8 000个业务单元进行调查，发现员工敬业度高的业务单元有较高的客户满意度、生产率和利润，并有较低的离职率和事故率。因为从这个概念上，人们还不知道敬业度与其他概念如工作满意度、组织承诺、工作投入度等，或与要把工作做好的内在动力之间的关系。敬业度的概念很广泛，可以说是上述变量的交集。换句话说，敬业度可能是这些态度的共同点。

这些工作态度真的可以完全区分吗？人们可能会想这些工作态度是否真的可以完全区分开来。总之，如果人们感到深深地投入到工作中了（高的工作投入度），难道他们会不喜欢这份工作（高的工作满意度）？同样地，难道认为自己的组织是支持性的（高的组织支持感）？员工不会对组织有归属感（强烈的组织承诺）？一些证据表明这些态度高度相关，甚至到了麻烦的程度。例如，组织支持感与情感承诺的相关关系很强，这给研究者带来了麻烦——强的相关关系意味着变量可能是多余的。

虽然组织行为学的研究者喜欢提出新的态度，但通常人们不太善于展示和比较每种态度与其他态度的差异性。虽然有一些测量每种态度独特性的方法，但是这些态度的确有很大程度的重叠。重叠存在的原因很多，比如员工的人格。一些人倾向于对每件事都持正面的或反面的观点。如果有人说他喜欢自己所在的公司，其实这种喜欢可能并不很强烈，只是他对生活中的每件事都持乐观态度。或许重叠意味着一些组织在各方面都比其他组织好。这也意味着，作为一名管理者，如果知道了某员工的工作满意度水平，就会知道该员工对公司的绝大多数看法，这也是作为一名管理者应该了解的。

二、工作满意度

（一）员工对工作的满意程度

大多数员工对自己的工作都满意吗？根据我国和大多数发达国家的研究结果，答案是肯定的。从整体而言，绝大多数员工对自己的工作是感到满意的。虽然调研的范围较大，但更多的人反馈他们对工作满意而不是不满意。并且，这样的结果在很大程度上也普遍适用于其他发达国家和一些发展中国家。

近年来的一些研究表明，满意水平在工作满意度的不同方面存在很大的差异。平均而言，人们对工作整体（Jobs Overall）、工作本身（Work Itself）、上司和同事表现为满意。然而，人们对报酬和提升机会表现为不太满意。

（二）影响工作满意度的因素

事实上，在工作满意度的主要因素中，如工作本身、报酬、提升机会、监管、同事等，喜欢工作本身几乎总是与整体的工作满意度相关性最强。换句话说，多数人喜欢有挑战性和刺激性的工作，而不喜欢可预知的和例行的工作。

或许已经注意到了，对工作满意的探讨往往聚焦在报酬上。对于收入比较低的居民（如处于最低工资水平的居民）或者生活在不富裕国家的居民，报酬确实和工作满意度以及整体的幸福感相关。但是个体一旦达到舒适的生活水平（如在发达国家，这一水平是指年收入在40 000美元，但因生活地区和家庭人口的差异而略有变化），这种相关关系就消失了。换言之，平均来说，收入是80 000美元的居民在工作方面并一定不比收入是40 000美元的居民幸福。所以，两者之间并没有多大联系。高收入的工作只是达到了平均的工作满意度，并不比低收入的工作满意度高。

工作满意度还受到个体人格的影响。一些人倾向于喜欢所有事物，还有一些人即使有最好的工作也会感到不开心。研究表明，具有消极人格的人（那些倾向于脾气暴戾、爱挑剔、悲观的人）通常对工作不太满意，中性事项满意度问卷（The Neutral Objects Satisfaction Questionnaire）（表2-1）是一种了解人格和工作满意度关系的有效工具。一项研究表明，对问卷列表中多数项目不满意的居民对工作也不满意。这并不令人感到意外，毕竟，如果一个人不喜欢自己的名字、电话服务甚至某种尺寸的纸张，就可以推测他不喜欢生活中的很多东西——包括他的工作。

表2-1　中性事项满意度问卷

指导语：针对以下每项指标，请在后面的满意、中立、不满意三者中符合情况的一项上画圈。

你生活的城市	满意	中立	不满意
你的邻居	满意	中立	不满意
你就读的高中	满意	中立	不满意
你的生活环境	满意	中立	不满意
今天播放的电影	满意	中立	不满意
你购买的食物的质量	满意	中立	不满意
当今的汽车	满意	中立	不满意
当地的报纸	满意	中立	不满意
你的名字	满意	中立	不满意
你认识的人	满意	中立	不满意
电话服务	满意	中立	不满意
8.5寸×11寸的纸	满意	中立	不满意
餐厅的饭菜	满意	中立	不满意
当代艺术	满意	中立	不满意

（三）满意和不满意的员工对工作的影响

1. 工作满意度和工作绩效

快乐的员工工作更加高效吗？一些研究者曾认为工作满意度和工作绩效之间没有相关关系，但是一个对300项研究所做的综述表明，它们之间的相关关系很强。而且，当从个体层面转向组织层面时，也发现了满意—绩效的相关关系。当搜集了组织内满意度和生产率的总体数据后，发现有较多满意员工的组织比有较少满意员工的组织更高效。

2. 工作满意度和组织公民行为（OCB）

下面的假设听起来很合理——工作满意度是决定员工组织公民行为（Organizational Citizen Behavior，OCB）的主要因素，或者是影响其他自主行为的主要因素，这些行为在工作说明书中没有明确规定，但对提高组织效率（如帮助同事）有利。满意的员工更愿意用肯定的口气谈论组织、帮助他人，超出期望地工作。而且，满意的员工更乐意承担工作职责外的工作，因为他们想回报愉快的工作感受。与这种想法一致，早期关于 OCB 的讨论认为 OCB 与满意度密切关联。然而，最近的研究表明满意度会影响 OCB，但需借助公平感。

工作满意度和 OCB 整体上存在一定的关系，但是当公平感受到控制后，满意度与 OCB 无关。基本而言，工作满意度可以归结为公平的结果、待遇和程序。如果感到领导、组织的程序或者薪酬政策不公平，员工工作满意度就可能下降。不过，当员工认为组织程序和结果公平时，就会产生信任感。当员工信任他的领导时，会更愿意主动地按高于工作职责的要求来工作。

3. 工作满意度和客户满意度

从事服务性工作的员工经常和客户打交道。因为服务组织的管理层应该关注如何赢得客户的认可，所以，理所当然会问“员工满意度是否与良好的客户反馈结果相关?”对于那些经常接触客户的一线员工来说，这个问题的答案是肯定的。

有证据表明，满意的员工会增加客户的满意度和忠诚度。其原因在于，在服务性组织里，客户的去留在很大程度上取决于一线员工如何对待他们。满意的员工更加友好、快乐，更容易对顾客的要求做出详尽的回应——这些都是顾客所看重的。而且，因为满意的员工较少离职，顾客更喜欢看到熟悉的面孔，接受经验丰富的员工的服务。这种关系还是相互的：不满意的客户会加剧员工的工作不满意程度。据经常接触客户的员工反映，无礼、鲁莽、爱提不合理要求的客户会对员工的工作满意度起到负面作用。

4. 工作满意度和缺勤率

通过研究发现，满意度和缺勤率存在一致的负相关关系，但是这种关联比较微弱。毋庸置疑，虽然不满意的员工更可能旷工，但是其他因素会影响这种关系，并降低它们之间的相关度。例如，实行宽松病假管理的组织，实际是在鼓励所有的员工包括高度满意的员工请病假。

一项研究很好地说明，当外界因素的影响降到最小时，满意度会直接影响出勤率。2007 年 3 月 4 日是元宵节，沈阳的一场罕见暴风雪提供了对比的机会，可以拿广州办公室的员工出勤率与沈阳的进行对比，当天广州的天气晴好，然而暴风雪给沈阳的员工提供了很好的不上班的借口。暴风雪阻断了城市的交通，员工知道如果这天不上班不会受到处罚。因为许多企业有相关的规定，员工不能因为可回避的原因而旷工，否则会受到惩罚。

满意度的数据在沈阳和广州都是可以得到的，管理者可以对比两地满意和不满意员工的出勤率：一个地方的员工应该正常上班（有正常的出勤压力），另一个地方的员工可以自由选择是否出勤，并且缺勤也不会受到处罚。如果满意度有助于提高出勤率，当没有外部因素影响时，在沈阳，满意的员工应该上班，不满意的员工应该待在家里。研究发现，在 3 月 4 日这个特殊的日子，在广州，对工作满意与否的员工缺勤率是一样的；但是在沈阳，满意度高的员工的出勤率高于工作满意度低的员工的出勤率。如果满意度与缺勤率负相关，则这些结果正是人们所期望的。

5. 工作满意度和离职率

满意度与离职率也呈负相关关系，不过其相关关系强于与缺勤率的关系。但其他因素如劳动力市场条件、对其他工作机会的期待、在现任组织的任期等，对是否辞去工作都起到重要的约束作用。

有证据表明，满意度—离职率关系的一个重要调节变量是工作绩效。具体来说，满意度水平对高绩效员工的离职率预测能力较弱。因为组织通常会尽力留住这些人才，他们会获得加薪、奖励、赏识、日益增多的晋升机会，等等。不管满意度怎样，高绩效者更愿意留任，因为他们得到的认可、奖励和其他回报给他们提供了很多留任的理由。绩效差的员工则刚好相反。组织很少尝试留住他们，甚至会施加压力鼓励他们离开。因此，可以推断工作满意度对绩效差的员工的影响要更大一些。

三、学习

所有复杂的行为都是通过学习得来的。如果想解释和预测行为，需要知道人们是如何学习的。

（一）学习的概念

学习（Learning）通常可以定义为由于经验而导致的行为的相对持久的改变。关于这个概念，有几点需要特别说明：

（1）学习包含变化。变化可能是好的或坏的。人们可能学会令人不快的行为（持有偏见或推卸责任）和讨人喜欢的行为。

（2）变化必须是彻底的。突然的变化可能仅仅是本能反应或者疲劳的结果（或者能量的突然爆发），这些可能并不是学习。

（3）一定形式的经验对学习而言是必需的。经验可通过直接观察或者实践而获得，也可通过非直接的方式（比如读书）获得。

（二）学习理论

1. 操作性条件作用理论

根据操作性条件作用（Operant Conditioning）理论，行为是结果的函数。人们学会某种行为是为了得到他们想要的结果，回避他们不想要的结果。操作性条件作用的建立者、哈佛大学的心理学家斯金纳（B. F. Skinner）认为，在个体某种行为之后提供他喜欢的结果，可以增加个体做该行为的频率。他论证说，如果人们表现出某种行为后得到正强化，他们很可能会重复这一行为；如果行为之后马上得到回报，那么回报的效果非常显著；如果行为之后得不到回报或者受到惩罚，那么重复该行为的可能性就会小很多。操作性条件作用理论是斯金纳行为主义理论的一部分，行为主义认为行为是刺激的产物，是自发的。在斯金纳的理性行为主义中，情感、思想和其他精神活动都未被看作行为的原因，简言之，人们学会把刺激物和反应联结起来，但是他们自己并没有意识到这一点。

不管是明确说明还是含蓄暗示行为之后跟着会有强化，都意味着应用了操作性条件学习。例如，老师说，如果想拿高分就必须在测试中写上正确答案；一个想挣大钱的代销商知道高收入取决于他的销售额。当然，这种联结也教会员工一些违背公司利益的行为，假定老板告诉员工，如果加班，在下次的绩效考核中将得到补偿。但是，绩效考核时员工发现自己并没有因加班而得到正强化。下次这位老板再请员工加班，员工很可能会拒绝老板，可以用操作性条件作用来解释：如果一个行为没有得到正强化，那么该行为重复的可能性就降低。

2. 社会学习理论

个体可以通过观察别人的经历和听他人的讲述来学习，也可以通过直接体验来学习。这种认为可以通过观察和直接体验学习的理论称为社会学习（Social Learning）理论。

虽然社会学习理论是操作性条件作用的扩展（因为它假定行为是结果的函数），它还认为可以通过观察来学习，并且自觉对学习而言很重要。人们做出回应是基于自己对结果的感知和定义，而不是客观结果本身。

榜样的作用对社会学习观点至关重要。以下四个过程决定一个榜样对个体影响的大小：

（1）注意过程。人们只有在认出并关注某个榜样的关键特征时，才有可能向榜样学习。那些有吸引力的、反复出现的、对人们很重要的，或者在人们看来和其有相似之处的榜样对人们的影响最大。

（2）保持过程。一个榜样的影响程度取决于当这个榜样已经不再出现时，人们对他的行为还记得多少。

（3）再现过程。当一个人观察到榜样的某种行为之后，关注必须转化为行动，这个过程说明个人可以完成榜样的行动。

（4）强化过程。如果提供正面的激励和回报，个体就会有动力展现榜样的行为。得到正强化的行为会得到更多关注，习得得更好，运用得更频繁。

3. 行为塑造：一种管理工具

因为学习发生在工作中和工作前，所以管理者关心如何教给员工最有利于组织的行为。当人们试图用设计好的步骤，通过引导他人学习来重塑他们时，就是在塑造行为（Shaping Behavior）。当个体每次向人们预期的回应迈出一步，人们就对之进行系统的强化，这就是行为塑造的方法。

（1）行为塑造的方法。行为塑造有四种方法，具体如下：

①行为之后出现的令人愉快的事情称为正强化。比如，员工出色完成工作后受到老板的赞扬。

②行为之后出现令人不愉快的事情称为负强化。比如，如果一名大学老师提了一个问题，而学生不知道正确答案，老师之后不再提问这名学生。这属于负强化，因为老师推断继续提问并不能得到令人满意的回答。

③当一种行为带来令人不快的结果时，可称为惩罚。它试图消除不受欢迎的行为。例如，如果某员工醉酒，那么令他暂停工作两天并不付工资就是一种惩罚。

④消退是指对任何一种行为强化的解除，行为得不到强化时就会逐渐消退，如大学老师如果不想鼓励学生上课提问，就可以通过忽视举手提问的学生而达到消除该行为的目的。当举手总是得不到强化时，就不会再有人举手了。

正强化和负强化都导致学习的发生。强化会增加某种反应的机会，并加大其重复出现的可能性；惩罚和消退则弱化行为，降低某种行为发生的频率。

（2）行为塑造的频度。

①连续型和间歇型强化。在行为塑造的过程中有一个关键的问题，就是强化时间的选择。强化程序的两种主要方式是连续型和间歇型。

连续型强化（Continuous Reinforcement）程序指期望行为的每次出现都得到强化。例如，一个员工长期都有不准时上班的问题，连续型强化是指当他准时的时候，他的经理就会赞扬他这种符合要求的行为。

在间歇型强化（Intermittent Reinforcement）程序中，并不是每次出现的期望行为都得到强化，但所给予的强化也足够频密，从而使期望行为值得重复。间歇型强化程序可以与赌具中的老虎机的工作原理相比较，虽然人们知道赌具是设置好为赌场赚取大量利润的，但仍然不断参与这种赌博游戏。间歇性赢钱的频率足以强化人们塞入硬币、拉下把手的行为。有证据表明，间歇型或者其他形式的强化程序，比连续型强化能更好地抵抗行为的消退。

间歇型强化可以按照一定的比率或者间隔进行强化。比率程序表（Ratio Schedule）中强化的多少取决于个体回应的次数，个体做出某种具体行为一定次数后得到一次强化。间隔程序表（Interval Schedule）中强化的多少则取决于两次强化间隔的时间长度，根据间隔程序表，个体得到第一次强化后，再过一定的时间段，就会再次得到强化。

②固定的和可变的强化。强化还可以分为固定的和可变的。当回报是按照固定的时间间隔提供时，强化程序表就属于固定时段型（Fixed-interval）。这里，关键的变量是时间，即时间是固定不变的。如每周、每月，或者在某个固定时间段拿一次薪水，这种回报就属定时段型的强化程序表。如果回报发放时间是随机的、不可预测的，那么就属于可变时段型（Variable-interval），例如，公司的审计人员会对各部门进行随机、突然的审查，这就属于可变时段型程序表。

若采用固定比率（Fixed-ratio）程序，则每过一定的时间段或者行为重复一定次数后，回报就会出现。例如，服装厂的工人每安好一个拉链就得到 5 美元报酬的计件工资，这就属于固定比率程序。当回报随着个体行为的变化而变化时，个体的强化属于可变比率（Variable-ratio）程序。例如，被授权的销售人员就属于这种强化程序，有时候，他们给一个潜在客户打两次电话就可以拿到订单；而其他时候，他们甚至需要打二十多个电话才能得到一个订单。表 2-2 总结了各种强化程序。

表 2-2　各种强化程序

强化程序类型	强化的本质	对行为的影响	举例
连续型	期望行为的每次出现都得到强化	快速学会新行为，消退速度快	赞美
固定间歇型	按照固定的时间间隔提供回报	表现平均无规律，消退速度快	周薪
可变间歇型	按照变化的时间间隔提供回报	绩效较高、较稳定、消退速度较慢	抽查式测验
固定比率型	达到一定的产出就提供回报	绩效高且稳定，消退速度慢	计件工资
可变比率型	回报随着个体行为的变化而变化	绩效很高，消退速度慢	被授权的销售人员

③强化程序和行为。连续强化程序会导致较早出现满足，在这种程序之下，强化一旦停止，行为就会迅速弱化。因此，连续强化适合于那些新出现的、不稳定的或出现频率低的回应（如因考试成绩优异而得到嘉奖）。与此相反，间歇型强化可以防止满足过早出现，因为并不是每次回应都得到强化。这种强化程序适合那些稳定的或者出现频率高的回应（如因考试合格而得到奖励）。

一般情况下，可变程序比固定程序更容易带来高绩效。例如，像前面提到的，组织中的多数员工是根据固定时段程序拿工资的，但是这种程序没有清楚地反映绩效和回报间的联系，因为回报是根据工作的时间，而不是根据某种具体回应（绩效）确定的。相反，可变时段程序引致高频率的回应和更稳定、更持久的行为，因为绩效和回报高度相关，并且它包含了不确定性：员工会因变化因素的存在而更加警觉。

④强化理论存在的问题。虽然通过回报和惩罚来强化行为的效果得到了很多学者的支持，但这并不意味着斯金纳是正确的。如果强化的力量不能归因于操作性条件作用或者行为主义，就不能解释。有研究显示，思想和情感会伴随环境刺激，甚至是那些明显为了塑造行为的刺激，那么，行为主义的问题来了，因为这和行为主义的假设是相抵触的——行为主义认为人们如何响应环境是与内在思想和情感无关的。

同样，如果提供奖励时并没有塑造行为的意图，那么还属于行为塑造吗？所有刺激都是为了得到某种回应的观点是狭隘的。

正是因为这些问题的存在，操作性条件作用和行为主义理论已经被其他强调认知过程的理论取代。不管怎样，毋庸置疑的是，这些理论可以帮助人们更好地了解人类行为。

本章小结

本章讨论了影响组织中个体行为的三大因素：能力、态度和学习。

能力通过“能力—工作”匹配直接影响员工的绩效水平和满意度。管理者要达到能职匹配，需要做好以下工作：

(1) 有效的甄选过程可以改善匹配度。首先进行工作分析以确定能力要求，接下来测试应聘者、组织面试、评价他们的能力水平。

(2) 影响到组织现有员工晋升和调任的决策必须考虑候选人的能力水平。

(3) 调整工作以便使从业者的能力更好地和岗位匹配，如改变现有设备、调整小组的工作任务等。

管理者应该对员工的态度很感兴趣，因为态度能够预示潜在问题，并且会影响行为。例如，对工作满意和承诺度高的员工有较低的离职率、旷工率以及其他的负面行为，他们往往还有出色的工作表现。管理者期望降低离职率和旷工率（尤其是生产性员工），他们希望努力激发出积极的工作态度。

管理者要提高员工的满意度，最重要的手段是内部激励，例如，让工作变得更富挑战性和有趣。虽然低廉的薪水不能够吸引高素质的员工，也不能保持组织的高绩效，但是，管理者必须明白，仅仅靠高薪也不能够创造令人满意的工作环境。管理者还需留意员工的认知失调是可以管理的。当员工需要参加一些他们一般不参与或和他们的态度不一致的活动时，他们可能会意识到失调是由外部强加而他们无法控制的，或者回报很高足以抵消失调时，员工需要调整失调的压力就会减小。

正强化是一种很有效的修正行为的工具。通过识别和奖励改善绩效的行为，管理者可以增加这些行为出现的频率。有关学习的知识进一步显示，强化比惩罚更有效。尽管惩罚与负强化相比，能够更快地消除不受欢迎的行为，但是受到惩罚的行为只是暂时受到抑制，它并没有真正变化，而且惩罚还可能带来管理者不希望看到的副作用，比如更低的士气、更高的离职率和旷工率。此外，受到惩罚的人还会憎恨惩罚者。因此，管理者最好使用强化而不是惩罚手段。

本章练习题

1. 描述行为和遗传的关系。
2. 试述组织中的行为塑造过程。
3. 社会学习理论中的榜样的作用包括哪几个步骤？

研究性课题

结合学习雷锋的活动和自己的成长经历，谈谈个体行为塑造的过程及意义。

第三章

组织中的多元化与个体差异

★名人名言

和而不同，多元一体，各美其美，美人之美，美美与共，和谐世界。

——费孝通（1910—2005，社会学家、人类学家和民族学家，中国社会学和人类学的奠基人之一）

★学习目标

1. 了解并掌握多元化的内涵。
2. 了解多元化产生的原因与动机。
3. 掌握多元化对管理工作的影响和解决对策。
4. 掌握个体差异的内涵。
5. 掌握个体差异的构成。
6. 掌握能力特征与管理。
7. 掌握气质特征与管理。
8. 掌握性格特征与管理。

★关键词

多元化　个体差异　能力　气质　性格　大五人格

★开篇案例

马云的成长故事

马云，1964年9月10日出生于浙江杭州，祖籍浙江嵊州市，企业家，阿里巴巴集团、淘宝网、支付宝创始人。马云1999年创办阿里巴巴网站，曾获得日本第十届企业家大奖、中国经济十年商业领袖十人、CCTV中国经济年度人物、中国最慷慨的慈善家等奖项和称号。

马云是一个善于创造奇迹的人，全球商人热烈地追捧他。他的网站阿里巴巴两次被哈佛、斯坦福商学院选为MBA案例，掀起全美研究热潮。阿里巴巴从1999年成立至今，全球十几种语言400多家媒体对它的追踪报道从未间断，并一连5次被《福布斯》评选为全球最佳B2B网站，其排名甚至领先于全球电子商务巨擘亚马逊！

马云从小就没有生活在顶尖的那部分学生中。马云称自己脑子笨，从小功课就欠好，数学考过1分，只有英语独特好。马云不只没有上过一流的大学，连小学、中学都是普通的。所以，马云一向对员工说，如果光看IQ，世界上有70%的人都可以获得成功！

而1995年他开创企业黄页网站，每天出门对人讲互联网的神奇，请人家心甘情愿同意付钱把企业的资料放到网上去。没有人信任他，1995年的杭州，人们不知道互联网是什么东西。在那段时间里，马云过的是一种被人视为骗子的生活。但是，马云的网站为上网的企业带来了客户，他的网站营利了。

在中国互联网大潮风高浪急之时，马云最先有了自己的主意。他决定做一个和世界上所有电子商务网站不同的B2B网站，他不做那15%大企业的生意，只做85%中小企业的生意。1999年3月，马云在杭州的家中创办了阿里巴巴公司。这一次为了阿里巴巴，马云决心向全球出击，到各个国家去展示他那绝世谈吐。他到各个大学去做演讲，到电子商务网络会议和论坛上宣讲他的B2B模式。幸运的是，马云一直马不停蹄地在全球的巡回演讲，产生了一箭双雕的作用——一是吸引客户，二是吸引风险投资。马云接受高盛为首的投资集团500万美元的投资。

2001年12月27日，中国供应商会员达到100万人，成为全球第一个达到该数目的B2B网站，并在当月实现营利。这意味着，阿里巴巴真正开始赚钱了！对马云、对阿里巴巴、对中国互联网企业和对全球电子商务而言，这都堪称一个伟大的时刻！它正式向全世界宣告，马云创建的电子商务B2B模式是正确的和可行的。

阿里巴巴一位管理人员告诉记者，他们之所以始终如此信任马云，是因为马云从来没有让他们失望过，他无与伦比的高瞻远瞩的眼光，已经赢得了所有员工的心。

（根据麦丽仪的“马云励志成长故事，马云的经典励志故事”整理）

第一节　组织中的多元化

一、多元化的概念

当前的组织在发展过程中呈现出愈加复杂的趋势。这种趋势的表征是多种多样的，但其本质上均是围绕人员的特征展开的。具体而言，这一系列多元化主要表现为人口统计学方面的年龄、性别、籍贯、学缘结构等，也有的表现为文化、种族和宗教等方面，还有的表现为组织的战略和组织的类型等内容。组织的多元化造就了不同组织的独具的特色，使各个组织之间具有相对的特殊性，借此把不同的组织和组织中不同的个体有效地区分开来，进而确保了整个组织生活的丰富多彩。关于多元化的理解也各有不同，多元化是特性不同的对象组合。业务的多元化指非相关、跨行业、多品类的业务组合，如烟草品牌红塔山涉足地板、中粮集团涉足房地产、家电品牌海尔涉足医药，这些就是发展战略的多元化。而社会的多元化指性别、种族、民族和宗教等的不同组合；学习的多元化则是指跨门类、跨学科、跨专业的学习。与多元化相对应的是专一化或单一化。

本书采用通用的多元化观点，把多元化定义为“任何在某种程度上相似但有所不同的人员的组合”。在工作场所里，人们通常倾向于将多元化联想到容易识别的特性，如性别或种族。

二、多元化产生的原因与动机

（一）多元化产生的原因

组织的多元化经营与管理的原因是多方面的。从其外部原因分析，主要是组织所面对的市场容量的限制。市场需求饱和与市场容量的有限性会促使组织做出调整而尽快进入新的产业领域。同时，市场需求的多样性和不确定性，也会诱使组织开展多元化经营与管理以分散风险，寻求新的发展空间。从组织内部来说，实行多元化经营的原动力，是为了更充分地利用组织自身的剩余资源，最大限度地实现“范围经济”。所谓的范围经济实质上是指组织多个业务可以共享自身的资源，尤其是充分利用自身开展其他业务的剩余资源，这些资源既包括有形资源（生产能力、营销、服务系统、技术开发与创新系统等），也包括无形资源（商标、商誉，管理技巧、技术、知识等）。除了追求组织成长和利润增加的经济考虑外，我国的许多组织，尤其是国有企业实行多元化经营，往往还考虑行政的（很多兼并行为往往是政府安排的）、社会的（安置富余人员和开拓新管理岗位如“三产办”）和体制的（国营企业优先上市等并获得一定的“剩余资金”）因素。组织实行多元化经营，往往容易将自身规模的扩大。但是，组织规模扩大必须与组织中的个体素养与自身的管理能力保持一致，否则难以使多元化业务健康发展，甚至会对组织的主营业务和固有优势造成诸多不利影响。

此外，随着组织国际化步伐的加快，越来越多的组织开始设立跨地域和跨国家的分支机构，同时，许多的外资企业也大量涌入国内，或者以独资的情况、以中外合资的情况，在国内开设分公司或者分厂以及办事机构。这些跨国企业的大量出现，在人员和文化上不可避免地产生了多元化的倾向，从而对当前的管理工作提出了问题和挑战。

（二）多元化产生的动机

1. 进攻型动机诱使的多元化经营

在某一领域获得成功的组织，受到社会的广泛关注，会有很多其他领域的机会送到他们面前，同时他们也往往以为运用相同的模式会使自己在其他领域同样取得成功。成功的自信、扩张的欲望、营利的紧迫以及怕被人视为保守的心理，使他们果断地将大量经营资源投向新的领域。殊不知，馅饼下面有时也可能是陷阱，迫切需要大量投入的主业由于资源被抽走而无法支撑高速增长的需要和应付蜂拥而至的竞争对手，新领域的运作因无法实现与主业的一体化整合而牵扯精力。组织由此陷入困境而难以自拔。

组织由小到大追求规模经济时，最大的制约是生产领域的、以设备和生产方式为中心的“技术制约”；组织由大到更大追求成长经济时，最大的制约变为流通领域的、以产品竞争力为中心的“市场制约”；但组织由大到多追求多元化经济时，最大的制约则成为战略领域的、以资源配置能力为中心的“管理制约”。在多元化经营战略中失败的组织，往往是由于资源配置能力较低，以自身所拥有的核心价值观为基础的核心竞争力还远未形成的情况下，就仓促进入了多元化经营阶段。

2. 防御型动机诱使的多元化经营

一般认为，多元化经营可以分散经营风险，这成为多元化经营的一个主要动机，但遗憾的是，这一常识性的看法被很多研究证明是不成立的：多元化经营与风险的降低没有直接关系。把鸡蛋放在多个篮子里造成的安全感所引起的心理疏忽，照样会使鸡蛋全部被打破，有时还不如全部放在一个篮子里再全力以赴看住篮子。

其实，多元化经营是组织成长过程中的一个重要的战略转折点，是危险与机会并存的关键。现代组织所追求的终极目标已经不是利润最大化而是可持续成长，在既有事业范围内，组织要保持必要的成长速度不外乎两条途径：一是跟随所在产业的成长而成长；二是通过挤占竞争对手的市场份额而成长。但是，当整个产业趋于成熟以及竞争成本过高的情况下，组织就必须考虑在既有事业范围之外的成长了，这就是多元化经营。多元化经营是组织由单一化向多样化的基本成长模式的重大转换，是对新成长领域的探索甚至是探险，吃不到馅饼反掉进陷阱的概率很大，不保持一定的谨慎态度是不行的。

三、多元化对管理工作的影响和解决对策

（一）多元化对管理工作的积极影响

组织通过多元化可以达到相应的经营管理的目标，因此，对于一个组织而言，实施组织层面和成员个体层面的多元化，对于其自身来说都是大有裨益的。具体主要体现在以下两方面：

1. 多元化为组织提供发展的机会

任何组织的发展都需要在社会和市场中寻找机会，并不断地进行着各种调适，以期从中选取最佳的方式。而多元化恰恰是在这个过程中，为组织呈现来自不同目标和角度的各种调适方案，让组织在这些方案的尝试中找到自身新的发展机会。

2. 多元化为组织增添成长的动力

任何一个组织经过长期发展之后，都容易形成稳固的行为习惯、运行模式及文化传统，这些东西在一定的时期内对于保持组织的稳定性、统一性和协调性具有重要的作用。然而，随着组织外部环境的变化，这些固化下来的要素中的一部分可能会成为组织进一步发展的阻力。而组织不断地通过兼并重组、人员流动和战略调整等组织多元化的策略与运作方式，会不断地打破上述组织自身固有的行为习惯、运行模式及文化传统等的束缚，从而使组织焕发生机与活力，进而增添成长的动力。

（二）多元化对管理工作的消极影响

1. 多元化为组织的发展带来挑战

组织在发展的过程中，从单一化逐步走向多元化，在经营管理活动中不可避免地遇到诸多以前未曾经历的困难，都在一定程度上给组织的经营管理者带来诸多不便与困扰。这些困难主要包括不同文化、种族、性别、年龄和宗教信仰的员工的管理，不同类型的组织之间的

合并与融合，多元战略之间的协调与整合等，这些都对组织经营管理者的能力和水平带来了严峻的挑战。

2. 多元化为组织的发展带来阻力

尽管多元化为组织注入了新鲜血液，带来了新鲜的发展思路和气息，但是，不可否认的是，多元化也为组织的发展带来了一定的不容忽视的阻力。这些阻力有个体层面的，主要是来自不同文化、种族、性别、年龄和宗教信仰的员工在管理中如何实现同工同酬、如何实现文化相容、如何实现彼此认同、如何正视价值观的差异性等诸多方面。还有来自组织层面的，主要包括组织多元化发展策略对固有优势发展方向的冲击和影响、对组织稀缺资源的分配纠纷等。

（三）应对多元化影响的解决对策

1. 尊重多元化——和而不同

在人与人、人与自然的关系上，中国传统文化历来主张平衡和谐，“以和为贵”是中国文化的根本特征和基本价值取向。“君子和而不同”正是对“和”这一理念的具体阐发。

“和而不同”出自《论语·子路第十三》，原话是：“君子和而不同，小人同而不和。”何晏《论语集解》对这句话的解释是：“君子心和然其所见各异，故曰不同；小人所嗜好者同，然各争利，故曰不和。”就是说，君子内心所见略同，但其外在表现未必都一样，比如都为天下谋，有些人出仕做官，有些人则教书育人，这种“不同”可以致“和”；小人虽然嗜好相同，但因为各争私利，必然互起冲突，这种“同”反而导致了“不和”。

其实，“和”与“同”的概念，最早不是孔子提出来的。《国语》和《左传》中都有史伯与晏子议论“和”与“同”的记载，比如史伯在《国语·郑语》中说：“以他平他谓之和。”这里的“他”有“不同”的意思，在不同中寻找相同相近的事物或道理，也就是寻求“和”的过程。史伯和晏子从哲学和自然规律上来讲“和”与“同”，孔子则将其引申到社会领域，用以阐释做人的道理，视为区别“君子”与“小人”的特征之一，可见孔子对“和”的重视。

就自身而言，高明的人总是与别人相协调，但并不盲目地重复或附和别人，因为协调而不重复故能达成和谐；不高明的人，见到旁人的成功就一窝蜂随大流地模仿别人，反而引起恶性竞争，最终导致不和谐。例如，美国开发西部的早期，一度形成了淘金热，各地的人们纷纷奔赴西部淘金。而一个叫史密斯的人，也想借此发财，但他不是直接像别人那样去淘金，而是去向淘金的人卖水。结果，许多淘金者空手而归，史密斯却发了一大笔，从此成了富翁。他顺应了淘金的潮流，这是“和”；但他没有重复别人，这是“不同”，合起来就是“和而不同”，所以他比别人高明，发财是对高明的应有报偿。

对他人而言，高明的人总是追求和谐，为此而包容差异，在丰富多彩中达成和谐；不高明的人，总是强求一致，因为容不得差异而往往造成矛盾冲突。比如，一个乐队，想要演奏出和谐美妙的音乐，需要运用十几种乃至几十种不同的乐器，各奏其乐，各发其声，从而汇成宏大动听的交响乐。反之，如果乐队中都使用同一种乐器，其单调乏味是可想而知的。再比如，用乱石砌墙、碎石铺路，尽管大量的乱石奇形怪状，各不相同，但墙一旦砌成，风格和谐统一，路一旦铺就，犹如一体天成。又比如，生物分雌雄，动物分公母，人类分男女，假设世界上只有同一个性别，也就无法造就新的生命。世界本来就是，也应当是一个“和而不同”的多样性的世界。

2. 协调多元化——多元一体

由于多元化更深层次的内涵及影响因素来源于文化，因此解决多元化问题的另一思路就是从文化的协调性角度探索如何实现基于多元文化背景下的多元一体。所谓多元一体，从文化的角度来看，可以借助裔昭印博士主编的《世界文化史》（以下简称《文化史》，华东师范大学出版社2000年版）首先提出的一个“多元一体”的文化概念加以理解。“多元”在文化史著中早已提及，但是“一体”特别是将“多元”与“一体”结合起来组成一个新的概念，在学术界却无先例。“多元一体”表述的实际上是文化发展历程中一种无法回避的矛盾关系，如何处理这一关系，《文化史》一书的观点为人们提供了一个很好的解释。在远古时代，各文明发源地都处在彼此孤立状态，后来，这些发源地渐如波动的涟漪由点到面逐渐连成一片。至现当代，各区域、各国家甚至各民族的文化虽然大多还能保持自身的特色，但彼此之间已互相渗透，包容了大量的多元文化因子。这无疑是一体文化的一个重要内涵。而由文明源点的出现到一体文化的形成，文化交流发挥了重要作用。因为文化交流是单元文化联姻的媒介，是由多元文化向一体文化过渡的桥梁。

3. 战略多元化——核心能力

核心能力是指公司的主要能力，是公司在竞争中处于优势地位的强项，是其他对手很难达到或者无法具备的一种能力。聚焦核心能力，企业核心能力主要是关乎各种技术和对应组织之间的协调和配合，从而可以给企业带来长期竞争优势（Competitive Advantage in Long-run）和超额利润（Superior Profit）。

Snell 教授提出，衡量某项因素能否成为企业核心能力主要依据以下四个标准：

（1）有价值的（Valuable）；

（2）独一无二的（Unique）；

（3）专门知识（Learning）；

（4）可扩展的（Extendable）。

并且，这种核心能力具有四个来源：

（1）流程（Processes）；

（2）知识（Knowledge）；

（3）技术（Technology）；

（4）关系（Relationship）。

在这个研究的基础上，1990年，普拉哈拉德（Prahalad）和哈莫（Hamel）在《哈佛商业评论》上发表的《企业的核心能力》一文中首先提出这样的一个概念——核心能力。

在技术方面，核心能力主要是对多种技术和功能进行调整和整合。比如，卡西欧公司把收音机功能放置在一个芯片上，从而生产出名片大小的微型收音机。这种生产就必须有机地结合多种技术流，包括微型化技术、微处理技术、微处理器设计、材料科学以及超薄精密装盒技术等，缺一不可。

在组织方面，核心能力强调组织的整个协调。在卡西欧公司中，微型化只形成了公司的竞争能力，但把这种能力转化为畅销的卡西欧商品，则必须确保技术、工程、营销等各个环节和功能能够整体协同，因而需要确保技术专家、工程师和销售人员对客户需求和技术的可能性能够共享信息和达成共识。

而通过组织的多元化可以实现人员、资源和技术等方面的全面汇聚，这些汇聚在一起的各种资源经过重新调配与组合，通过互动产生核心能力。

第二节 个体差异

一、个体差异的概念

所谓个体差异，主要是指来自个体在个性特征上的差异。因此，个体差异可以表述为一个人精神面貌稳定的类型或特征上存在的差异，这种差异由多种心理特征组成，主要包括气质、性格和能力。这些特征在个体行为过程中，反映了个体的观察、思考、行为、情感等方面的整体倾向。个体差异是组织多元化体现在人员之上的前提和基础。

从马云励志成长故事中可以看出，马云的成功与其气质性格能力都有很大关系。正是马云这些方面独特的个体差异组合造就了他的成功，乃至奠定了他今后不断成功的基础。个体差异是把特定个体与其他个体区别开来的独特特点，这对于管理工作具有重要意义：第一，不同的个体差异决定了某一个体更适合某一类工作；第二，某个体的个体差异特点，决定了管理者在与之交往对其进行管理时，需要采取适合于自己特点的管理方式；第三，个体差异也为解释甚至预测个体行为提供了依据。

二、个体差异的特点

尽管不同的个体在其个性差异方面具有不同的色彩，但从总体上看，个性差异具有社会性、独立性、稳定性、倾向性和整体性。除气质特点主要依赖于生理之外，能力和性格特点更多是个体在后天的社会环境中逐渐形成和发展的。个体的个性特征差异的各个方面都是相对独立的，都是按照其本身的规律在不断产生和发展的。之所以把这些方面称作个体差异，就在于这些个性特征具有稳定性。一个人的气质是很难改变的，一个人的性格特点需要经过长期努力才能改变，个人的能力则需要一定时期的锻炼和实践才可以提高。个体在个性特征上的差异之所以重要，还在于个性特征使个体的行为具有某种倾向性。不同的气质类型往往使人在外向性上不同，优势能力也预示着个体在某方面的工作会做得比较好。一个人的独特性格特点也使个体在某情景下表现出一定的行为特点，所以个性特征具有倾向性。虽然个性特征各方面具有相对的独立性，但从个体和总体来看，个体在个性特征上的差异又具有整体性，两者共同构成了一个个体与其他个体的不同之处。

根据现有的研究显示，个体在个性特征上的个体差异，有些是由先天遗传决定的，而有一些则完全取决于后天环境的特点。总体来看，个体在个性特征上的差异是其先天的遗传和生理特点与后天的家庭、社会环境、文化、社会阶层等各方面交互作用的结果。

三、个体差异的构成

个体差异主要表现在以下三方面：能力、气质和性格。其中，能力是从个体素质角度出发强调彼此间的差别，气质则是从个体心理活动所引发神经活动类型的角度强调彼此间的差别，性格则是从个体所呈现出来的态度和行为方式角度强调彼此间的差别。

这三方面从不同角度阐明了个体间的差异性，从而为组织的多元化提供了基础和可能性，也为组织管理者的管理工作提出了相应的启示和要求。

第三节　能力特征与管理

一、能力

能力（Ability）是指个体要完成工作中各项任务而需要具备的素质总和，它是对一个人能做什么的评估。管理者不太关注人们是否存在能力差异，而更想知道人们的能力差异表现在哪些方面，并试图运用这些知识来提高招聘的成功率。

二、智力

智力（Intellectual Ability）包括思考、推理、解决问题等精神活动，是所有工作中最好的预测绩效的指标。当然，不同的工作对任职者的智力要求不同。在信息处理方面要求越复杂的工作对任职者的一般智力和语言能力的要求就越多。智商高的员工绩效突出的一个原因是他们更具创造性。智商高的个体可以更快速地掌握工作技能、更好地适应快速变化的环境，并且更善于发现改善绩效的方法。

日益明显的是，智力虽然有助于完成工作，却没有让人们更开心或者对工作更满意。智力和工作满意度之间的相关系数是零。为什么这样呢？研究表明，虽然智商高的人工作业绩好，喜欢更有意思的工作，但是他们往往对工作条件也更挑剔。因此，智商高的员工虽有较好的工作，却渴望更好的工作。

三、能力与工作匹配

当人职匹配——能力与工作高度匹配时，员工的工作绩效就会大大提高。如果人们仅仅重视员工的能力或者工作对能力的要求，就会忽视一个重要的事实——员工的绩效取决于两者的互动。

当匹配度很低时，会发生什么呢？如果员工缺乏必要的能力，他们很可能会失败。如果一个文字处理员达不到基本的键盘打字要求，那么即使有良好的工作态度或者工作动力，工作绩效也不是很好。如果员工的能力远远超出工作要求，那么结果就会有很大不同。这个员工可能是胜任工作的，但又可能会导致组织无效和员工满意度的下降，因为该员工会由于工作限制而受挫。除此以外，由于薪酬可以反映员工的最高技能水平，如果一个员工的能力远远超出工作所需，那么管理层需要付出高于正常水平的薪水。

第四节 气质特征与管理

一、气质的概念

气质（Temperament）是个体生来就具有的心理活动的动力特征。这与日常生活所经常用的"这位女士很有气质"中的气质的含义并不相同。心理学中的气质主要是指人神经系统活动的特征。

气质不是推动心理活动的心理原因，但它使人的心理活动具有某种稳定的动力特征。这里的心理活动的动力特征指的是心理过程的强度（如情绪体验的强度）、心理过程的速度和稳定性（知觉的速度、思维的灵活性、注意时间的长短）、心理活动的指向性（有的人倾向于注意外部事物，而有的人倾向于注意内心世界，经常体验自己的情绪）等方面在行为上的表现。气质不但表现在人的情绪活动中，也表现在智力活动中，它使人的全部心理活动都染上了个人独特的色彩。个人气质的特点不依赖活动的内容而改变，它表现出一个人生来就有的自然特性，是由人的生理机制决定的。

二、气质的类型和特点

1. 气质的类型

所谓气质类型是指某一类人身上共同具有的典型气质特征的有机结合。公元前 5 世纪希腊著名医生希波克拉底（Hippocrates，约公元前 460—公元前 377）提出体液说，把人的气质分为胆汁质、多血质、黏液质、抑郁质四种类型。苏联生理心理学家巴甫洛夫（1935）根据神经活动的特点把人的高级神经活动类型也分为四种。这两个分类之间有一定的对应关系。按照巴甫洛夫的观点，人的大脑皮质的神经过程（兴奋和抑制）有三个基本特征：强度、均衡性、灵活性。所谓神经过程的强度是指神经细胞和整个神经系统的工作能力和界限。神经过程的均衡性是指兴奋和抑制两种神经过程间的相对关系；均衡是指兴奋和抑制过程的强度是相近的，而不均衡指的是其中一个方面占优势而另一方面较弱。所谓神经过程的灵活性是指兴奋过程或抑制过程更替的速率。根据以上三个特征，巴甫洛夫把高级神经活动的类型分为四种：兴奋型、活泼型、安静型、抑制型。而这四种类型可以分别与胆汁质、多血质、黏液质、抑郁质相对应。具体各类型及特征见表 3-1。

表 3-1 神经活动类型及特征

神经活动类型（气质类型）	强度	均衡性	灵活性	行为特点
兴奋型（胆汁质）	强	不均衡	灵活	攻击性强、易兴奋、不易约束、不可抑制
活泼型（多血质）	强	均衡	灵活	活泼好动、反应灵活、好交际
安静型（黏液质）	强	均衡	不灵活	安静、坚定、迟缓、有节制、不好交际
抑制型（抑郁质）	弱	不均衡	不灵活	胆小畏缩、消极防御反应强

2. 气质的特点

典型的四种气质类型人的行为特点如下：

(1) 胆汁质。这种气质的人最突出的特点是具有很高的兴奋性，因而在行为上表现出不均衡性。这种人脾气暴躁、好挑衅、性格直率、精力旺盛。他们能够以极大的热情投身事业，埋头工作，在达到既定目标道路上能够克服重重困难。但是，一旦精力消耗殆尽，这种人就往往对自己的能力失去信心，情绪低落下来。

(2) 多血质。这种人突出的特点是热忱和有显著的工作效能。他们对自己的事业有着浓厚的兴趣，并能保持相当长的时间。这种人有很高的灵活性，容易适应变化了的生活条件，善于交际，在新的环境里不感到拘束。他们精神愉快，朝气蓬勃，但是一旦事业不顺利或需要付出努力，其热情就会大减，情绪容易波动。这种人大都机智敏锐，能较快地把握新事物；在从事多变和多样化的工作时，成绩卓著。

(3) 黏液质。这种人安静、均衡，始终是平稳的、坚定的和顽强的。他们能够较好地克制自己的冲动，能严格地遵守既定的生活规律和工作制度。他们态度持重，交际适度，不足之处是其固定性有余而灵活性不足。但这种惰性也有积极的一面，它可以保持从容不迫和严肃认真的品格。对这种人，安排从事有条理、冷静和持久性的工作为好。

(4) 抑郁质。这种人的突出特点是敏感性较高，因而最容易受到挫折。他们比较孤僻，在困难面前优柔寡断，在面临危险情势时会感到极度恐惧。这种人常常为微不足道的缘由而动感情。他们很好相处，能胜任别人的委托，能克服困难，具有坚定性。

需要注意的是，人的气质类型没有好坏之分，因为它是人的神经系统活动的特点。而且，现实中多数人是两种以上气质类型的混合体，而以上行为特点只描述了典型的四种气质类型的行为特点。人的气质是比较稳定的，很难改变；当然，它也会随着人的社会实践发生一定程度的变化，但这种变化的可能性不大，也许人的气质有时可以被掩盖起来。

三、气质差异与管理

胆汁质、多血质、黏液质、抑郁质四种气质类型会影响管理工作，也启发管理者需要考虑到个体的气质差异。

首先，在职业选择上，一般来看，典型胆汁质、多血质的人从事需要进行灵活反应的职业比较合适；典型黏液质、抑郁质的人从事需要耐心、持久、细致的工作比较合适。当然，气质类型与职业选择的关系只是相对而言的。有许多职业例如教师和作家各种不同气质类型的人都可以从事，并且都能取得很好的成就。在群体中，两个气质类型不同的人在协同活动中，比气质类型相同的两个人配合所取得的成绩要好。气质特征相反的两个人合作，不仅合作效果好，而且有利于团结。

其次，从管理教育来看，如果需要对员工进行批评教育，那么对于胆汁质和多血质的员工来讲，管理者可以在当面和大众之下进行批评。但对于典型抑郁质类型的员工来讲，管理者在批评的时候需要三思，因为他们不适应在公开场所接受严厉批评。

再次，在人员的选拔和工作安置方面，气质类型需要得到重视。在人员选拔过程中，对于一些特殊要求的职业和岗位来讲，需要对气质类型和特点进行严格把关。例如，足球前锋非常需要胆汁质类型所具有的那种冲劲，而黏液质、抑郁质类型的那种相对比较慢的特点就不适合。在安排工作时，管理者也需要理解，不同气质类型的员工在适应新环境方面是有所不同的，一般来讲，多血质员工适应环境的速度要快于黏液质和抑郁质类型的员工。

最后，在工作和管理中，也需要意识到人的气质并不是一成不变的，人的气质会因重大事件的发生和长时间的强化而发生一定的改变。需要注意的是，人经常以自己的性格特点来掩盖自己的气质方面的短处，所以在实践中也不要完全静止、绝对地看待气质特点。

第五节　性格特征与管理

一、性格

（一）性格的概念

性格（Character）是指人对现实稳定的态度和习惯化了的行为方式。

个体在社会活动中，与特定的社会环境相互作用，形成一定的态度体系，并以一定的类型表现在个体的行为中，构成个人所特有的行为方式。例如，一位管理者无论是在家庭中，还是在工作等其他各种场合都表现出对别人的热情关怀，对自己虚心谦逊、遇事果断坚定，这种对人、对己和对事稳定的态度和习惯化了的行为方式及其所表现出来的心理特征，就是这位管理者的性格。但并不是每个人对现实的任何一种态度都代表他的性格特征，例如，某位管理者在一个偶然事件中表现得优柔寡断，但平时他遇到事情通常很果断，这种特殊情景中的优柔寡断就不应该被看成他的性格特点，因为作为性格特点的态度和行为方式都是比较固定的、习惯化的。

（二）性格的特征

性格是一种非常复杂的心理现象，它包括多个侧面，具有不同的特征。可以从静态和动态两方面对性格的特征进行分析。

1. 性格的静态特征

从静态特征来看，性格除了具有对现实态度的特征，还有其认知特征、情绪特征和意志特征。

（1）对现实态度的特征。对现实态度的性格特征是指，个人对社会、集体、他人、自己以及对待学习、工作的态度中所表现出来的性格特征。对待集体和他人的态度中所体现出来的性格特征有善良、同情、虚伪；对待自己的态度中所体现出来的性格特征有自尊、自大、谦虚、骄傲；对待劳动的态度中所体现出来的性格特征有热爱、勤奋、懒惰 、认真、马虎；对待物品的态度中所体现出来的性格特征有有条不紊、邋遢。

（2）性格的认识特征。性格的认识特征是指人们在感知、记忆、想象、思维等认识过程中表现出来的个别差异，这些差异是一个人完整性格中的一部分。在感知方面表现出来的性格差异有被动感知—主动观察、详细罗列—概括；在想象方面表面表现出来的性格差异有幻想家—现实主义者；在思维方面表现出来的性格差异有独立思考—盲目模仿。

（3）性格的情绪特征。性格的情绪特征是指，人们情绪活动的强度、稳定性、持续性以及稳定心境等方面的个别差异。在情绪活动的强度方面，有的人情绪体验特别强烈，难以控制，而有的人情绪体验比较弱，显得很冷静。在情绪的稳定性方面，有的人情绪的波动比较大，有时激动，有时平静，有的人情绪则不易起伏。在情绪的持续性方面，有的人情绪的持续时间特别长，会留下深刻印象，而有的人情绪稍现即逝，不会留下什么影响。

（4）性格的意志特征。性格的意志特征表现在以下四方面：一是行为目标的明确性，如有的人目标明确，有的人则往往是蛮干；二是自觉控制水平，如有的人自制力强，有的人容易受暗示；三是在经常和长期工作中所表现出来的意志特征，如有的人有恒心，有的人则会半途而废；四是在紧急或困难情况下所表现出来的性格特征，如有的人果断、勇敢，有的人犹豫、怯懦。

2. 性格的动态特征

从动态特征来看，各种性格特征是相互联系、相互制约的。不同的场合人会表现出性格的不同方面，并且性格也会发生变化。首先，人的性格是可塑的。生活环境的变化可以引起性格的改变，如一位开朗活泼的人遇到某种重大的不幸事件，可能从此变得沉默寡言。另外，个人的主观能动性也可以改造性格，成人通过坚持不懈的努力就可以改变自己的性格。其次，性格各特征之间是相互联系的，因此，有时可以根据某种人主导性格特征推知其他的性格特征。例如，一位有正义感的人，往往对他人明朗率真、对自己不卑不亢、对事情勇敢果断。最后，性格的不同特征在不同场合往往表现出的侧面不同。例如，有的英雄人物对同志满腔热情，对敌人则冷酷无情。

（三）性格的类型

所谓性格的类型是指一类人身上所共有的性格特征的独特结合。在这方面，不同的心理学家都以自己的标准进行了划分。下面介绍几种在日常工作和生活中常被应用的分类。

1. 以心理机能划分性格

培因（Bain）和李波（Ribot）根据心理机能把人的性格分为理智型、情绪型、意志型三种类型。理智型性格的人以冷静思考来行事，以理智来支配自己的行动。情绪型性格的人不善于思考，感情用事。意志型性格的人目标明确，行为主动，追求未来。当然，也可以把两种类型进行组合，形成某些中间类型，如理智—意志型。

2. 以某些典型性格特征划分性格

弗里德曼（Friedman）根据人们的时间紧迫感及好强心等特点把人的性格区分为A型性格和B型性格。A型性格表现为时间感强、日程满、凡事亲自动手、争强好胜；B型性格表现为悠闲、无时间紧迫感、做事有耐心、能容忍。A型性格就是人们一般所说的“工作狂”。而且，弗里德曼等人经过长达二十年的观察研究发现，A型性格的人患冠心病是B型性格的1.7~4.5倍。所以说，从长期作用效果来看，A型性格不利于人的身心健康。

二、性格差异与管理

（一）性格的基本观点和基本理论

1. 16PF（Sixteen Personality Factor questionnaire，16PF）人格因素问卷

卡特尔（Cattell）经过几十年的系统观察和科学实验，用因素分析统计法确定和编制了一种精确的人格测验，最终确定16种人格因素，称为主要特质。每个人通过计算每方面的分数，可以画出自己的曲线，这条曲线与相应的常模进行比较，就可以理解自己的性格在相

应人群中的特点是什么。很多探讨发现，这6种特质是个体行为稳定而持久的影响因素。通过权衡这些人格特质与情境的关系可以预测在具体情境中个人的行为。可以说，这16种性格特点是对个体性格特质比较全面的概括。

2. 麦尔斯－布瑞格斯类型指标（Myers-Briggs Type indicator，MBTI）

麦尔斯－布瑞格斯类型指标是组织管理实践中使用最为普遍的人格框架之一。这个人格测验主要测查个体在特定情境中的感觉和活动。这个测验从四方面对人格进行考查：根据人怎样与他人交往、怎样自我激发，可以分为内向/外向（E/I）型；根据人喜欢怎样搜集信息，可以分为领悟/直觉（S/N）型；根据人喜欢怎样做决策，分为思考/情感（T/F）型；根据人喜欢怎样确定他们生活的方向，分为感知/判断（P/J）型。在此基础上组合成16种人格类型（注意这里的类型与16PF中的16种主要特质是不同的）。例如，ESTJ型人作为组织者，他们很现实，很实际，实事求是，具有从事商业和机械工作的天生头脑，擅长组织和操纵活动。与以上类型不同，ENTP型人则为抽象思考者，他们敏捷、聪明，擅长处理很多方面的事务。这种人在解决挑战性任务方面资源丰富，但在处理常规工作方面较为消极。但遗憾的是，目前还没有有力的证据证明MBTI是一项有效的人格测量工具。

3. 大五人格（Big Five）

很多实证研究证明，大五人格是所有人格因素的基础因素，它们通常被称为“大五”。大五人格提供了一种描述人格的框架。这五方面是：

（1）外倾性（Extraversion）。它描述一个人善于社交、善于言谈、武断自信方面的人格维度。

（2）随和性（Agreeableness）。它描述一个人随和、合作、信任方面的人格维度。

（3）责任心（Conscientiousness）。它描述一个人的责任感、可靠性、持久性成就倾向方面的人格维度。

（4）情绪稳定性（Emotional Stability）。它描述一个人平和、热情、安全（积极方面）及紧张、焦虑、失望和不安全（消极方面）的人格维度。

（5）经验的开放性（Openness to Experience）。它描述一个人幻想、聪慧及艺术的敏感性方面的人格维度。

有很多研究证明，很多人格特点与工作绩效之间有着重要的联系，如责任感对员工的工作绩效有一定的预测性；外倾性对需要较多社会活动的管理和销售等职位的工作绩效有显著的预测性；经验开放性对培训效果有显著的预测性。

（二）具体的性格特点

1. 控制点（Focus of Control）

在对命运的看法上，有的人认为自己能控制命运，自己是命运的主人，这些人被称为内控者（Internals）；另一些人则认为自己受命运的操纵，认为现实中所发生的一切是运气和机遇，自己受外界力量左右，他们被称为外控者（Ex-ternals）。

大量的实证研究表明，外控分数高的个体相比内控分数高的个体对工作更不满意，更疏远，工作投入度更低，缺勤率更高。在出勤方面，内控者认为自己可以养成好的习惯，能有力地保证身体健康，因此他们相对生病少，缺勤率也较低。在工作方面，内控者在复杂的工作中做得较好，诸如多数需要复杂的信息加工和学习的管理、专业技能工作。另外，内控者也适合做创造性和独立性的工作。相反，外控者适合做结构明确、规范清楚、只有严格遵从指示才会成功的工作。总之，内控者在决策之前积极搜寻信息，对获得成功有强烈的愿望，并倾向于控制自己的环境。外控者则更为顺从，更乐于遵循别人的指导。

2. 自尊（Self-esteem）

所谓自尊就是人们喜欢或不喜欢自己的程度。自尊心强的人相信自己拥有工作成功所需要的多数能力。与自尊心弱的人相比，自尊心强的人不太喜欢选择传统性的工作。很多自尊方面的实证研究发现，自尊心弱的人对外界影响更敏感，他们需要从别人那里得到积极评价。因此，他们更乐于赞同他人的观点，更倾向于按自己尊敬人的信念行事。从管理角度来看，自尊心弱的人更注重取悦他人，很少站在对立方。自尊心强的人比自尊心弱的人对工作更为满意。

3. 自我监控（Self-monitoring）

所谓自我监控是指个体根据外部情景调整自己行为的能力。高自我监控者对周围环境信息十分敏感，能根据不同情境采取不同行为，并能够在公众自我（在公开场合所表现出的自我形象）和个人自我（在个人独处时所表现出的自我形象）之间表现出很大差异。低自我监控者则倾向于在各种情境下都表现出自己真实的性情和态度，因而在他们的自我形象与行为之间存在很高的一致性。从这方面来看，高自我监控者在管理工作中更为成功一些，因为工作要求他有时要扮演相互冲突的角色。

4. 冒险性（Risk-taking）

所谓冒险性是指人接受或回避风险的程度。不同的人在冒险性上的程度是不同的。有研究证明，冒险性对管理者决策的正确性并没有影响；但冒险性高的管理者，决策得更快一些，而冒险性低的管理者决策更慢一些。从工作的要求来看，有的工作需要高冒险性性格的人，如股票经纪人；审计工作则需要人具有低冒险性的特点。

（三）性格差异与管理

对于管理来讲，理解性格在其中的作用非常重要。第一，从工作要求来看，一定要把性格与工作进行匹配。这是人力资源开发和管理的核心准则。对于工作来讲，要找到性格特点符合工作需要的人；对于个人来讲，一定要找到与自己性格特点相一致的工作。否则，不是工作做不好，就是人们会因不适应工作而离职。第二，由于人与岗要匹配，因此在进行人员招聘和选拔时，一定要重视对人性格特点的考查。比如，销售岗位需要注意候选人要适当外向一些，以便更好地与客户进行交往；研发人员需要一定的坚持性；会计人员需要一定的规范和严谨性。这些都是人性格特点中的内容，一旦这些方面没有把握好，那么就有可能使人的性格与岗位要求不匹配，影响工作绩效。

本章小结

多元化主要表现为人口统计学方面的年龄、性别、籍贯、学缘结构等，也有的表现为文化、种族和宗教等方面，还有的表现为组织的战略和组织的类型等内容。多元化可以定义为“任何在某种程度上相似但有所不同的人员的组合”。

从多元化产生的动机来看，主要缘于进攻型动机诱使的多元化经营、防御型动机诱使的多元化经营。多元化对管理工作的影响主要包括积极和消极两方面。多元化对管理工作的积极影响表现为：为组织提供了发展的机会和为组织增添了成长的动力。多元化对管理工作的消极影响表现为：为组织的发展带来挑战、为组织的发展带来阻力。应对多元化影响主要从三方面提出相应的解决对策：尊重多元化——和而不同、协调多元化——多元一体、战略多元化——核心能力。

本章练习题

1. 何谓多元化？
2. 多元化对组织有哪些积极和消极的影响？组织应该采取何种解决策略？
3. 何谓个体差异？主要包括哪些方面？
4. 个人的不同气质、能力和性格特点对管理的启发是什么？
5. 何谓大五人格？其对工作有何影响？

研究性课题

试结合实际谈谈对“江山易改，本性难移”的理解。

第四章

价值观

★名人名言

人，不管是什么，应当从事劳动，汗流满面地工作，他生活的意义和目的、他的幸福、他的欢乐就在于此。

——契诃夫（1860—1904，俄国著名短篇小说家）

★学习目标

1. 了解价值观的含义及其类别。
2. 了解价值观和态度之间的关系。
3. 了解工作满意度的决定因素。
4. 掌握工作满意度的相关理论。
5. 了解工作满意度的测量。
6. 掌握组织承诺的概念及其类型。
7. 了解组织承诺的测量。

★关键词

价值观　态度

★开篇案例

强生“泰莱诺尔”事件

1982年9月29日和30日，在芝加哥地区发生了有人因服用含氰化物的“泰莱诺尔”药片而中毒死亡的事故。在此以前，该药控制了美国35%的成人止痛药市场，年销售额达

4.5亿美元，占强生公司总利润的15%。起先，仅3人因服用该药片而中毒死亡。可随着消息的扩散，据称美国全国有250人因服用该药而得病或死亡，成了全国性的事件。强生公司经过对800万片药剂的检验，发现所有这些受污染的药片只源于一批药，总共不超过75片。最终的死亡人数只有7人，且全在芝加哥地区。

强生公司在很短的时间内就回收了数百万瓶这种药，同时花了50万美元来向那些有可能与此有关的内科医生、医院和经销商发出警报。强生公司一边从市场上回收“泰莱诺尔”药，一边表示其对消费者健康的关心，而这正是消费者所希望的。当时的《华尔街日报》报道说：“公司选择了自己承担巨大损失而使他人免受伤害的做法。如果它当时昧着良心干，将会遇到很大的麻烦。”

强生公司后来重新向市场投放了这种药品，并有了抗污染的包装。事故发生后的5个月内，该公司就夺回了该药原所占市场的70%。由于美国政府正在制定新的药品安全法，强生公司成为医药行业对政府要求采取“防污染包装”以及美国食品和医药管理局制定的新规定做出积极反应的第一家企业，结果在价值12亿美元的止痛片市场上挤走了它的竞争对手。

（资料来源：郑轶凡．企业价值观对经营的影响案例比较——强生与三鹿）

第一节　价值观概述

一、价值观的概念

价值观（Values）代表基本的、稳定的信念系统，这个系统指“个人或者社会偏向某种具体的行为模式或者生存的终极目标，而不是对立的、相反的行为模式或生存的终极目标”。价值观包含判断，因为它反映个体对正确、好或有价值的标准和看法。每个人都有一套价值体系，它由不同层次的价值观组成。这套体系根据我们赋予每种价值（如自由、快乐、自尊、诚实、顺从和平等）的重要程度来区分。

可以从两方面评价价值观：

（1）内容方面，确定哪种行为模式或生存的终极目标是重要的。

（2）强度方面，确认某种内容具体有多重要，当把某人的价值观根据重要程度划分等级时，就得到其价值体系（Value System）。

二、价值观的类型

可按以下两种方法对价值观进行分类：

（一）罗克奇价值观测量

密尔顿·罗克奇（Milton Rokeach）建立了罗克奇价值观测量（RVS）。RVS包括两套价值观，每套包含18个单独的价值观项目，一套称为终极价值观（Terminal Value），指人们所追求的终极状况，它是个人希望在有生之年达到或实现的目标；另一套称为工具价值观

(Instrumental Value)，指个人喜好的行为模式或实现终极价值的方法，见具体项目表4-1。

一些研究发现，RVS在不同群体间存在差异。同一职业或类别的人（如公司经理、工会会员、父母、学生）倾向于拥有相似的价值观。例如，一项研究对比了公司总裁、钢厂工会会员、激进主义者的价值观，虽然三个群体有大量交叠，但是仍然有非常显著的差异（表4-2）。激进主义者拥有和其他两组人员非常不同的价值观，他们视平等为最重要的终极价值观，而总裁和工会会员则分别把平等排在第12位和第13位。激进主义者把帮助他人排为第二重要的工具价值观，其他两组则都把它排到了第14位。这些差异很重要，因为激进主义者、总裁和工会会员都在公司运作中有既定利益。当这些群体需要谈判时，这些差异使得谈判很难达成一致；当他们为了某个组织的经济和社会政策而彼此竞争时，很容易造成严重冲突。

表4-1　罗克奇价值观测量

终极价值观	工具价值观
舒适的生活（富足的生活）	雄心勃勃（努力工作、奋发向上）
振奋的生活（刺激的、积极的生活）	心胸开阔（开放）
成就感（持续的贡献）	能干（有能力、有效率）
世界和平（没有冲突和战争）	欢乐（轻松、愉快）
美丽的世界（艺术与自然的美）	干净（卫生、整洁）
平等（兄弟情谊、机会均等）	勇敢（坚持自己的信仰）
家庭安全（照顾自己所爱的人）	宽容（谅解他人）
自由（独立、自由选择）	乐于助人（为他人的福利工作）
幸福（满足）	真诚（真挚、诚实）
内心平和（没有内心冲突）	富于想象（大胆、有创造性）
成熟的爱（性和精神上的亲密）	独立（自力更生、自给自足）
国家的安全（免遭攻击）	智慧（有知识的、善思考的）
快乐（快乐的、闲暇的生活）	符合逻辑（理性的）
救世（救世的、永恒的生活）	博爱（温情的、温柔的）
自尊（自重）	顺从（有责任感、尊重的）
社会承认（尊重、赞赏）	有礼貌（有礼的、性情好）
真挚的友谊（亲密关系）	负责（可靠的）
睿智（对生活有成熟的理解）	自我控制（自律的、约束的）

资料来源：Reprinted with the permission of The Free Press，a Division of Simon& Schuster Adult Publishing Group from *The Nature of Human Values* by Milton Rokeach. Copyright©1973 by The Free Press. Hese Copy right renewed©2001 by Sandra J. Ball-Rokeach. All right sreserved.

表 4-2　总裁、工会会员和激进主义者对价值观的排序

总裁		工会会员		激进主义者	
终极价值观	工具价值观	终极价值观	工具价值观	终极价值观	工具价值观
1 自尊	1 真诚	1 家庭安全	1 负责	1 平等	1 真诚
2 家庭安全	2 负责	2 自由	2 真诚	2 世界和平	2 乐于助人
3 自由	3 能干	3 幸福	3 勇敢	3 家庭安全	3 勇敢
4 成就感	4 雄心勃勃	4 自尊	4 独立	4 自尊	4 负责
5 幸福	5 独立	5 成熟的爱	5 能干	5 自由	5 能干
资料来源：Basedon W. C. Frederick and J. Weber，"The Values of Corporate Managers and their Critics Empirical Description and Normative Implications"，in W. C. Frederick and L. E. Preston（eds.），Business Ethics：Research issues and Empirical Studies（Greenwich，CT：JAL Press，1990）pp. 123－144.					

（二）当代劳动力的价值观

综合近期几项分析工作价值观的研究，可将其分为四类，以分析美国不同群体或不同年代劳动力各自独特的价值观（表 4-3）。表 4-3 表明，劳动力可以根据开始工作的年代进行划分。因为多数人在 18～23 岁开始工作，所以开始工作的年代和他们的生理年龄密切相关。

表 4-3　美国劳动力的主要工作价值观

所属年代	参加工作时间	目前的大约年龄	主要的工作价值观
老兵	20 世纪 50 年代或 60 年代初期	65 岁以上	勤奋工作、保守、服从；忠于组织
婴儿潮	1965—1985 年	40 出头到六七十岁	成功、成就、雄心、不喜欢权威；忠于事业
X 代	1985—2000 年	二三十岁到 40 出头	工作与生活平衡，团队导向，不喜欢制度；忠于关系
下一代	2000 年至今	20 岁以下	自信物质成功独立且以团队为导向；忠于自己和关系

这项研究有以下局限性：

（1）没有假设该研究框架适用于所有文化背景。

（2）很少有纯粹关于不同年代价值观方面的研究。

（3）分类不够严密，没有规定说生于 1985 年的人就不能和生于 1955 年的人具有相似的价值观。

尽管存在以上局限，但不同年代的价值观的确存在差异，通过分析不同时代的价值观可以得到一些启发。

在 20 世纪 50 年代或者 20 世纪 60 年代初期参加工作，他们信奉努力工作、安于现状和崇尚权威人士，可以称他们是老兵（也有人称之为传统主义者）。一旦受雇，他们倾向于努力工作和脚踏实地。在 RVS 的终极价值观上，他们会忠于老板，尊重权威。这些员工通常将舒适的生活和家庭安全排在最重要位置。

婴儿潮（Baby Boomers）指第二次世界大战结束后大量出生的人。这些人在20世纪60年代中期至20世纪80年代中期参加工作，他们深受民权运动、女性解放、披头士、越南战争和生育高峰压力的影响，他们有浓重的“嬉皮士伦理”，不相信权威，但是他们非常重视成就和物质的拥有。他们努力工作并期望享受工作果实。他们是实用主义者，相信通过结果正当可以证明方法正当。婴儿潮的人认为组织雇用他们只是把他们当作事业发展的工具。在终极价值观中，他们将成就感和社会认可排得很高。

X代人深受全球化、父母双职工、音乐电视、艾滋病和计算机等的影响。他们重视灵活性、生活选择以及工作满意度。家庭以及关系对这一代人而言非常重要。和老兵们不一样，X代人倾向于持怀疑眼光，尤其是对权威。他们喜欢团队工作。金钱对他们来说非常重要，因为它是职业发展好坏的一个指标。但是，X代人也愿意牺牲加薪、头衔、安全感和晋升来换取闲暇时间，他们希望对生活方式有更多的选择。X代人追求生活的平衡，和前两代人相比，他们不太愿意为了老板而自我牺牲。在RVS方面，他们看重真挚的友谊、幸福以及快乐。

最近加入工作大军的是下一代（也称为网络时代人、千禧人、Y代人、未来人），他们成长于繁荣的年代，却发现自己进入了经济的后繁荣时代。虽然他们面临着工作和职业的不确定性，但是他们有较高的期望，努力追寻工作的意义。“下一代”容易接受多样化，他们是把科技视为理所当然的第一代，他们的生活都和自动取款机、DVD、手机、笔记本电脑和网络息息相关。这一代人以金钱为导向，渴望那些用钱可以买到的东西。他们追求金钱上的成功。和X代人一样，他们喜欢团队工作，但他们也高度自立。他们倾向于看重自由、舒适的生活等终极价值。

个人的价值观虽有差异，但可以反映他们成长时代的社会价值观，了解这一点对解释和预测行为很有帮助。比如，60多岁的员工比那些小他们10岁或15岁的员工更倾向于接受权威；而30多岁的员工，与他们的父母相比，不愿意周末加班，更倾向于在工作期间跳槽，追求一份拥有更多闲暇时间的工作。

三、价值观、忠诚度和伦理行为

商业伦理是否在下降？对这个问题尽管有不同的看法，但是很多人相信，20世纪70年代之后，伦理标准开始逐渐被侵蚀。毕竟管理者们一致报告，老板是影响组织内伦理和非伦理行为的最重要的因素。既然如此，中上层管理者应该对组织的整个伦理环境有重要的影响。在20世纪70年代，管理层主要由老兵担任，他们忠于老板，当遇到道德困境时，他们的决策是以最有利于组织利益为标准。20世纪70年代中后期，婴儿潮出生的人逐渐进入上层管理。到20世纪90年代初期，商业组织的中上层多数是婴儿潮出生的人。婴儿潮的人忠于自己的职业，他们重视内在，并且首先关心的是自己。这种以自我为中心的价值观和伦理标准的下降是一致的。这有助于解释20世纪70年代后期商业伦理下降的现象。

这个分析中，潜在的利好消息是X代人正在向中层管理发展，很快就会进入高管层。因为忠于关系，他们很可能考虑自己的行为对周围其他人伦理的影响。接下来，人们有望看到商业伦理标准会因为管理层价值观的变化而得到提高。

第二节　价值观的跨文化研究

价值观存在文化差异，了解这些差异有助于理解和预测来自不同国家员工的行为差异。

一、霍夫斯泰德的文化评价架构

分析文化差异最常用的方法之一是由吉尔特·霍夫斯泰德（Geert Hofstede）于20世纪70年代后期提出来的。他调查了IBM在40个国家的116 000名员工的工作价值观，结果发现，管理者和员工在民族文化的五个维度上存在差距。这五个维度的定义如下：

（一）高权力差距—低权力差距

权力差距是指一个国家的人民在多大程度上可以接受公共机构和组织内的权力分配不平等。高权力差距（High Power Distance）指在某种文化里，存在大量权力和财富分配不平等现象，但大家能容忍。这种文化倾向于顺从那种阻碍国民升迁的阶级或社会等级制度。低权力差距（Low Power Distance）指文化阻碍权力和财富差异，这些社会强调公平和机会。

（二）个人主义—集体主义

个人主义（Individualism）指人们在多大程度上更喜欢单独行动而不是群体活动，以及相信个人权利至高无上。集体主义（Collectivism）强调严格的社会架构，人们期望群体中的其他人照顾和保护自己。

（三）男性化—女性化

这个维度反映某文化是赞成成就、权力、控制等传统的男性角色，还是鼓励男女平等。高度男性化（Masculinity）的社会里，男女角色划分明显，男性支配社会。高度女性化（Femininity）表明社会里男女角色差异很小。高度女性化并不意味着社会强调女性角色，而是指社会强调男女平等。

（四）不确定性回避

这是反映一个国家的人在多大程度上更喜欢结构化而不是非结构化的维度。在不确定性回避（Uncertainty Avoidance）得分高的文化中，人们对不确定和模糊的焦虑较高。这种文化倾向于强调法律制度和控制，以便降低不确定性。在不确定性回避得分低的文化中，个人较少因为不确定和模糊而惊慌，他们对多样化的观点也比较容忍。这种文化很少以制度为导向，人们更冒险，更愿意接受变化。

（五）长期导向—短期导向

这是霍夫斯泰德类型理论中最新加入的维度，它反映一个社会对传统价值观长期坚持的程度。长期导向（Long-term Orientation）的文化中，人们重视未来，推崇节俭、恒心和传统。短期导向（Short-term Orientation）的文化中，人们重视此时此刻，更乐于接受变化，重视承诺但不阻碍变化。

美国在霍夫斯泰德的五个维度中的得分情况表明，美国是一个非常个人主义的社会。事实上，美国是世界上最个人主义的国家（紧接着就是澳大利亚和英国）。美国是短期导向、低权力差距（在美国，人们不能接受天生的等级差异）。美国在不确定性的回避方面得分相对较低，这意味着多数美国人可以容忍不确定性和模糊。并且，美国在男性化维度的得分较高，这说明多数美国人重视传统的性别角色（至少对于丹麦、芬兰、挪威和瑞典等国来说是如此）。

二、霍夫斯泰德文化评价的不足

霍夫斯泰德的文化评价维度对 OB 的研究人员和管理层产生了巨大的影响，但与此同时，批评家们也指出了其中的一些不足。

虽然数据最近有所更新，但是最初的数据是 30 年前的，并且仅来自一家公司（IBM）。

很少有学者仔细研究过霍夫斯泰德方法论的细节，因此他们不知道他的很多决定和判断依据（如把文化价值观减少到 5 个）。

霍夫斯泰德的一些结论是令人感到意外的。例如，一般认为日本是一个高度集体主义的国家，而它在霍夫斯泰德的集体主义维度中的得分只达到了平均水平。

尽管如此，霍夫斯泰德仍是一个研究被引用最多的社会科学家，他的研究结构在 OB 领域影响长远。

三、旨在评价文化的 GLOBE 框架

全球领导与组织行为效果研究项目（Globe Leadership and Organizational Behavior Effectiveness，GLOBE）始于 1993 年，主要对领导和民族、文化进行跨文化研究。根据来自 62 个国家的 825 个组织提供的数据，GLOBE 团队认为民族文化差异体现在九个维度上（见表 4-4，不同国家在每个维度的得分）。

（1）果敢性：社会在多大程度上鼓励人们坚忍、对抗、果敢和竞争，而不是谦逊、温和。

（2）未来导向：社会在多大程度上鼓励和奖励未来导向的行为，比如筹划、投资未来、推迟享受等。

（3）性别差异：社会在多大程度上最大化性别角色的差异。这个和霍夫斯泰德的男性化—女性化一致。

（4）不确定性回避：和霍夫斯泰德的定义一致，GLOBE 把这个维度定义为社会为了降低未来时间的不可预测性而对社会规范和程序的依赖程度。

（5）权力距离：同霍夫斯泰德一样，GLOBE 团队的定义是，社会成员对权力不平等分配的接受程度。

（6）个人主义/集体主义：这个维度与霍夫斯泰德的定义一致——社会公共机构在多大程度上鼓励个体融入组织和社会的团体。

（7）圈内集体主义：与强调社会公共机构不同，这个维度包括社会成员对成为某个小团体（如家庭、朋友圈子、工作单位）一员的自豪程度。

（8）绩效导向：社会在多大程度上鼓励和奖赏组织成员提高绩效，追求卓越的绩效。

（9）人本导向：社会在多大程度上鼓励和奖赏个体的公平、利他、慷慨、关心他人以及友善待人的行为。

表 4-4 GLOBE 要点

维度	得分低的国家或地区	得分适中的国家或地区	得分高的国家或地区
果敢性	瑞典 新西兰 瑞士	埃及 爱尔兰 菲律宾	西班牙 美国 希腊
未来导向	俄罗斯 阿根廷 波兰	斯洛文尼亚 埃及 爱尔兰	丹麦 加拿大 荷兰
性别差异	瑞典 丹麦 斯洛文尼亚 俄罗斯	意大利 巴西 阿根廷 以色列	韩国 埃及 摩洛哥 澳大利亚
不确定性回避	匈牙利 玻利维亚 丹麦	美国 墨西哥 英格兰	丹麦 德国 俄罗斯
权力距离	荷兰 南非 丹麦	法国 巴西 中国香港	西班牙 泰国 希腊
个人主义/集体主义	新加坡 日本 丹麦	美国 埃及 日本	匈牙利 德国 埃及
圈内集体主义	瑞典 新西兰 俄罗斯	以色列 卡塔尔 瑞典	中国 摩洛哥 美国
绩效导向	阿根廷 希腊 德国	以色列 西班牙 中国香港	中国台湾 新西兰 印度尼西亚
人本导向	西班牙 法国	瑞典 中国台湾	埃及 马来西亚

资料来源：M. Javidan and R. J. House，"Cultural Acumen for the Global Manager：Lessons from Project GLOBE，" *Organizational Dynamics*，spring 2001，pp. 289 – 305. Copyright© 2001. Reprinted with permission from Elsevier.

对比 GLOBE 和霍夫斯泰德的文化研究维度后，不难发现前者扩展了后者，而不是取代了后者。GLOBE 的研究在确认霍夫斯泰德五个维度有效性的同时，加入了一些新维度，为人们提供了一种最新的评定方法，用来确定不同国家在每个维度上的级别。因为时代的发展和移民的加入，一个国家的文化价值也在发生变化。例如，GLOBE 调查发现美国的个人主义倾向已经有所下降。可以预见，未来关于人类行为和组织实践的跨文化研究会越来越多地使用 GLOBE 的维度来评估国家和地区间的差异。

第三节 个体人格和价值观与工作场所的联系

由于现在的管理者不太关注应聘者完成特定工作的能力，而是更关注他们应对环境变化的灵活性以及对组织的忠诚度，所以近些年来，管理者很关心员工的人格和价值观与组织的匹配度。下面我们具体来看人—职匹配和人—组织匹配。

一、人—职匹配

把工作需要和人格匹配分析得最好的是约翰·霍兰德（John Holland）的人—职匹配理论（Personality-job Fit Theory）。该理论基于这样一种观点——个体人格与工作要匹配。霍兰德列出六种人格类型，并提出工作满意度和离职倾向取决于个体与工作的匹配程度。六种人格类型中的每一种都有适合的职业。表 4-5 列出了六种人格类型，以及每种类型的特点和所适合的职业。

表 4-5 霍兰德人格类型及适合的职业

类型	人格特点	适合的职业
现实型：喜欢需要技术、力量和协调性的身体活动	害羞、真诚执着、稳定服从、实干	技工、钻床操作员、车间工人、农场主
研究型：喜欢包含思考组织和理解的活动	善于分析、富有创造力和好奇心、独立	生物学家、经济学家、数学家、新闻记者
社会型：喜欢帮助和有助他人发展的活动	爱社交的、友好合作、有理解力	社会工作者、教师、咨询人员、临床心理学家
传统型：喜欢有制度的、有秩序的、清晰的活动	服从、有效、实干、缺乏想象力、不灵活	会计公司经理、银行出纳员、档案管理者
企业型：喜欢有机会影响他人并获取权力的活动	自信、雄心勃勃、能量充沛、专横	律师、房地产经纪人、公共关系专员、小型企业的管理者
艺术型：喜欢富有创新机会的不明确的事物和活动	想象力丰富、无秩序、理想化、情绪化、不切实际	画家、音乐家、作家、室内创意装饰者

霍兰德开发了职业兴趣量表，其中包括 60 个职业。被试表明这些职业中哪些喜欢，哪些不喜欢，然后用其回答来推断其人格类型。使用这种方法进行研究，结果肯定了图 4-1 中的六边形模型。从图形可见，六边形中，两个领域或方位越接近就越兼容。相邻者非常相似，相对者则非常不同。

这表明，当人格与职业一致时，满意度最高，离职率最低。社会型的个体应该从事社会型的工作，传统型的应该从事传统型的工作，以此类推这个模型的关键在以下几点：

（1）个体在人格方面存在本质的差异。

（2）工作类型也有不同。

（3）达到人格和工作匹配的个体比两者不一致的个体对工作更满意，主动辞职的可能

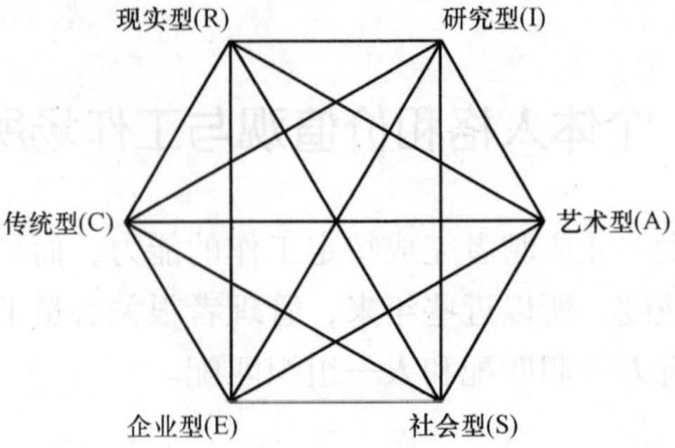

图 4-1 职业人格类型间的关系

性也更低。

二、人—组织匹配

近些年来，人们关注人—职匹配的同时，也开始关注人—组织的匹配了。由于环境是动态的、不断变化的，组织也随之要求员工能够调整工作任务，轻松地在工作团队中转换，因此，员工的人格和整个组织文化相匹配就比和某个具体的工作匹配重要得多了。

人—组织匹配的观点建议人们应该离开和自己人格不匹配的组织。用大五人格理论来分析，可以得到下列结论：

（1）高度外向的个体更适合有闯劲的、团队导向的文化。

（2）高度宜人性的个体适合支持性的，而不是强调挑战的组织文化。

（3）高度开放性的个体更适合强调创新的，而不是标准化的组织文化。

在招聘时遵循这些原则，管理者可以挑选到和企业文化匹配度高的员工，这会进一步带来更高的满意度，并降低离职率。

人—组织匹配的研究还关注人们的价值观是否与组织的文化匹配。员工的价值观与组织文化匹配可以带来高的工作满意度、高的组织忠诚以及低的离职率。

本章小结

态度管理者应该对员工的态度很感兴趣，因为态度能够预示潜在问题，并且会影响行为。例如，对工作满意和承诺度高的员工有较低的离职率、旷工率以及其他的负面行为，他们往往还有出色的工作表现。管理者期望降低离职率和旷工率（尤其是生产性员工），他们希望努力激发积极的工作态度。

管理者要提高员工的满意度，最重要的手段是增加内部激励，例如，让工作变得更富挑战和有趣。虽然低廉的薪水不能够吸引高素质的员工，也不能保持组织的高绩效，但是，管理者必须明白，仅仅靠高薪并不能够创造令人满意的工作环境。管理者还需留意员工的认知失调是可以管理的。当员工需要参加一些他们一般不参与或和他们的态度不一致的活动时，他们可能会意识到失调是由外部强加而他们无法控制的，或者回报很高足以抵消失调时，员工需要调整失调的压力就会减小。

了解一个人的价值观为什么很重要？价值观虽然不直接影响行为，却强烈影响个体的态度、行为和观念。因此，了解一个人的价值体系有助于对其进行激励。

既然人们的价值观不同，管理者可以使用罗克奇价值观调查表了解潜在员工的价值观，判断他们的价值观是否与组织的一致。如果价值观与组织的一致，员工的绩效和满意度就会提高。一个重视想象力、独立和自由的员工，在强调员工顺从的企业文化里就有不匹配问题。管理者通常会欣赏、正面评价、奖励与企业文化匹配的员工，而发现自己和企业文化匹配的员工会更满意。因此，管理者在选拔新员工时，不仅要考虑他们是否有必要的能力、经验和进取心，还要考虑他们是否具备和组织匹配的价值体系。

本章练习题

1. 什么是价值观？
2. 试述罗克奇价值观测量的主要内容。
3. 阐述霍夫斯泰德的文化评价架构主要包括哪些要素。
4. 描述旨在评价文化的 GLOBE 框架的构成。

研究性课题

谈谈自己的终极价值观和工具价值观。

第五章

知觉与个体决策

★名人名言

科学不过是训练有素、组织化了的超常识之外的知觉。

——赫胥黎（1894—1963，英国著名作家）

★学习目标

1. 掌握知觉与社会知觉的概念特点和相关理论。
2. 掌握个体决策的概念及相关理论。

★关键词

知觉　社会知觉　个体决策

★开篇案例

同一事件，不同知觉

从警察报告中了解到，6月9日下午1时27分，3763路公共汽车发生了一起小型无伤亡事故。到达事故现场时，警察无法确定公共汽车司机所在的位置。因为当时这辆公共汽车几乎无法驱动，乘客被换到另外一辆车上，坏车被送回城市公车库去维修。

新任总经理阿伦·穆尔仔细查阅了警察报告和两份附加报告。两份附加报告分别由城市运输局的运输主任詹尼弗·泰和当事司机麦克尔·梅尔提供。

詹尼弗·泰认为虽然麦克尔·梅尔8年来一直是一名平均水平之上的司机，但是在过去15个月中的绩效有大幅度的滑坡。麦克尔·梅尔以前一直是在下班后才会和其他司机一起去喝酒，但最近他被怀疑在工作期间饮酒。另外，根据詹尼弗·泰的报告，事故发生当天的下午3点，有人看见麦克尔·梅尔在酒吧喝啤酒。詹尼弗·泰引用城市运输局协议中的两项条款为报告做出结论。这个条款明确禁止职员在上班时间饮用任何含酒精的饮料，如有违反，可以将当事人解雇。詹尼弗·泰建议立刻解雇麦克尔·梅尔。

麦克尔·梅尔所阐述的事实却截然相反。他声称为了让开一个骑自行车的人，他将车转向却撞倒了一棵树，给公共汽车造成了轻微的损害。转向之前，他正用发报机说话，紧急转向的时候被迫摔掉发报机。由于发报机摔坏，麦克尔不得不走四个街区，找到最近的电话亭向公司报告事故。他向公司报告了事故，也打电话向协会报告了发生的一切。然后当他回到事故现场的时候，他的车已经不见了。当时他不知道该怎么办，并受到了一些惊吓，因此他决定回到总站。由于走了5千米的路程，并且他的轮班到下午3点钟的时候已经结束，因此他停下来要了杯啤酒，然后又很快地返回了总站。

［资料来源：（美）弗雷德·路森斯．组织行为学．王垒，译．人民邮电出版社，2003］

第一节　知觉与社会知觉

一、知觉

（一）知觉的概念

知觉是直接作用于感觉器官的事物的整体在人脑中的反映，是人对感觉信息的组织和解释过程。知觉往往体现在人用词语概括他所知觉到的事物。例如，《三国演义》里“空城计”，司马懿对诸葛亮的知觉是：他是一个小心谨慎、从不冒险的人。同样，当司马懿及军队看到山坡上的大旗、听到喊杀声的时候，他判断这是诸葛亮的很多伏兵，这也是魏军对其所看和所听的知觉。另外，在对事物的评价中，当人们看到了一幅模糊的图片时，有人会说看到了小猫，还有人会说看到的是老虎，这是因为他们对这幅图片有不同的理解，也就是他们对图片的不同知觉。

按照知觉的对象可以将知觉分为社会知觉和物体知觉，前者是对人和人际的知觉，后者是对人之外的物的知觉。

（二）知觉的特点

知觉具有选择性、整体性、理解性和恒常性四个特点。

1. 知觉的选择性

知觉的选择性是指人在知觉某事物时，总是有选择性地把一些事物作为知觉对象，而把事物的其他部分作为背景来进行理解和解释。知觉的选择性保证了人们能够把注意力集中到人们所认为的事物的最重要方面，从而排除干扰，更有效地感知和适应周围环境。两可图（图5-1）是知觉选择性的最好例子，人们往往首先把它看成一个花瓶和两个老人的脸，但再定睛一看，又可以把它看成两个戴草帽的人和一位少女。也就是说，在人们变换知觉对象和知觉背景时，对它的知觉已经发生了变化。

图 5-1　两可图

2. 知觉的整体性

知觉的整体性是指人能够根据个体的知识和经验，把事物的不同部分知觉为一个有组织的整体。它主要包括以下三个规律：

（1）接近律。即时间或空间接近的部分容易被知觉为一个整体。

（2）闭合律。当客体本身不完整时，人们倾向于用过去的知识经验补充某些因素，把不完整的事物知觉为完整的事物，如图 5-2 所示，白背景中的白色三角形和黑背景中的黑色三角形，是作为一个整体被知觉的，尽管背景图形似乎支离破碎，但构成的是一个整体。

（3）相似律。人们将具有相似属性的事物组合在一起去理解，如图 5-3 所示。

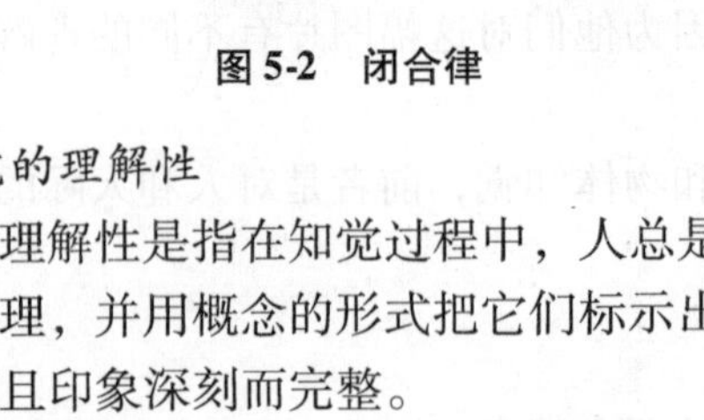

图 5-2　闭合律

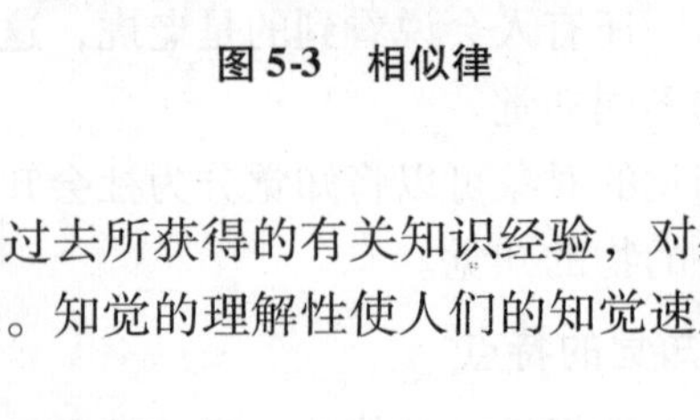

图 5-3　相似律

3. 知觉的理解性

知觉的理解性是指在知觉过程中，人总是用过去所获得的有关知识经验，对感知的事物进行加工处理，并用概念的形式把它们标示出来。知觉的理解性使人们的知觉速度提高，节约时间，而且印象深刻而完整。

4. 知觉的恒常性

知觉的恒常性是指知觉条件（如大小、形状颜色等物理特性）发生一定变化时，知觉的形象仍然保持相对不变的特性。知觉的恒常性使人们能够在不同情况下，仍然按照事物的本来面貌反映事物。

二、社会知觉

（一）社会知觉的概念

社会知觉是对人或人际的知觉，它既包括个人对他人的知觉，也包括个人对群体、群体对个人、群体对群体以及对个人间关系和群体间关系的知觉。管理过程中更为重要的是社会知觉。例如，管理者对下属的第一印象，人力资源部门与财务部门相互之间的看法，都是社会知觉。

（二）社会知觉的理论观点

在社会知觉方面，人们通常根据人的外部特征对他的内心状态做出解释，这在社会知觉中被称为归因理论（Attribution Theory）。

1. 凯利的归因模型

美国社会心理学家凯利（Kelly，1967）提出一个复杂的归因模型来解释人的社会知觉。Kelley 认为对个人行为的解释可以总结为三个因素：一是行为者自身（称为内部归因），二是行为所指的对象（外部归因），三是行为发生的情景（外部归因）。根据这三方面，提出了归因应该遵循的三条原则：

（1）普遍性原则。所有人都以相同方式做出反应时，普遍性高；反之，普遍性低。

（2）差异性原则。一个人对另一个对象也以同样的方式反应，则差异性低；反之，差异性高。

（3）一贯性原则。行为者的反应前后一贯，不因时、因地而异时，一贯性高；反之，一贯性低。

按照这三条原则，凯利（Kelley）提出了如图 5-4 所示的归因模型。这三个原则体现了行为的三种特征，这三种特征的不同组合就意味着导致行为的原因不同。凯利（Kelley）认为，导致行为的三个原因与三种行为特征的不同组合对应在一起。其一，普遍性低、差异性低、一贯性高，即行为与众不同、不因人而异、总是如此，此时行为的原因在行为者自身。其二，普遍性高、差异性高、一贯性高，即行为与众相同、因人而异、总是如此，此时行为的原因在行为所指的对象身上。其三，普遍性低、差异性高、一贯性低，即行为与众不同、因人而异、偶尔如此，此时行为的原因在行为发生的情景。

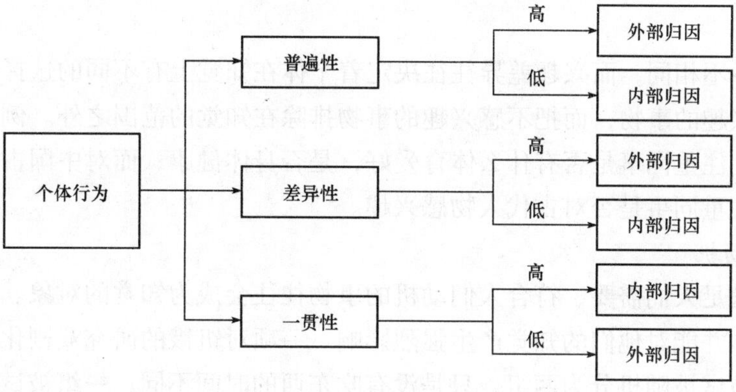

图 5-4　归因模型

2. 维纳的成败归因模型

在此基础上，美国心理学家维纳（Weiner）提出了成败归因模型。他认为人们获得成功或遭遇失败主要归因于四方面的因素：努力、能力、任务难度和机遇。这四个因素可以按照内外因、稳定性和可控制性三方面来划分。因此，从内外因来看，努力和能力属于内部原因，而任务难度和机遇属于外部原因。从稳定性来看，能力和任务难度属于稳定的因素，而努力和机遇属于不稳定的因素。从可控制性来看，努力和能力是可控制因素，而任务难度和机遇都属于不可控制因素。人们把自己的成功和失败归结于什么因素，对以后的工作积极性有很大影响。维纳认为把成功归因于内部原因，会使人感到自豪和满意；而把成功归因于外部因素，会使人感到惊奇和感激。把失败归因于内因，会使人感到内疚和无助；把失败归因于外因，会产生气愤和敌意。把成功归因于稳定因素，会提高以后的工作积极性；把成功归因于不稳定因素，以后工作积极性可能提高也可能降低。把失败归因于稳定因素，会降低以后的工作积极性；把失败归因于不稳定因素，则可以提高以后的工作积极性。

总之，这两种理论观点从不同角度解释了人是如何评价和解释他人和自己行为的，这对于双方的人际关系和自己的自尊都有着重要影响。具体来看，凯利的归因模型描绘了人在社会生活中理解他人行为的规律，这会直接影响到人们之间的人际交往。Weiner 的归因理论对于解释人们如何看待自己的成功和失败，如何不断树立自己的自信和自尊水平有着重要的指导价值。

三、知觉和社会知觉的影响因素

影响知觉的因素很多，从知觉过程来看，主要包括知觉者、知觉对象和情景类因素。也就是说，不同的人对相同的对象，同一个人对不同特征的知觉对象，同一个人在不同情景下对相同特征的同一个知觉对象，都会产生不同的知觉。

（一）知觉者因素

人的知觉和社会知觉首先受人本身因素的影响，不同的人对于同一事物会产生不同的知觉，同一个人在不同状态下对同一事物也会产生不同的理解。影响知觉和社会知觉的主观因素主要有如下四方面。

1. 兴趣

人的兴趣各不相同，而兴趣差异往往决定着个体在知觉上有不同的选择性。人们往往更多注意自己感兴趣的事物，而把不感兴趣的事物排除在知觉的范围之外。例如，对足球感兴趣的员工，特别注重同事是否有什么体育爱好，是否身体健康；而对中国古代文化感兴趣的员工，则特别注重同事是否对古代人物感兴趣。

2. 需要和动机

凡是能够满足人们需要、符合人们动机的事物往往会成为知觉的对象。未满足的需要或动机刺激了个体并能对他们的知觉产生强烈影响。一项对饥饿的研究戏剧化地描述了这一事实。研究中的被试被随机分为两组，只是没有吃东西的时间不同：一组被试 2 个小时前吃了东西，另一组被试 16 个小时没吃任何东西。给被试呈现一组主题模糊的图片，结果个体饥饿的程度影响到他们对模糊图片的解释。相比吃完东西没多久的被试，16 小时没吃东西的被试把图片内容知觉为食物的频率高很多。同样，在管理工作中一名有不安全感的上司会把下属的出色工作视为对自己职位的威胁，个人的不安全感可以转化为“别人想得到我的工作”的知觉，而不管下属的真正意图。

3. 期望

期望使人所看到的是他所期望看到的。如果人们预期警察都很威严，年轻人都缺乏毅力，人事主管很会协调人际关系，那么人们就会以这种方式知觉他们，而不管他们的实际特点如何。布鲁纳（Bruner，1947）等做过一个试验，把儿童随机分为两组，除了家庭贫富程度不同之外，这两组儿童在其他方面都没有显著差异。然后让这两组儿童判断硬币的面积，结果表明，贫穷家庭儿童对硬币面积估计的结果显著高于富裕家庭的儿童。这说明他们对金钱的期望影响了他们对硬币面积的估计，从而做出了过高的估计。所以，当人们对某一事物有某种看法后，可以回想一下，是否自己的期望在其中起了作用，从而在一定程度上减弱期望对人们知觉的影响。

4. 认知

个体在知觉时，深受知觉者个人认知结构的影响。这包括个人的不同观点、态度以及不同的评价标准。比如，雪莉喜欢小班上课，因为她希望问教师很多问题。迈克则喜欢大班上课，他很少提问题，而且希望自己消失在人群中。这学期开学第一天，雪莉和迈克一同走在去学校大教室的路上，去上《战略管理》这门课，两个人都知道这门课有 100 多名学生上课。但由于雪莉和迈克所持的态度不同，因此，当人们看到他们对于面前所发生的事情做出不同的解释时，就不足为怪了。雪莉很不高兴，迈克却抑制不住自己的轻松而微笑起来，因为在大教室里他很容易不被注意到。两个人面临的是相同的事情，他们的解释却不相同，其原因主要在于对大班上课所持的态度截然不同。

（二）知觉对象因素

1. 新奇运动

在一个群体中，人们往往首先注意到穿着新奇、独特的个体。所以，很多年轻人喜欢穿奇装异服，其中一个主要原因也就是容易引起别人的注意。人在看星空的时候，往往首先注意到的是流星，而不是那些看似静止的星星。这些特征都会影响人们对客观事物的知觉。

2. 背景

知觉的选择性说明，人们在知觉时会选择某一对象作为注意的客体，也就是说人们在知觉中都会把某些事物作为注意的对象，而把其他周围的事物作为知觉背景。如图 5-5 所示，第一眼看起来像个白色花瓶，但是，如果把白色作为背景，你会看到两个人的侧面轮廓。这就是背景变换所产生的人对同一个事物的不同知觉。

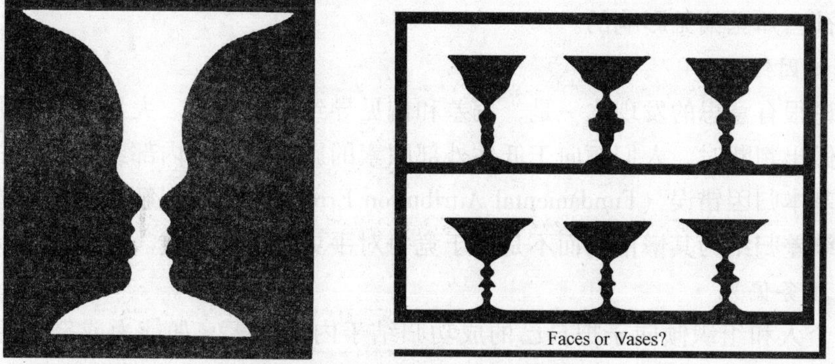

图 5-5　知觉选择过程的背景的影响

3. 对象组合

知觉的整体性决定了人们从整体来理解知觉对象。因此，当知觉对象不同部分间出现不同的组合，人们就会产生不同的理解。这主要有闭合原则与接近原则，如图 5-6 所示。

(a) (b)

图 5-6 知觉的整体性

4. 情景因素

在什么情境下认识和了解事物也很重要，周围的环境因素影响着人们的知觉。在不同的时间、不同的工作环境和社会环境中，即使是同一个知觉对象，人们的知觉也各不相同。例如，在周末的晚会上一个身穿晚礼服、浓妆艳抹的 25 岁女性不会引起人们太多的注意。但这位女性如果以同样的穿着出现在周一上午的大学课堂上，则会非常吸引人们的注意（以及课堂上其他同学的注意）。周六晚上和周一上午的知觉者及知觉对象都没有发生变化，只是情境不同，但这会影响人们的知觉。同样，如果一名员工的上司从公司总部突然来到本市，本市主管更有可能注意到下属懒散的工作行为。即工作情境的变化影响了主管的知觉。同样是向别人询问家庭工资等问题，在中国不会受到很强烈的拒绝，但如果在国外，人们就有不同的知觉，这就是不同的社会环境影响到了人们的知觉。

四、社会知觉偏见及其解决思路

在人的知觉过程中，尤其在对人的社会知觉中，往往由于各种主客观条件的影响，使人不能全面、客观地看待问题。同样的道理，在对人的社会知觉过程中，更容易产生知觉偏见，这在社会心理学中被称为社会知觉偏见。所谓社会知觉偏见，是指对人的行为的原因做出错误或片面的解释，它经常存于人的社会知觉过程中，是人的非理性的表现。常见的社会知觉偏见有以下几种表现形式。人理解社会知觉偏见后，在实际工作中人们是可以采取一些方法来减少社会知觉偏见影响的。

1. 基本归因错误

归因理论很有意思的发现之一是，偏差和偏见导致知觉失真。大量证据表明，当人们对他人的行为做出判断时，人们倾向于低估外部因素的影响而高估内部或人为因素的影响。这种现象称为基本归因错误（Fundamental Attribution Error），它可以解释为什么管理者倾向于把销售员业绩差归结为其懒惰，而不是由于竞争对手更新了生产线。

2. 自我服务偏见

此外，个人和组织倾向于把自己的成功归结于内部因素，如能力或努力等，而把自己的失败归结为外因，如运气不好或同事生产效率低，这种现象称为自我服务偏见（Self-serving Bias）。例如，当伊拉克战争看上去进展顺利时，白宫声称“任务完成”，但是在根本没有发现大规模杀伤性武器（WMD），并且战争迟迟不能结束时，白宫赶紧指责智囊团失误。

3. 晕轮效应

当人们以个体的某一特征，如智商、社交能力或外表等为基础，而对他人做出整体判断时，晕轮效应（Halo Effect）就产生了。当学生评价老师时，这种效应经常出现。学生可能强调某一特质，比如激情，那么他们对老师的整体评价完全受到他们对激情这一特质的评价。例如，一个老师可能安静、认真、知识渊博、胜任有余，但是教学风格缺乏激情，那么重视激情的学生很可能对他的评价很低。晕轮效应并不少见。晕轮效应并不是随意发生的。研究表明，在下面这些情况下，晕轮效应最有可能出现：当被知觉的特质在行为界定上十分模糊时（如很难判断一个人的开放性程度）；当这些特质隐含着道德意义时；当知觉者对判断某项特质只有很少的经验时。

4. 对比效应

在不同领域的演艺者中盛传这样一句谚语：不要跟在孩子和动物的节目后表演你的节目。为什么呢？普遍的看法是观众们都非常喜欢孩子和动物，这种对比会降低你的节目效果。这个例子表明对比效应（Contrast Effect）是如何使知觉失真的。人们对一个人的评价并不是孤立进行的，而是常常受到人最近接触到的其他人的影响。例如，当考官考察一组应聘者时，对于任何一名候选人来说，评估的失真都有可能是他在面试中所处的位置导致的。如果排在该候选人之前的是个平庸的应聘者，则可能有利于对他的评估；如果排在他之前的是个极出色的应聘者，则可能不利于对他的评估。

5. 投射作用

如果假定别人和自己相似，那么很容易对他们进行判断。例如，人们希望自己的工作富有挑战性并能够自己负责，就会假定别人也如此。人们把这种将自己的特点归因到其他人身上的倾向称为投射（Projection）作用，它能使人们对其他人的知觉产生失真。当投射产生时，人们倾向于根据自己是什么样来知觉他人，而不是根据被观察者的真实情况进行知觉。当管理者产生投射倾向时，他们认识个体差异的能力会下降，会把人看得过于相似。

6. 刻板印象

如果以对某人所在团体的知觉为基础对其进行判断，所用的捷径称为刻板印象（Stereotyping）。之所以这样，是因为刻板印象不仅是简化复杂世界的一种途径，还可以帮助人们保持一致性。例如，假设有一名销售经理正在寻找一名有进取心和工作勤奋的销售员，过去，他所聘用的那些参加过大学运动队的个体都很成功，因此他很注重的候选人中是否有人参加过学校运动队。这样做的结果明显缩短了搜索时间。另外，在一定程度上，运动员的确积极进取和工作勤奋，因此运用这种刻板印象能够提高决策水平。当然，这样做会有盲目或过于普遍化的问题。换句话说，并不是每个大学生运动员都积极进取、勤奋努力。

在组织中，人们常常会听到一些体现刻板印象的言论，如反映性别、年龄、种族甚至是体重方面的刻板印象。例如，“女性不会为了晋升而去转换工作”“男性对照顾孩子不感兴趣”“老员工无法学会新技能”“亚裔移民勤奋有良心”“肥胖者缺乏纪律性”。

第二节　个体决策

一、决策的定义

组织中的个体都需要做出决策（Decision），即从两个或两个以上的备选方案中进行选择。事实上，组织中的每个人，从高级主管到非管理层的员工，都需要在某些时刻做出决策。因此，个体决策是组织行为领域非常重要的一部分。而组织中的个体如何决策，以及决策质量如何，在很大程度上受到知觉的影响。

决策是对问题（Problem）的回应。一件事的当前状态与期望状态存在差异时，个体就需要考虑不同的行动方案。不幸的是，很多问题都不是整齐地打包好，并清楚地贴上标签呈现在人们面前的。因此，认识到问题的存在并做出决策是一个知觉问题。而且，任何决策的做出都需要对信息进行解释和评估。一般来说，人们会从多种渠道搜集数据之后挑选、加工并解释。例如，哪些数据与决策相关，哪些无关，决策者会利用知觉回答这些问题。他们还会提出不同的备选方案，评价每个方案的优缺点。值得注意的是，知觉扭曲（Perception Distortion）贯穿于整个决策过程，容易造成分析和结论偏差。

二、决策过程

从理论上描述个体在最大化或者最优化结果的原则下会怎么行事，为理性决策过程（Rational Decision-making Process）。

（一）理性决策过程

通常认为，最好的决策者是理性的（Rational），他们能在一定限制条件下做出前后一致的、价值最大化的决策。这样的决策是依照六个步骤的理性决策模型（Rational Decision-making Mode）做出的。

1. 理性决策模型

理性决策模型的步骤见表 5-1。

表 5-1　理性决策模型的步骤

序号	步骤
1	确认问题
2	明确决策标准
3	给尚不确定的决策标准分配权重
4	设计可能解决问题的备选方案
5	评估备选方案
6	挑选最佳方案

（1）模型从确认问题开始。例如，计算月度开支时，发现比预算超支了 100 美元，就确认了一个问题。如果对决策追根溯源不难发现，很多决策失误是因为决策者忽视了问题或

者错误地判断了问题。

（2）决策者一旦确认了问题，就需要明确决策标准，这对解决问题非常重要。该步骤中，决策者确定哪些标准与决策相关。决策者的兴趣、价值观以及个人偏好会渗透到这一过程中。

（3）每一个决策标准的重要程度通常是不同的，因此就需要决策者给前面确认的决策标准分配权重，以便决策者在决策过程中做不同的优先考虑。

（4）要求决策者设计解决问题的备选方案。这一步不需要评价，只要列出所有方案就可以。

（5）方案一旦产生，决策者就必须认真分析和评估每个方案。这需要针对每个标准对每个方案进行评价。根据第二步设定的标准和第三步设定的权重进行评估，每个方案的优缺点就显而易见了。

（6）需要计算最优化决策。根据权重标准对每个方案进行打分，最后选择总分最高的方案。

2. 理性决策模型的假设

理性决策模型包含很多假设。以下是对这些假设的简单描述：

（1）问题清楚。问题清楚明了，假定决策者掌握的决策环境的信息是完整的。

（2）备选方案已知。假定决策者可以确认所有的相关标准，能列出所有的可行方案。而且，决策者知道每个方案的可能结果。

（3）偏好明确。假定标准和方案可以根据其重要性评定级别和排序。

（4）偏好稳定。假定具体的决策标准是稳定的，权重也不会随时间变化而变化。

（5）无时间或成本限制。假定不存在时间或成本限制，理性决策者全面掌握了关于标准和方案的信息。

（6）回报最大化。决策者根据回报最大化的原则进行方案选择。

3. 现实中的组织决策过程

组织中的决策者理性吗？他们能认真评估问题、识别所有的相关标准、运用创造力确认所有的可行性方案、努力对比每个方案，并从中选择最优方案吗？当决策者刚刚上任缺乏经验时，当决策者遇到的问题简单并且备选方案不多时，或者当搜集和评价备选方案的成本比较低时，理性模型提供了很详细的决策过程。然而，这些情境并不多见，事实上多数决策并不遵循理性决策模型。例如，人们往往满足于找到一个可以接受的或者合理的解决方案，而不是最优的方案。同样，决策者通常只是有限使用创造力。

（1）有限理性。当一个人考虑去哪所大学读书时，是否考察了每一个可行性选择，是否认真确认了所有对决策有重要意义的标准，是否用每个标准评估了每种选择，从而找到了最优的大学？不出所料的话，这些问题的答案都是“否”。实际上很少人用这种方法，大多用满意法取代最优法去选择大学。

当遇到复杂问题时，多数人会简化问题，使之达到能理解的水平。这是因为人类的信息处理能力有限，使得人们不能接受和理解所有做到最优化所需的信息。因此，人们用的是满意法，即他们寻找满意的和够用的解决方案。

由于人们阐述和解决复杂问题的思维能力远远达不到完全理性的要求，所以人们只能有限理性（Bounded Rationality）地行动。通常会构建简化的模型，抓住问题的最主要特点，而不是所有的复杂因素。个体在简化模型的限制下做出理性行为。

(2) 有限理性的影响。一般人受有限理性影响的过程：问题一旦被确认，就开始搜寻标准和方案，但是标准不可能详尽无遗，决策者能找出有限但是非常显著的选择方案。这些方案很容易找到，因为它们很明显。多数情况下，它们是人们所熟悉的标准，或是之前经过检验的可靠方案。一旦这些有限的方案得到确认，决策者便开始评论它们。但是评论并不是全面的，即并不是每个方案都得到了仔细认真的评估。相反，决策者首先评估那些与现有的方案差别不大的方案。采用已经熟悉并经常使用的方法，决策者一旦找到“足够好”的方案——达到可接受水平的方案，他们就不再对其他方案进行评估，遇到第一个“足够好”的方案就会停下来。因此，最终的选择方案只是一个满意的方案，而不是最优的方案。

对于有限理性，比较有意思的是，方案的评估顺序对最终方案的选择有着至关重要的影响，因为决策者使用简单的有限模型，他们通常最先评估显而易见的、自己熟悉的或者和现状相差不远的方案。和现状差异最小的且达到决策标准的方案最可能被选中。

独特的、创造性的方案可能是最优方案，却最不可能被选中，因为在它之前往往会有可接受的方案，于是决策者就不需要进一步寻找与现状差异较大的方案。

三、常见的决策偏差和失误

很多研究结果都告诉人们，决策者的判断过程会出现系统偏差和失误。这是因为他们在决策时试图省力、走捷径。在很多情况下，捷径是有益的，然而，捷径也会导致严重的理性扭曲。以下描述的是最常见的扭曲：

（一）过度自信偏差（Overconfidence Bias）

有一种说法是：“在判断和决策过程中，没有什么比过度自信更普遍和更具破坏力。”当人们被问及在事实类问题上的判断准确率时，总是过于乐观。例如，有研究发现，当人们认为自己正确率是66% ~70%时，实际上的正确率只有50%。当他们认为百分之百正确时，则只有70% ~85%的正确率。

从组织的立场来看，关于过度自信，很有趣的发现之一是智力和人际能力最差的个体最倾向于高估自己的绩效和能力。因此，当管理者和员工对一个问题的了解越来越多时，他们过度自信的可能性就越来越小。而且，当组织成员面对专业技能之外的领域时，过度自信的可能性会增大。

（二）定锚偏差

定锚偏差（Anchoring Bias）是指人们对事情的看法往往囿于最初的信息。看法一旦形成，人们通常不会根据随后而来的信息对原来的看法做根本性的调整。定锚偏差之所以发生，是因为人们的大脑对最初接收的信息给予了过分的重视。所以，那些最初形成或接触到的印象、观点、价格和估计，比起后来形成或接触到的，要占据更重要的分量。

定锚偏差在谈判和面试中也会起作用。任何时候，一旦出现谈判，定锚也随之而生。对方只要一提出数据，想客观地忽视这个数据的能力就降低了。例如，当一位老板问你之前的工作收入时，你的回答就锚定了这位老板的出价。记住，当需要商谈工资时，这一点会有所帮助。不过还要记住，开出的定锚价格时也要和自己的身价相符。

（三）证真偏差

证真偏差（Confirmation Bias）是选择性知觉中的一种。人们通常会选取那些支持之前决策的信息，摒弃与过去判断冲突的信息。人们还倾向于接受那些表面上对自身所持观点有利的信息，而质疑及挑剔那些挑战自身观点的信息。所以，人们搜集的信息往往带有偏差，倾向于支持自身已有的观点。

（四）可获性偏差

可获性偏差（Availability Bias）指人们做判断时通常是基于那些可以获取的信息。那些能唤起情感体验的、特别生动的或者最近发生的事件则往往是回忆中可获取的信息。可获性偏差能够解释为什么很多人认为飞行比开车更危险。虽然事实上飞行比开车要安全得多，但是媒体更为关注飞行事故。于是，人们会高估飞行的风险而低估开车的风险。可获性偏差还可以解释为什么管理者在做年度绩效评估时，通常更多考虑员工的近期行为，而不太考虑六个月或者九个月之前的行为。

（五）代表偏见

很多生活在美国城市贫民区的十几岁非裔男孩会梦想在 NBA（美国男子职业篮球联赛）打篮球，而实际上，这些年轻人成为医生的机会要远远大于在 NBA 打球，这种现象可以归结为代表偏见（Representative Bias）。这些年轻人在评估一件事的概率时，往往认为当前情形和过去一模一样，他们听说邻居家一个男孩十年前成为专业的篮球队员，或者他们在电视上看 NBA 比赛时，认为那些队员和自己是一样的。

人们会不时地陷入代表偏见中。例如，管理者在预测一个新产品的表现时，往往会将它和前面产品的成功联系在一起。又如，之前聘用了某大学的三个毕业生，他们的业绩都很差，管理者就会预期现在来应聘的该大学的毕业生也不能胜任。

（六）承诺升级

坚持一项已经明显错误的决策被称为承诺升级（Escalation of Commitment）。很多证据表明，当一个人认为自己要对失败负责时，他就会对这一失败活动增加投入。也就是说，他们“做错事后挥霍无辜的钱”，以表明最初的决策并非错误，从而避免承认自己犯的错误。承诺升级现象和人们试图保持言行一致的行为是吻合的。对此前行为的持续投入意味着一致性。

承诺升级对管理决策很有启发。假定一致性是有效领导的一个重要因素，那么管理者（想努力表现为有效领导者）就可能有保持一致性的动机，即使是在转换行为更有利的情况下。实际上，真正有效的管理者能够区分哪些情形下保持一致性是有利的，哪些情形下坚持是不利的。

（七）随机误差

面对机遇时，人们的表现差异很大。多数人相信个人对自己的世界和命运有一定的控制力。尽管人们在很大程度上可以依靠理性决策来控制未来，但实际上，这个世界充满了随机事件。人们倾向于相信自己可以预测随机事件的结果，这就是随机误差（Randomness Error)。

当人们试图从随机事件中总结意义时，决策就会受到损害。随机事件带来的最严重的损害之一是当我们的想象模式转变为迷信时。这些所谓的意义可能是完全人为的（“我从来不在既是 13 日又是星期五的日子做决策”），也可能是此前被强化过的某种行为的演化（“伍兹在高尔夫联赛的决赛中总是穿着红色的 T 恤，因为在别的比赛中，他穿红色 T 恤也总获奖”）。虽然很多人都会或多或少有些迷信行为，但是在影响日常判断或者主要决策时，这些迷信行为往往会减弱。极端情况下，一些决策者会受到迷信思想的控制——这导致他们几乎无法改变常规或者客观处理新信息。

（八）后见之明偏误

后见之明偏误（Hindsight Bias）是指人们总是在结果出现之后，错误地以为当初能够准确预测该结果。当一个事件已经发生，并且人们已经得到了准确结果时，我们好像很擅长总结说，“很明显会发生这种结果”。例如，在“超级碗”（美国国家美式足球联盟的年度冠军赛）结束后，很多人都觉得比赛的结果正如所料的那样，比赛的前一天他们却没有这么肯定。

后见之明偏误是人们选择性记忆与能够重建之前预言两者相结合的产物。在人们发现一个不确定事件的结果以前，不太擅长回忆该不确定事件出现在自己面前的情形。然而，人们却很善于重组过去，高估之前知道的信息，实际上这些信息是事后才知道的。

四、决策中的伦理问题

在当今世界，任何关于决策的讨论离开伦理都是不完整的，因为伦理是评价组织决策的一个重要指标。在此介绍三种合乎伦理的决策方法，并且讨论不同民族文化下的伦理标准有哪些不同。

个体面临涉及伦理的决策时，可以参考以下三个不同的标准：

（1）强调功利主义。在该标准下，衡量决策的唯一依据是最终的成果或结果。功利主义（Utilitarianism）的目标是为最多人提供最大的好处。这种观点在商业组织决策中占主导地位，它与效率、生产力和高利润的目标相一致。

（2）强调权利。该标准要求个体的决策与权利法案等文件中规定的基本自由和基本的公民权利保持一致。在决策中强调权利意味着要尊重和保护个体的基本权利，如隐私权、自由言论的权利、听证权等，运用该标准可以保护吹哨者（Whistle-blowers，检举揭发者）向媒体或者政府机构报告老板违背伦理或者触犯法律的行为，因为他们有自由发表言论的权利。

（3）强调公正。该标准要求个体公平地、不偏不倚地制定和执行规则，从而可以公平地分配收益和成本。工会成员通常偏爱这个标准，这个标准强调同工必须同酬而不管绩效是否有差异，强调资历是做裁员决策时的主要考虑依据。

以上三个标准各有利弊。强调功利主义可以提高效率和产能生产力，但是会忽视个体权利，尤其是那些在组织中占少数的群体的权利。把权利作为评判标准可以保护个体免受伤害，并且与自由和隐私保持一致，但是因此而带来的过于尊重法律的工作环境，会降低生产力和效率。强调公正有助于保护代表人数少和势力弱小的群体，但会鼓励权利感，从而损害冒险意识和创新意识。

五、个体决策偏差的管理

虽然前面所述的许多决策偏差对人的决策有着很大的影响，但很多偏差是无意识中发生的，因而容易被人们忽视。行为决策研究得出的很多干预方法可以在一定程度上解决这些决策偏差，主要有以下四方面。

（一）换位思考

这种方法是解决很多决策偏差的通用方法。换位思考也就是换个角度思考，考虑如果自己处在相反或其他情况下会如何决策。例如，对于规避损失来讲，在考虑收益的时候从损失的角度来考虑，决策就不会因参照点的不同而选择不同答案了。在心理账户影响人们决策时只要认真思考自己的资金不管来自哪里，都是同样的资金，同样都可以用来做现在需要做的事情。

（二）减少判断偏差

首先，通过自我测试、自我体会认识到偏见本身及其原因；当认识到偏差后，就要承认过去的决策策略是存在不足的。其次，在不威胁自尊的情况下，具体阐述偏差的存在，解释偏差存在的原因。最后，按照新的做法坚持长期实践，在实践中不断应用新的决策策略进行决策，让正确的决策策略逐渐成为自己的习惯，代替原有的模式。

（三）考虑局外人观点

个体在决策时持有两种观点：一是局内人观点，二是局外人观点。局内人带有决策偏差，把每一种情景看作唯一的；局外人则能更好地概括不同的情况，确定其中的相似之处。卡尼曼（Kahneman）等通过实验告诉人们，局外人比局内人能做出更好的估计和决策，局外人能从原有的决策中整合更多的相关资料，但人们则倾向于相信和按照局内人的观点行事。所以，在做重要决策时，可请一位局外人分享他的想法。这种分享引起的进一步的协商，可以减少决策过程的偏见。

（四）理解别人偏差

评价别人决策和检查自己决策是完全不同的。个体可以通过对偏差的理解，去了解他人决策过程中的系统偏差。一旦理解了别人决策中的偏差，就可作为前车之鉴，时时提醒自己可能会受这些决策偏差的影响。

本章小结

关于知觉，个体的行为方式事实上并不是取决于外部环境，而是取决于个体所看到的或者他们如何看待外部世界。员工对环境的知觉是其行为的基础。因此，要提高生产力，必须正确评估员工是怎么看待他们的工作的。

对工作条件不满意或者认为组织内缺乏晋升机会就是试图对工作定性地判断。员工关于自己的工作是好还是坏的结论取决于他的解释，管理者必须花时间去理解每个员工是如何解释现实的；当存在的现实与员工的认知不一致时，管理者必须努力消除这种失真。当员工对工作有负面评价时，如果管理者不能有效消除失真，就会导致旷工率和离职率的增加与工作满意度的降低。

关于个体决策，管理者改善决策的方法如下：

(1) 分析情境。根据所在地区的文化背景和组织的评估、奖赏标准去调整决策方法。例如，如果组织所在的国家并不重视理性，那无须要求自己遵循理性决策模型，甚至不必尝试让自己的决策看上去很理性。

(2) 由于不同组织对风险、工作群体等的重视程度不同，所以要调整决策方法以便和组织文化协调一致。

(3) 重视偏见，尽力降低偏见的影响。

(4) 理性分析与直觉相结合。这两种决策方法并不互相矛盾，结合起来使用，可以提高决策效率。随着管理经验的不断积累，在理性分析过程中应该很自信地加入直觉判断。

本章练习题

1. 结合实际谈谈什么是知觉和社会知觉。
2. 试述社会知觉的影响因素。
3. 社会知觉过程中存在哪些偏见？如何解决或者避免这些偏见？
4. 如何进行理性决策？
5. 人们在个体决策中会出现哪些偏差？怎样避免它们对个体决策所产生的影响？

研究性课题

内在自我与公众自我的测量

下面的量表是心理学家Fenigstein、Scheier和Buss在1975年编制的自我意识量表（Self-Consciousness Scale，简称SCS），其中“0”表示完全不符合，“4”表示非常符合，“1、2、3”分别代表不同程度的符合或不符合。请在认为合适的数字栏打“√”。

序号	测量内容	赋分标准				
		0	1	2	3	4
1	我经常试图描述自己					
2	我关心自己做事的方式					
3	总的来说，我对自己是什么人不太清楚					
4	我经常反省自己					
5	我关心自己的表现方式					
6	我能决定自己的命运					
7	我从不检讨自己					
8	我对自己是什么样的人很在意					
9	我很关注自己的内在感受					
10	我常常担心我是不是给别人一个好印象					
11	我常常考虑自己的动机					

续表

序号	测量内容	赋分标准				
		0	1	2	3	4
12	离开家时我常常照镜子					
13	有时我有一种自己在看着自己的感受					
14	我关心他人看我的方式					
15	我对自己心情的变化很敏感					
16	我对自己的外表很关注					
17	当解决问题的时候我清楚自己的心理					

第3题和第7题反向计分，代表内在自我的题目包括：1、3、4、6、7、9、11、13、15和17，把它们的总分计算出来；代表公众自我的是2、5、8、10、12、14和16。对大学生群体而言，内在自我的平均得分为26，而外在自我的平均得分为19。

第六章

激励理论

★名人名言

生活没有目标，犹如航海没有罗盘。

——约翰·罗斯金（1819—1900，19 世纪英国杰出的作家、批评家、社会活动家）

★学习目标

1. 掌握激励的定义及其特征。
2. 掌握基于需求的激励理论。
3. 掌握激励的期望理论。
4. 掌握目标设定和反馈。
5. 掌握组织公平理论。

★关键词

激励　需求　期望　目标设定　公平

★开篇案例

格兰仕的激励体系

格兰仕是微波炉界的“大白鲨”，它凭借持续不断的价格战，大幅吃掉竞争对手的利润空间，提前结束了微波炉行业的战国时代。它在拼搏了3年夺下了中国第一的宝座之后，仅用2年的时间又拿下了全球第一的桂冠。如今的格兰仕用实力和业绩成了世界家电行业500强中国入选企业第一名，中国家电出口的两强企业之一。是什么驱动着格兰仕这个“大白鲨”斗志不已、不停游弋呢？答案是格兰仕的激励体系焕发了广大员工的热情和积极性，从而为自身的发展提供了澎湃的动力和竞争的活力。

格兰仕首先看重员工对企业的感情投入，认为只有员工发自内心的认同企业的理念、对企业有感情，才能自觉地迸发出热情、为企业着想。在1万多人的企业里，要让员工都具备主人翁的心态，站在企业利益的角度来做好各环节的工作，在保证质量的同时严格控制住成本，这无疑是很难的。因而他们加强对全体员工的文化培训，用群众的语言和通俗的故事，将公司的理念和观点传达给每位员工。为自己的长远、共同的利益而工作，成了格兰仕人的共识。

在注重感情投入、文化趋同的基础上，格兰仕对待不同的员工，采取不同的激励方法和策略。对待基层工作人员，他们更多地采用刚性的物质激励；对待中高层管理人员，则更注重采用物质和精神相结合的长期激励。

基层工人的收入与自己的劳动成果、所在班组的考核结果挂钩，既激励个人努力又激励他们形成团队力量。基层人员的考核的规则、过程和结果都是公开的。对生产班组要考核整个团队的产品质量、产量、成本降低、纪律遵守、安全生产等多项指标的完成情况，同时记录每个工人的完成工件数、加班时间、奖罚项目等。依靠这个严格、公平的考核管理体系，格兰仕将数十个车间和数以万计的工人的业绩有效地管理了起来。

中高层管理层是企业的核心队伍，关系到企业的战略执行的效率和效果，他们往往也是企业在激励中予以重视的对象。格兰仕同样对这支骨干队伍高度的重视，但并没有一味地采用高薪的方式，因为他们认为金钱的激励作用是递减的，管理者需要对企业有感情投入和职业道德，不能有短期套利和从个人私利出发的心态。所以，格兰仕对中高层管理者更强调用工作本身的意义和挑战、未来发展空间、良好信任的工作氛围来激励他们。格兰仕的岗位设置相当精简，每个工作岗位的职责范围很宽，这既给员工提供了一个大的舞台，可以尽情发挥自己的才干，同时也给了他们压力与责任。

“适合就是最好的”，每个企业都有自身的特点，都有千差万别的历史背景、人际关系和经营理念，但最关键的是要设计和运行适合自身特点的激励体系，才能更好地解决好发展的动力问题，格兰仕的激励体系无疑能给我们一些有益的启示。

（资料来源：梁环宇．格兰仕的激励体系，2009-03-12）

第一节 激励及其特征

一、激励的定义

激励（Motivation）是一个过程，指个体在实现目标的过程中的努力程度、努力方向和持久程度。

虽然一般而言，激励涉及对所有目标的努力，但在这里，可以把范围缩小到组织目标上，这样更接近于对工作行为的研究兴趣。

激励定义中有三个关键因素：

（1）努力程度指个体为实现目标愿意付出多大努力。

（2）努力程度高并不一定带来令人满意的工作绩效和结果，除非努力指向有利于组织利益的方向。

（3）激励还包含持久维度，用来测量个体持续努力的时间长度。

二、激励的特征

（一）激励不等同于工作绩效

因为被激励的程度在很大程度上决定了员工的行为及其工作的努力程度，人们往往将激励的程度等同于工作绩效。事实上，激励和工作绩效是不同的。工作绩效是对员工行为结果的评价。而激励水平只是决定工作绩效的几个可能因素之一。当其他条件相同时，激励水平越高的员工，工作绩效越好。但是其他条件往往是不同的，有太多的因素会影响到工作绩效，例如，人格和能力、任务难度、可利用的资源、工作条件以及机会等。一个高水平的程序员可能很容易就完成了一个复杂程序的编写，尽管他做这件事的激励程度并不太高。而一个乡村医生可能非常想治好患者，但是因为医术有限或者医疗条件太差，往往效果不佳。

（二）激励由内在和外在两种形式构成

员工工作动机的激励来源可能是外在的，也可能是内在的。当员工因为工作本身而被激励时，其激励源是内在的。一个喜欢数学的学生，以解决数学难题为乐趣；一名热爱自己工作的员工，以工作本身为乐趣。内在激励可以解释一些现象，当工作条件和报酬都很低的情况下，有些员工依然积极地投身于自己的工作，这些都属于内在激励。那些受到内在激励的员工认为工作本身可以给他们带来一种成就感，他们认为自己在做有意义的事情。

外在激励的工作行为是那些为了获得奖励或者避免惩罚所采取的行为。员工完成工作不是为了工作本身而是为了获得随之而来的结果。例如，一个学生挑灯夜战是为了取得期末考试的好名次，以及由此而带来的家长和老师的表扬；一位员工每天按时上班是为了赢得上司的好感以及随之而来的加薪。可以被称为外在激励源的有工资、表扬以及在组织中的地位等。

员工可能被外在激励也可能被内在激励或者同时受到两方面的激励。当员工不是为了工作本身，而是受到工作行为结果的外在激励时，管理者应该在组织所期望的员工行为和员工所期望的行为结果之间建立起清晰的关系。被工作本身激励的员工希望得到富有挑战性的任务，希望得到发挥自身工作潜力的机会。而被外在激励的员工渴望的是工作的结果，比如工资、在组织中的地位、社会关系等。因此，管理者应该针对员工受激励的类型来安排工作。

第二节　基于需求的激励理论

大多数当代理论认为激励起始于个人的需求和他们的潜在动机。在生命中的某些时刻，一个人可能对食物和房屋具有强烈的需求；其他时候，他的社交需求可能希望得到满足。没有满足的需求给人们带来压力，促使人们想办法去减少或满足那些需求。需求越强烈，满足他们的激励就越大。相反，已经满足的需求不再有激励性。

一、马斯洛需求层次理论

（一）需求层次理论的内容

一个最早和最著名的需求理论是需求层次理论（Needs Hierarchy Theory）。心理学家亚伯拉罕·马斯洛（Abraham Maslow）提出需求层次理论，把学者们提出的无数需求归结为五个基本层次。最低层次是生理需求，包括对食物、空气、水和房屋的生物性需求予以满足的需求。第二个层次是安全需求，即渴望安全和稳定的环境，远离痛苦、威胁或疾病的需求。第三个层次是情感需求，包括对爱情、友情及与人交往的需求。第四个层次是尊重需求，包括通过个人成就得到的自我尊重需求，通过被他人承认和尊敬获得的社会尊重需求。最高层次是自我实现，表示对自我成就感，即人们的潜能实现的感觉的需求。

马斯洛认为人们同时会有多种需求，但行为总被最不满足的需求所激励。当人们满足了低层次的需求时，高一层次的需求就成为主要的动机。这就是所谓的满足前进过程。即使一个人不能满足高层次的需求，他也会被它激励直到这种需求最终得到满足。生理需求是最原始、最重要的需求，人们最先被激励去满足它们。生理需求满足后，安全需求成为最强烈的激励因素。当安全需求得到满足后，情感需求成为最重要的需求，以此类推，满足推进过程的例外是自我实现，当人们体验过自我实现后，他们对这种感觉需求更多而不是更少。

（二）需求层次理论的不足

满足前进过程（Satisfaction-Progression Process）即当人的低层次的需求得到满足时，人们被持续激励去满足高一层次需求的过程。马斯洛的需求层次理论是一个著名的行为理论，被专业出版物广为引用。然而，学者们并不经常引用马斯洛的理论，这是因为它太刚硬以致不能解释员工需求的动态性和不稳定性。研究者发现，个人的需求并不能被清晰地归为模型中的五种类型。而且，一个需求层次的满足并不必然增加满足更高需求层次的激励。

二、ERG 理论

（一）ERG 理论的内容

组织行为学者克莱顿·奥尔德弗（Chayton Alderfer）提出 ERG 理论（ERG Theory），旨在克服马斯洛需求层次理论的问题。ERG 理论把人们的需求归结为三个大类：生存（Existence）、关系（Relatedness）和成长（Growth）。该理论同马斯洛需求层次理论的关系相比，生存需求对应于马斯洛的生理需求和安全需求，关系需求对应于马斯洛的情感需求，成长需求对应于马斯洛的尊重和自我实现需求。当低一层级需求得到满足时，人们前进到高一层级的需求，当高一层级需求得不到满足时，人们返回到低一层级的需求。

生存需求包括一个人的生理和与生理有关的安全需求，如对食物、房屋和安全的工作条件的需求。关系需求包括一个人与其他人交往、获得公众认可、在人群中感到安全（如人际安全）的需求。成长需求包括一个人的自尊和马斯洛模型中的自我实现需求。

ERG 理论说明员工的行为同时受到多个需求层次的激励。即使其关系需求还没有得到完全满足，也可能会试图满足成长需求（如很好地完成一项任务）。但是，ERG 理论采用了马斯洛需求层次模型的满足前进过程原理，低层次的需求将主导一个人的激励，直到它被满足为止。比如，当生存需求被满足时，关系需求将变得更加重要。

（二）ERG 理论的贡献与不足

和马斯洛的模型不同，ERG 理论包含了受挫后退过程（Frustration-regression Process），即个人不能满足高层次需求时，会受挫而后退到较低的需求层次。例如，如果生存和关系需求已经得到满足，但成长需求的满足受到阻碍，人们会感到受挫，关系需求就会再次成为主要的激励因素。

ERG 理论比马斯洛的需求层次理论更受欢迎，主要是因为人们的需求可以更容易地被归为奥尔德弗提出的三种类型而不是马斯洛提出的五种类型。满足前进和受挫后退的结合也可以更好解释为什么员工的需求会随时间而变化。但是，学者们也越来越怀疑人类天生具有相同的需求层次。相反，一些人认为人们会根据个人价值观对需求进行排序。其他人认为人们在个人和社会身份变化时，会改变他们的需求优先性。特别地，当员工认为他们是独一无二（个人身份）时会受到成长需求的驱动，而当他们认识到自己的团队成员属性（社会身份）时，会受到关系需求的驱动。总之，人们可能有需求层次，但在人类的本性中它可能不像 ERG 理论和马斯洛需求层次理论所假设的那样一成不变。

三、麦克利兰的需求理论

基于需求的模型讨论的是个人的初始需求或本能需求以及它们在生命中的相对重要性。其实，人们还有更高层次的需求或动机，在孩童时代就开始学习而获得这种需求或动机，由于父母类型和社会规范而得到加强。几种成就需求可以同时激励人们。心理学家戴维·麦克利兰（David McClelland）致力于研究更高层次需求（他认为是激励的重要来源）：成就需求、合群需求、权力需求和学习需求。

（一）成就需求

具有强烈成就需求的人希望通过自己的努力完成合理的挑战性目标。他们喜欢独立工作而不是和团队一起工作，他们选择具有一定风险的任务。高成就需求的人也渴望明确的反馈和对他们成功的认可。金钱对这种成就驱动型的人激励性很弱，除非它带有反馈和认可的性质。相反，低成就需求的人在受到金钱激励时会提高绩效。

成功的企业家倾向于具有较高的成就需求，可能是因为他们为自己设立了挑战性的目标，在竞争中生存。公司和团队的领导具有较低的成就需求，因为他们必须委派任务，亲自参与以寻求支持（高成就者通常不具有这些特性）。然而，高成就需求的人可能在大企业做得好，在那里他们可以获得充分的独立，就好像在运作自己的企业。

（二）合群需求

合群需求指寻求他人拥护，与他人愿望和期望一致，避免摩擦和冲突的需求。具有高合群需求的人希望和他人建立积极的关系。他们试图为自己设计一个好的形象，设法被他人喜欢。而且，高合群需求的员工会积极支持他人，尽力化解会议中或其他社交场合出现的冲突。高合群需求的员工在协调方面比低合群需求的员工做得好，比如协调多个部门从事联合项目。他们在销售岗位上也做得比较好，那里的主要工作是和潜在客户培养长期关系。总之，具有高合群需求的员工喜欢和其他人一起工作，不喜欢单独工作，他们具有较好的参与性，擅长协调冲突。

虽然高合群需求的人比较擅长做需要社会交往的工作，但是他们不擅长分配稀缺资源和制定可能引起冲突的决策。例如，研究发现具有高合群需求的管理者比较优柔寡断，在分配资源时也显得不公平。因此，处于决策岗位的人必须具有低的合群需求，以避免他们的选择和行动被个人的认同需求影响。

（三）权力需求

权力需求指控制环境（包括人和物质资源）的欲望。高权力需求的人想控制他人，希望保持他们的领导地位。他们经常依赖说服式的沟通，在会议上提出很多建议，频频公开评价事物。一些人具有高的个人权力需求。他们因为权力的好处而使用权力，他们利用权力谋取职业发展或其他私人利益。个人权力是地位的象征，是满足个人需求的工具，而不是为股东服务的手段。另一些人具有高的社会权力需求，他们把权力作为帮助他人的手段，如提高社会效率或组织效率。

企业和政治领导具有高的权力需求，这种需求激励他们影响他人。然而，麦克利兰认为，有效的领导应具有高的社会权力需求，而不是个人权力需求。他们有高水平的利他主义和社会责任感，关注自身行为对他人的影响。换句话说，领导必须在道德标准的框架下行使权力。他们权力需求的伦理导向产生于信任、尊敬领导以及对领导使命的承诺。

（四）学习需求

麦克利兰认为成就、合群和权力需求是学习来的，而不是本能的。据此，他建立了强化这些需求的培训计划。在成就激励计划中，受训者在阅读了其他人的故事和在商业游戏中实践了成就导向的行为之后，撰写成就导向的故事。他们也会完成一份详细的两年成就计划，和其他受训者组成一个参照团队，维护他们新发现的成就激励风格。

这些计划很有效。例如，印度参加了成就需求课程的人随后创立了更多的新企业，更加融入社会，增加投资以扩大企业规模，比未参与者多雇用了一倍的员工。北美小企业主的类似成就课程也使培训者的利润率明显增加。

四、基于需求的激励理论的实践意义

需求激励理论有以下几方面的启示：

（一）需求激励理论的应用注意平衡

公司领导需要平衡竞争动机和合作动机。为了达到这种平衡，劳伦斯和诺瑞亚建议用金钱或象征性的奖励肯定个人成就和团队工作。组织也应该支持学习动机，为员工提供体验新环境和实践新技术的机会。至于防御动机，公司领导需要尽可能降低对员工安全、福利及员工看重的社会关系的不必要威胁。

（二）需求理论反映不同需求

需求理论也反映了不同的人在不同的时间有不同的需求。有些员工已经达到成长需求，而另一些员工还在努力满足他们最低层次的生存需求。人们进入发展新阶段时，需求也会变化，因此一个时间段的激励手段可能在另一个时间段失效。这表明，要给予员工对奖励的选择权。Farm Fresh 超市做到了这一点，给那些在顾客表扬信里得到正反馈的员工奖励分值。当员工积累了足够多的分值，他们就可以选择自己喜欢的礼物。“我们有一个他们可以出去购买商品的清单”，弗吉尼亚日用品连锁店的主席 Ron Dennis 解释说，“有几百种商品，他们可以选择任何东西，从 T 恤到面包炉、咖啡机和吸尘器”。这些礼物比标准化的奖励更有效，因为员工选择了他们最喜欢的礼物。

（三）需求手段避免单一

需求理论警告人们不要过多依赖金钱奖励作为员工激励的手段。金钱可以在某种程度上激励员工，但还有更有效的激励方式，如挑战性的任务、安排学习机会、来自同事和公司领导的表扬。

第三节　激励的期望理论

人们的行为除了受先天动机的影响，也受理性思考过程的影响。这种理性思考过程在一种流行的激励观点——期望理论中得到了最好的阐述。期望理论（Expectancy Theory）基于这样的观点：工作被引导向人们相信可以以此获得期望结果的行为。根据经验，人们建立起是否可以达到各种工作绩效水平的期望，也建立起工作绩效和工作行为可以匹配达到特定结果的期望。最后，人们自然会将努力引导至有助于满足需求的结果上。

一、期望理论模型

期望理论模型如图 6-1 所示。期望理论的关键兴趣变量是努力（Effort）即个体能量的真实付出。个体的努力水平取决于三个因素：努力到绩效期望（E→P），绩效到结果期望（P→O），结果效价（V）。员工的激励受到期望理论模型三元素的综合影响。如果一个元素弱化了，激励就弱化了。

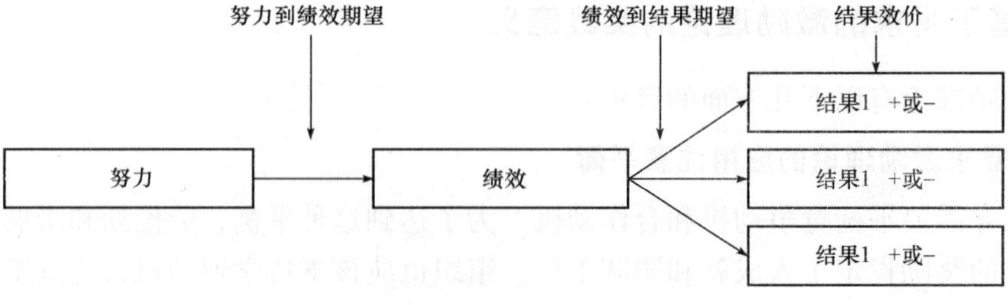

图 6-1　期望理论模型

（一）**E→P 期望**

努力到绩效（E→P）期望（Effort-to-performance Expectancy）是个体对他的努力可以导致特定水平绩效的期望。期望可以用概率来定义，范围从 0.0 到 1.0。某种情况下，员工可能相信他们可以确定无疑地完成任务（概率为 1.0）。在另外的情况下，他们觉得即使付出最大的努力也不可能达到期望的绩效水平（概率为 0.0）。例如，除非是一个职业滑雪者，否则可能不会想去尝试滑雪，原因是 E→P 期望非常低，即使他用最大的努力也不可能首先到达山脚。在大多情况下，E→P 期望落在这两个极端中间。

（二）**P→O 期望**

绩效到结果（P→O）期望（Effort-to-outcome Expectancy）是对特定行为或绩效水平导致特定结果的认知概率。这一概率由此前的学习获得。在极端的情况下，员工会相信完成特定的任务（绩效）肯定会有一个特定的结果（概率为 1），或者他们可能相信这种结果对成功的绩效没有任何影响（概率为 0）。P→O 期望常常落在这两个极端之间。

P→O 期望的一个重要问题是人们考虑什么样的结果。人们的确不能估计每个可能结果的 P→O 期望值，因为结果太多了。相反，人们只考虑感兴趣的结果。一天，员工完成工作的激励可能主要是早点儿下班去会朋友。其他时候，他完成同样工作的激励可能更多地基于提升或加薪的 P→O 期望。关键问题是，激励依赖于一种行为或工作绩效水平会导致某种想要结果的可能性。

（三）**结果效价**

期望理论的第三个因素是个人考虑的每个结果的价值。效价（Valence）指一个人对某项结果的期望满意或不满意。范围由负到正（真实的范围无关紧要，可以是从 -1 到 +1 或者是从 -100 到 +100）。效价表明一个人对结果的感觉，取决于他对该结果可以在多大程度上满足或干扰人们需求和动机的认知。它也受到个人价值观的影响。当结果和人们的价值观一致，直接或间接满足人们的需求时结果效价就是正的，当结果和人们的价值观相违背，不能满足我们的需求时，结果效价就是负的。比如，如果一个人有强烈的关系（社会）需求，就会对集体活动或其他有助于满足这种需求的事情评价很高。而那些使他不能满足社会需求的结果，如单独在家里工作，将会得到很低的评价。

二、期望理论的应用

期望理论的一个显著特征是它为通过改变人们的 E→P 期望、P→O 期望和结果效价来提高员工激励提供了明确的途径。期望理论的一些实际应用如表 6-1 所示。

（一）**提高 E→P 期望**

E→P 期望受到个人自我效能（Self-efficacy）的影响。自我效能指一个人相信自己有能力、有动机并且环境允许去成功完成一项任务的程度。具有高度自我效能的人对某项特殊的任务会采取“能做”的态度。一些企业通过确保员工具有完成既定绩效水平所必要的能力、清晰的任务理解和愉快的环境条件来增强这种“能做”的态度。这包括基于员工能力进行员工和岗位的合理匹配，就工作需要进行清晰的任务沟通，为员工完成任务提供足够的资源。培训可以提高自我效能，因此也会提高员工对特定任务的 E→P 期望。类似地，E→P

期望是习得的，因此正面反馈通常会加强员工的自我效能。在很多场合下，行为校正和行为模型也会提高 E→P 期望。

表 6-1 期望理论的实际应用

期望理论因素	目的	应用
E→P 期望	增加员工对能够成功完成任务的信心	选择那些有必要知识技能的员工 提供必要的培训，明确工作要求 先安排简单或较少的任务，直到员工可以掌握它们 提供成功完成工作的员工范例 为那些缺乏自信的员工提供培训
P→O 期望	增加员工对好绩效可以有好结果的信心	正确衡量绩效 清晰解释成功绩效可能产生的结果，描述员工的奖金怎样和过去的绩效挂钩 提供那些有好绩效并获得了高奖励的员工范例
结果效价	提高特定绩效结果的期望价值	分配员工重视的奖金 使奖励个性化 使负价结果最小化

（二）提高 P→O 期望

提高 P→O 期望的最明显途径是正确衡量员工绩效，多奖励那些高绩效的员工。许多组织很难将这一直接的方法付诸实施。一些管理者不愿意对绩效差的员工进行负激励，因为他们不想和员工发生冲突。其他管理者不能很好地衡量员工绩效。例如，俄亥俄州大学最近的一项研究表明，在调查的 6 000 人中，只有一小半的人说他们知道怎样提高他们的基础工资或现金奖励。换句话说，大多数员工和经理对他们的薪水具有低的 P→O 期望。

P→O 期望是一种认知，员工应该相信高绩效会有高回报。拥有基于绩效的薪酬体系是重要的，但这一事实必须经过沟通。分配奖金时，应该理解他们的报酬怎样和过去的绩效挂钩。一般地，企业需要有计划地通过范例、故事和公开仪式解释基于绩效的薪酬体系。

（三）提高结果效价

绩效结果只有在员工重视这些结果时才会影响员工的努力。回顾一下基于需求的激励理论，就是说，企业必须关注员工的需求和奖励偏好，应该建立更多个性化的激励体系以使绩效好的员工可以获得选择奖励的权利。

期望理论也强调发现和综合具有相反效应的需要。这些需要会产生负的效价并会降低现有薪酬体系的有效性。例如，压力可能会使一些员工以最低标准完成工作，即使正常的奖励和工作本身会激励他们提高绩效水平。

三、期望理论和现实的关联程度

期望理论是很难验证的理论之一。尽管如此，它还是一个较好的预测工作努力和激励的理论。例如，期望理论可用于预测人们使用决策支持系统的动机、组织、离职、群体环境的偷懒倾向及组织公民行为表现等。

一些批评意见认为期望理论受到文化的限制，批评该理论做了西方导向的假设，即员工具有强烈的个人控制感觉。事实上，期望理论并没有假设人们感到完全可以控制自己的生活；相反，E→P 期望与员工认为自己对工作环境有所控制的假设是不同的。研究表明，期望理论可以预测员工在不同文化下的激励。

另一个局限是，期望理论似乎忽略了情感在员工努力和行为中的重要作用。正如人们所知，情感起着一种调节的作用，引起人们的注意，激发人们采取行动。期望理论的效价因素反映了一部分情感过程，但只是外围的。因此，理论家可能需要按照情感在激励和行动中的重要信息，重新设计期望理论模型。

第四节　目标设定和反馈

米特尔（Mitel）公司有一个保证项目按时完成的秘密武器，它是一个巨大的数字钟——7英尺①长，1 英尺高，放在自助餐厅里，计量任何事情的时间，在钟的旁边有一个白板，记录着所有主要项目的时间点。如果一个团队错过了时间限制，米特尔经理就会在该日期上放一个红色的斜线，公告于众。电话设备设计部门的员工起初有抱怨，但后来平息了矛盾。米特尔的平均产品开发周期从 70 周提升到了 50 周。

米特尔和其他组织发现目标设定是组织激励中最有效的理论之一。目标是员工试图通过努力完成的即时或最终目的。目标设定是通过建立绩效目标激励员工和明确角色认知的过程。目标设定可以从两方面提高员工绩效：①延伸努力的强度和持久度；②为员工提供清晰的角色认知，以使他们将努力付诸可以提高工作绩效的行为。

一些公司通过一个规范的程序来设定目标，即所谓的目标管理（Management By Objectives，MBO）。MBO 程序不尽相同，但一般都是先明确组织目标，然后把它们分解到工作单元和个体员工。MBO 也包括了目标发展的定期讨论。虽然有人批评 MBO 制造了太多的纸面材料，但它确实是目标设定的有效应用。

一、有效目标的特征

目标设定很复杂，它不是简单地告诉某人“努力去做吧”，相反，组织行为学者总结出了使任务努力和绩效最大化的六个条件，包括明确的目标、相关的目标、挑战性的目标、认可的目标、参与目标制定（有时）和目标反馈。

（一）明确的目标

当员工有一个明确的目标时，他们会付出更多的努力。明确目标规定了在一个明确或相对短的时间里，发生变化的可衡量标准，例如，“在后 6 个月内将废品率降低 7 个百分点”。明确目标更精确地传达了绩效期望，因此员工可以更加有效和可靠地引导自己的努力。

---

①　1 英尺 = 30.48 厘米。

（二）相关的目标

目标必须和个人的工作相关，在他的控制范围之内。如果员工不能控制生产过程中的浪费，则降低废料的目标就没有价值。

（三）挑战性的目标

当员工有一个挑战性的目标而不是容易完成的目标时，他们会更加积极地应用任务知识，付出的努力更强、更持久。完成挑战性的目标也满足了一个人的持久或者成长需求。思科公司和其他企业强调“延伸目标”——目标极富挑战性，将员工的努力和激励延伸至绩效巅峰。当员工获得了必要的资源并在过程中没有过度压力时，延伸目标是有效的。

（四）认可的目标

目标应该是挑战性的，员工也需要被委派去完成目标。这样，人们需要找到一个最优的目标困难水平，即目标富有挑战性，但员工仍有动力去完成。这和人们在期望理论部分学到的 E→P 期望相同。完成任务的 E→P 期望越低，员工就越不愿意接受委派。英格斯（Ingeus）公司的招聘和培训主管赛莱萨·瑞恩（Theresa Rein）说：“如果目标看起来不能达到，它就很难有激励作用，因为你感觉好像失败一样。”

（五）参与目标制定

有时候，当员工参与目标设定后，目标变得更有效。相对于上级委派的目标，员工对自己参与设定的目标更具有认同感。事实上，现在的员工越来越期望能够参与目标设定和其他影响他们的决策。参与也可能会提高目标质量，因为员工具有那些最初制定目标的人所不具有的有用信息和知识。因此，参与可以保证员工接受目标，并且有能力和必要的资源去完成。

（六）目标反馈

反馈是有效目标设定的另一个必要条件。反馈是指人们接收到自己行为结果的任何信息。反馈使人们明白是否达到了目标或是否正确地朝着该目标付出努力。反馈也是激励的基本因素，因为只有在接到目标完成信息后，人们的成长需求才得以满足。反馈对目标设定非常关键。

二、有效反馈的特征

反馈是目标设定和员工绩效的关键因素。通过沟通知道什么场合下需要什么样的行为，角色认知得以明确。反馈通过经常提供改进绩效问题的信息，使员工能力提高。这就是所谓的改进反馈，它使人们意识到绩效误区，帮助他们迅速改正错误。最后，反馈也是激励的来源。它满足了人们的需求，使人们更加相信自己可以完成既定的目标。

反馈是目标设定的必要条件，因此不应感到奇怪的是，有效目标设定的许多因素同样适用于有效反馈。

（1）反馈应该是明确提供的。信息应该关系到目标的具体问题，如“你上个月的销售额超了 5 个百分点”，而不是主观、概括地说“你的销售业绩提高了”。注意，明确的反馈关注的是任务而不是人，这样减少了人们对负反馈的抵触情绪。

（2）反馈必须是相关的。反馈必须和个人的行为有关，而不是和个人不能控制的条件有关。这保证了反馈不受环境因素的干扰。

（3）反馈必须是及时的。行为或结果之后应立即反馈，及时帮助员工明白行为和结果之间的明确关系。

（4）反馈应该足够频繁。多长时间反馈一次算是“足够频繁”？这个问题至少取决于两个因素：第一个因素是员工对任务的知识和经验。反馈是一种强化形式，从事新任务的员工需要更多的行为指导和强化，因此他们应该得到更多的反馈。重复熟悉工作的员工需要的反馈较少。第二个因素是任务周期（完成每项任务需要多长时间）。周期长的工作（如经理或科学家）需要的反馈较少，周期短的工作（如杂货店的收银员）需要的反馈较多。

（5）反馈应该是可信的。员工更愿意接受来自值得信任的途径的反馈（尤其是改进反馈）。提高反馈可信度的流行方法是多渠道反馈。

三、目标设定和反馈的应用和局限性

目标设定和反馈也会有局限性。存在的一个问题是，当目标和金钱激励紧密挂钩时，许多员工会倾向于选择容易而不是困难的目标。有时候，员工会和上级就自己已经完成的目标进行谈判。具有高自我效能和持久需求的员工倾向于设定挑战性的目标，无论他们最终是否得到金钱奖励。但是，企业主应该把目标设定和薪酬设定过程分开，尽可能弱化目标设定的政治手段。

另一个局限在于，我们不能把目标设定应用于任何工作的任何绩效维度。人们通常会发现一些可衡量的目标，但工作绩效的许多其他维度体现出复杂的和长期的绩效结果，难以衡量。结果是目标设定把员工局限在狭隘的短期绩效指标上。这就形成了所谓的“考核什么，就做什么”。因此，目标设定会在短期解决绩效问题的同时，引起更多的长期绩效问题。

尽管存在这些局限，目标设定和反馈还是得到了学术文献和实践经验的广泛支持。目标设定的客观本质尤其得到了正确评价。例如，Payless 鞋业公司用简单的目标设定过程替换传统的绩效评价系统，评价员工超过、达到或落后于他们的目标。变革提高了绩效，减少了员工绩效活动中常有的组织政治和不公平感。

第五节 组织公平

企业领导和组织行为学者早就知道，要使员工的激励、满意度、组织承诺最大化，必须公平对待员工。虽然这看起来很简单，但组织公平包括两个明显的因素：结果公平和过程公平。结果公平指人们获得的结果相对于贡献的公平及其相对于其他人的结果和付出的公平。过程公平指决定资源分配的过程的公平性。例如，当甲而不是乙被提升到一个职位时，乙可能会有不公平感（结果不公平），但是因为乙相信决策制定者没有明显的偏见，他是考虑到了所有相关信息才做出决策，所以这种不公平感会有所减少（过程公平）。工作场所公平的每个维度都包含了不同的问题，具体如下。

一、结果公平和公平理论

我国台湾地区最近的“劳动立法”通过了性别平等，但是超过一半的女工反映男人做相同的工作报酬更高。“这不公平”，台北一家出口公司的一位高级贸易专员韩淑惠如是说。“即使做相同的工作，男同事的月薪也比我高10 000台币。”韩淑惠的老板相信男人应该得到更高的工资，这是因为在出国业务旅行方面他们更灵活，一些雇主公开说，因为男人是养家者，对收入有更大的需求，所以要为男人付高薪。但韩淑惠和其他女性声明这都不是巨大收入差距的正当理由。

韩淑惠和该地区的其他女性职员都体验过由于分配不公平感觉引起的紧张情绪。人们用不同的规则和标准判断什么是“公平”的薪酬分配和其他形式的分配。有些人会采用“等量原则”，即每个人得到相同的结果。台湾一些雇主依据“需求原则”（即需求最大的人应该获得的成果比需求小的人多）向男性支付更高的工资。韩淑惠采用了组织中最普通的结果公平原则，即所请的“公正原则”。根据这一原则，结果应该和个人（或团队组织）的投入成比例。这反映了此前描述的结果公平的伦理原则。员工和组织通常会综合使用这三个原则，在不同的场合使用不同的原则。比如，企业通常会给所有员工发放相同的员工福利（等量原则），给家庭负担重的员工更高的时间工资（Paid Time Off）（需求原则）。但是，迄今为止，最常用的结果公平原则是公正。

（一）公平理论的要素

多年来，学者们已经通过公平理论详细阐述了公平原则。公平理论即员工通过比较自己和其他人的结果/投入比例判断分配是否公平。结果/投入比例即个人得到的结果量与他在这种交换关系中提供的投入量之比。投入包括技能、努力、经验、工作时间、绩效成果及其他员工对组织的贡献。员工将他们的投入看作交换关系的投资。对韩淑惠来说，这些投入可能包括她的责任大小、努力和其他因素。结果是员工从组织中用投入交换得到的东西，包括工资、晋升、认可，或者一间带窗户的办公室。员工得到许多结果，他们分别衡量每个结果和投入，因此确定总价值并不总是很容易。对韩淑惠来说，主要的结果是薪水。

公平理论描述人们和参照人的比较结果/投入比例。在前面的例子中，韩淑惠将自己和类似工作岗位的男同事做了比较。但是，参照人可能是另一个人，一群人，甚至是过去的自己。他可能是相同工作职位的某个人，另外工作岗位的人，或者其他组织的人。一些研究表明，员工经常收集多方面的信息形成一般化的参照人。但是，在大多数情形下，每个人的参照人都不同，难以确认。

（二）公平评价

人们在确定了自己的结果/投入比例并和参照人的比例进行比较之后就会形成一个公平评价。回顾一下韩淑惠的案例，她之所以感到低报酬的不公正，是因为她的男同事付出与她相当投入的同时，得到了较高的结果（报酬）。

在公正条件下，韩淑惠相信她的结果/投入比例和男同事的比例相近。特别是，如果她相信她和男性高级贸易专员投入相同，那么当两种工作群获得相同的报酬和其他结果时，她将感到公正。如果男性高级贸易专员因为他们工作更有弹性而声明自己付出了更多的劳动，那么他们只有在得到比韩淑惠和其他女性贸易专员较高的报酬时，才会感到公正。最后，有些男性贸易专员可能会有超过报酬的不公正感。他们感到自己的工作和韩淑惠的工作有同样的价值，但他们得到了更多的钱。不过，超过报酬的不公正并不如低于报酬的不公正常见。

（三）调整不公平感

当人们感觉到不公平时会产生不舒服的情绪紧张感。紧张感很强烈时，员工就会采取下面一些策略减少不公平。感到报酬低的员工有时会在不影响薪水的前提下，通过减少努力、绩效、组织成员身份来减少他们的投入。或者，他们可能试图增加他们的结果，如个人要求涨工资或加入工会要求改变报酬。韩淑惠可能会向老板抱怨或通过台湾的新“立法”向政府抱怨，以提高她的收益。一些感到报酬低的员工也会利用公司的个人获利渠道增加自己的收益。

除了改变自己的投入和结果，一些人也会对参照人采取行动。感到报酬过高的人会鼓励参照者放慢工作节奏，感到报酬过低的人可能会巧妙地建议报酬高的同事应该做较多的工作。但是，改变参照人的企图并不总是微妙的。英国的员工和股东对高级经理的报酬增长速度极端不满，他们会抗议这些过高的报酬。

公平评价是一个主观认知过程，因此减少不公平感的一种方法就是改变他们的认知。报酬较高的员工通常采取该策略，因为提高他们的认知投入（资历、知识等）比要求降低工资容易。正如皮埃尔·伯顿（Pierre Burton）曾经说的：“我在前半生报酬过低，因此我不在乎后半生的报酬过高。”

如果前面的策略都不管用，员工就会寻求其他具有相当的结果/投入比例的人作为参照人。最后，为降低不公平感，一些人会离开不公平的环境（称为离职）。因此，公平理论解释了员工跳槽和工作变动的事例，也解释了为什么报酬过低的员工会经常旷工，即使他因此会被扣工资。

（四）公平敏感性的个人差异

每个人在特定的环境下都有相同的不公平感。但事实上，人们的公平敏感性是不同的。也就是说，他们的结果/投入偏好和对不同结果投入比例的反应不同。在公平敏感性连续集的一端是“慈善者”——对报酬过低环境容忍的人。他们可能也喜欢相等的结果/投入比例，但是当别人在同等投入的情况下获得较多的报酬时他们并不在意。在公平敏感性连续集的中间，是那些适合标准公平理论模型的人。这些“公平敏感者”希望他们的结果/投入比例等于其他参照人的结果/投入比例。当这些比例不同时，这些人就会感到不舒服。连续集的另一端是特权者，这些人只有在得到比别人高出很多的报酬时才感到满意。他们可能接受和其他人一样的结果/投入比例，但是他们做相同的工作，希望比别人得到的更多。

为什么有些人是“慈善者”，而有些人是“特权者”呢？人格是一个因素。研究发现，“慈善者”具有较多的内控性，而“特权者”倾向于外控性。“慈善者”也有较高的责任心和亲和力。

（五）公平理论的问题

公平理论被组织行为文献广为引用，但它仍有许多局限。第一个问题是，该理论不能明确地预测一个人的动机和行为。它没有指出哪些投入或结果最有价值，也没有指出用以评价结果/投入比例的参照人。这些模糊的和弹性的因素让一些学者认为公平理论没有价值。第二个问题是，公平理论对人们是个体主义的、理性的和自私的假定是不恰当的。事实上，人们是社会人，是不同社会团体的成员。他们和这些团体中的其他成员一起分享目标，使自己服从群体规范。第三个问题是，公平理论只考虑了人们在工作场所的部分公正或公平感觉。学者们认为，过程公平和结果公平同样重要。

二、过程公平

许多年来，组织行为学学者们认为，在解释一个动机、态度和行为方面，结果公平比过程公平更重要。这种信仰基于一个假设：人主要受到自利的驱动，他们试图使个人收益最大化。现在，人们认识到员工是为公平而寻求公平，并不仅仅是为了提高薪水。因此，在解释员工态度、动机和行为方面，过程公平似乎与结果公平同等重要（一些学者甚至认为前者更重要）。

（一）结构规则

过程公平受到结构规则和社会规则的双重影响。结构规则表示决策制定者应该遵守政策和惯例。在过程公平的研究中，最明确的结构规则是人们认为他们在决策过程中应该有“发言权”。发言权允许员工传达他们认为和决策制定者相关的事实和看法，提供一个“价值表达”功能，即说出一个人思想的机会。其他结构规则包括，决策制定者是无偏的，依赖于充足的新的信息，一贯遵守现有的政策，倾听争议的所有方面，允许向更高级的权威者投诉该决策。

（二）社会规则

过程公平也受社会规则的影响，社会规则即员工和决策制定者之间的人际行为标准。这种规则有时候也被称为互动公平，因为它是指决策制定者在过程中怎样对待员工。过程公平文献中两个显著的社会规则是尊敬和可解释性。

当员工被尊敬时，他们会感到更多的过程公平。比如，最近的一项研究发现，遭受种族歧视的黑人护士只是在试图解决种族主义问题受到不尊敬待遇时，才会感到委屈。类似地，另一项研究发现，经常忍受疲劳伤害的员工在受到管理者的不尊敬行为后更容易发出抱怨。

另外一个引起关注的社会规则是可解释性。人们相信他们有权利得到决策的解释，尤其是当结果对他们有潜在的负效应时。例如，假设甲得到了一个比同事乙好的办公室（结果不公平），如果当乙听到决策制定者对此的解释仅仅是运气而已时，乙会感到不公平。

（三）程序不公平的结果

过程公平对人们的情绪和态度有强烈的影响。比如，缺乏过程公平将会降低组织承诺和信任。员工会对不公平的原因生气，因为这使他们意识到不公平，促使他们处于不公平的境地。愤怒会产生不同的行为反应，学者们将其分为消退和攻击两种类型。注意，这些反应行为和前面章节讨论的激发我们防御动机的“斗争—逃避”模式有很多相似性。

在消退模式下，经历程序不公平的人不愿意顺从造成不公平的高层权威。如果员工认为他们的老板采取了不公平的决策程序，那么这些员工将会不再服从命令。消退包括消极怠工、缺乏集体主义精神（如对其他人缺乏帮助和忍让），不愿承担高绩效水平的任务。

对程序不公平的攻击反应模式会产生许多破坏性的工作行为，包括阴谋破坏、偷窃、冲突、暴力行为等。但是，大多数遭遇不公平的员工会采取温和的报复行动，如表现愤慨、指责决策制定者的能力。研究表明，不公平待遇会破坏人们的自尊和社会地位，尤其是当这种不公平被其他人知道时。因此，员工通过报复恢复他们的自尊，保持自己在和不公平制造者关系中的地位和权利。员工也通过这些破坏性的行为教育决策制定者，减少将来不公平的机会。

三、组织公平的实践应用

纵观组织公平的讨论，显而易见的是，对分配、过程公平或不公平的感受对员工组织有着显著的正面影响或负面影响。人们从公平理论获得的最大收获之一就是，需要持续地向员工公平分配组织的奖励。不幸的是，这可能也是最大的挑战，因为大多数人都有独特的关于投入和产出的价值观。决策制定者需要谨慎理解应用于组织的分配规则（公正、平等或需求）的动态特性。

公司领导不仅仅需要考虑奖励分配的公平。他们需要创造一个员工认为决策制定过程也很公平的工作环境。研究发现，培训项目可以帮助人们提高过程公平感。在一个训练项目中，管理者参与角色扮演练习，在训练过程中参加一些过程公平的实践，例如，维护员工的隐私、授予员工对过程的控制权、避免独裁以及体现出支持的风度。教练随后进行评价，接受了过程公平训练的管理者比没有受过训练的管理者感到更公平。在另一个培训项目中，管理者通过讲座、案例学习、角色扮演和讨论等方式接受过程公平训练。三个月过后，相对于没有受过过程公平训练的管理者而言，受过训练的管理者的下属体现出了高度的组织协同行为。总之，工作环境中的公平是可以提高的。

本章小结

激励是指影响一个人工作自发行为的方向、强度和持久性的内在驱动力。当新一代的员工进入工作岗位，全球化使工作岗位更加多样化时，企业需要重新考虑他们的激励措施。

两种激励理论（马斯洛的需求层次理论和奥尔德弗的 ERG 理论）提出员工的需求层次会随时间而发生变化。马斯洛的理论将需求归结为五个层次，认为在开始时最低层次的需求是最重要的，当低一层级的需求满足时，高一层级的需求就变得比较重要了。奥尔德弗的 ERG 理论把需求划分为三个层次：生存需求、关系需求和成长需求。它认为那些不能满足高一层级需求的人会受挫，进而返回到低一层级的需求。马斯洛和奥尔德弗的理论很流行，但是许多学者对每个人具有相同需求模式的论点提出了质疑。

麦克利兰的需求理论认为人们具有后天的需求或动机，这些需求或动机是学习到的而不是先天的，具体包括成就需求、权力需求、合群需求和学习需求。

需求激励理论的应用价值是，企业的领导需要平衡各种需求以及由不同的先天动机引发的结果。他们必须认识到，不同的人在不同的时候有不同的需求。这些理论也告诫人们不要过分依赖财务奖励作为激励员工的手段。

期望理论认为工作努力取决于人们对努力会导致某一特定绩效水平的认知（E→P 期

望)，人们对某种特定行为或绩效可以导致特定产出的认知（P→O 期望），以及人们对那些产出效价的感知，E→P 期望可以通过提高员工的能力和对绩效的信心而得到提高。P→O 期望通过三方面措施得到提高：准确衡量绩效、对高绩效员工给予高额奖励、向员工说明奖励是基于绩效的。提高结果效价的途径是，发现员工需要什么，并把这些东西作为奖励。

目标设定是激励员工的过程，可以通过设定目标使员工明确角色认知。有效的目标是具体的、相关的和富有挑战性的，能够委派给员工，并通过有实际价值的反馈得以完成。有些情况下，参与目标设定对员工很重要。有效的反馈是具体的、相关的、及时的、可靠的、足够频繁的，其取决于员工对任务的知识/经验和任务周期。两种逐渐流行的反馈方式是多渠道评价和高阶教练。非社会渠道反馈也是有益的。

组织公平包括结果公平和过程公平。公正理论考虑了结果公平中常用的原则，包括四个要素：产出/投入比、参照他人、公平评价和不公正的结果。该理论也解释了当人们感到不公平待遇时会采取什么行动。公正敏感性是一种个人特质，能够解释为什么人们对各种不公正程度反应不一。

过程公平受到结构规则和社会规则的双重影响。结构规则表示决策制定者应该遵循的政策和管理，最常见的规则是在决策过程中给员工“发言权”。社会规则是指员工和决策制定者之间人际交往的标准，最明显的规则是给予员工尊重并提供决策解释。过程公平和结果公平同等重要，它影响着组织的任务安排、信任、各种逃避和进攻性的行为。

本章练习题

1. 什么是激励？
2. 马斯洛的需求层次理论与奥尔德弗的 ERG 理论的区别与联系是什么？
3. 激励的期望理论给管理者带来了哪些启示？
4. 激励的公平理论给管理者带来了哪些启示？
5. 试述有效反馈的特征包括哪些内容。

研究性课题

如果你是一家企业的管理者，如何在工作中确保公平？

第三部分　群体层面的组织行为及规律

第七章

群体行为的基本原理

★名人名言

一致是强有力的，而纷争易于被征服。

——伊索（约前620—前560，古希腊著名的哲学家、文学家、寓言家）

谁若认为自己是圣人，是埋没了的天才，谁若与集体脱离，谁的命运就要悲哀。集体什么时候都能提高你，并且使你两脚站得稳。

——奥斯特洛夫斯基（1904—1936，苏联著名作家）

★学习目标

1. 掌握群体的定义和分类。
2. 掌握群体的特征。
3. 了解并掌握群体决策。

★关键词

群体　凝聚力　群体决策

★开篇案例

新鸿基证券有限公司的大家庭式管理

香港新鸿基证券有限公司，于1969年由冯景禧创办，该公司在日成交数亿港元的香港证券市场上，占有30%的份额，公司年盈利额达数千万元，冯景禧的个人财产达数亿美元。他成了称雄一方的“证券大王”。

“新鸿基”之所以能创造出世界证券业少有的佳绩，主要得益于冯景禧的大家庭式的经营管理哲学。

"新鸿基"执行董事谭宝信介绍说："在冯景禧的掌管下，公司形成了一股难以形容的奇妙力量。这样的气氛能激发员工的创造性。在这里工作，成就肯定比别的机构大。"

实际情况正如谭宝信所说，冯景禧大家庭式的经济哲学，不但使本国职工感到和谐，而且使外籍职工感到大家庭的温暖。这样，一种奇妙的力量就自然形成了。这种力量之大是难以形容的。

为了实施大家庭式的经营哲学，在管理方式上，他十分重视人的作用，强调发挥人的创造性。他曾声明：服务行业的资产就要靠管理，而管理是靠人去实行的。

新鸿基集团不以拥有巨额资产为荣，而以拥有一大批有知识、有能力、有胆量、善于运用大好时机、敢于接受挑战的人才队伍为骄傲。

冯景禧的管理哲学和用人艺术，既有西方人的科学求实精神，又有东方人和谐情趣的气氛；既有美国现代化管理原则，又有日本人的以感情为核心的人际关系，融东西方优点于一体。

在管理原则上，他十分强调团结的力量，注重全公司上上下下的团结一致。他在经营业务的大政方针决定之前，总是广开言路，尤其是重视反面意见，然后加以集中，再向全体员工解释宣传，使大家齐心协力。

他在实施公司的决策时俨然像一位铁血将军，而在体谅下属时又俨然是一位宽厚的长者。如果有哪个职工向他辞职，他首先会询问是否有亏待过他的地方。如有，就诚恳道歉、改正，并全力挽留。因为他知道，失去一个人容易，但培养一个人难。

在管理作风上，他注重以身作则，平易近人。为了使员工心情愉快，他还刻意创造一种大家庭式的生活气氛，如组织业余球赛，在周末用公司的游艇观赏海景，亲自参加员工们的国语学习，等等。

（资料来源：雷霆万钧的博客．建造大家庭，2006－12－05）

第一节　群体的定义和分类

一、群体的定义和存在的条件

（一）群体的定义

群体（Group）是为了实现特定的目标，两个或两个以上相互作用、相互依赖的个体的组合。

（二）群体存在的条件

作为一个整体，群体有其自身存在的必要条件：

（1）群体成员有特定的目标和需要。个体结合成群体正是为了达到某种特定的目标和需要，因此，它们是维系群体存在和运行的基础。

（2）群体成员之间的互动性与认同性。互动性是指个体之间的存在并不是毫无关联的，而是相互作用、相互影响、相互依赖的。认同性指的是群体成员既认可自己的群体身份，又被其他成员认可，相互之间有属于同一群体的归属感、认同感和支持感。

（3）群体结构的稳定性与规范性。稳定性是指群体一旦形成，其内部关系就不会随成员的流动而变化，每个成员都有自己的角色分工。群体结构存在动态的、相对的稳定。规范性是指群体的存在和运行受到某些规则的影响，群体成员要遵循群体的规范，履行一定的职责和任务。

（4）群体自身的独立性。群体形成并正常运转后，就会在群体行行为规范、群体行动计划、群体价值取向等方面表现出自身的独立性，不会因为个别成员的去留而有所改变。

二、群体的分类

（一）假设群体与实际群体

按群体是否存在分类，可分为假设群体和实际群体。

（1）假设群体，又称统计群体，是为了研究和分析的需要，将人们按照一定的规范和特征划分出来的各类群体，实际上是不存在的。例如，在心理学研究中，年龄、性别、民族、职业、学习能力、社会思想动态等，都可以作为研究某类群体心理特征的分类依据，从而对群体的共同性进行分析与研究，但这些群体并非接触性的实际存在的群体，它们只是作为统计或实验的样本。

（2）实际群体是在现实生活中客观存在的群体。群体中成员之间能够彼此意识到对方的存在，并意识到都属于同一群体，彼此之间存在着相互作用、相互影响的关系。例如，工厂里同一流水线上的工人之间的工作是一个分工协作、紧密衔接的过程，他们必须负责好自己的工作，才能保证整个工序合理、有效地运转。

（二）正式群体和非正式群体

按照群体的组织属性，群体可划分为正式群体和非正式群体。

1. 正式群体

正式群体是指由正式组织建立，身份公开，其成员有共同的责任和目标，遵循组织确立的规章制度和行为规范的群体，如政府行政部门、企业以及内部各部门学校、教会等。常见的正式群体有命令型群体和任务型群体两种。命令型群体是由组织结构决定的，由直接向某个主管人员报告工作的下属组成，如政府首脑与各个部委之间、企业经理与员工之间、各部门负责人与其下属之间所构成的群体都属于命令型群体。任务型群体也由组织结构决定，由完成某项工作任务而在一起工作的人构成。任务型群体的界限并不仅仅局限于直接的上下级关系，还可能跨越直接的层级关系。如政府部门在面对突发性事件时组成的应急处理中心，企业在攻关时组成的临时项目小组以及组织某项会议而成立的会务组等，都属于任务型群体。

2. 非正式群体

非正式群体是一种没有正式的明文规定，个体之间因为具有共同的兴趣和利益，能相互满足需要结合而成的群体。这种群体没有正式的结构，成员之间带有强烈的感情色彩。例如农村新型合作社组织，城市里的行业协会，学术类、文体娱乐类及服务类社团组织等。常见的非正式群体类型也有两种：利益型群体是为了某个共同关心的特定目标而形成的群体，如农村新型合作社组织、各类行业协会；友谊型群体是指基于成员共同特点而形成的群体，如某些文体娱乐爱好者协会，京剧的票友，某个球队的球迷协会等。

（1）正式群体与非正式群体的差异。应当明确一点，正式群体与非正式群体虽然存在多方面的差异，如表7-1所示，但两者并不是完全排斥的，正式群体中包含许多个非正式的群体。正式群体中的非正式群体可能有积极作用，也可能有消极作用，其具体表现如表7-2所示。管理者应善于利用和引导非正式群体，使其对正式群体起到拾遗补缺的作用。

表7-1　正式群体与非正式群体的区别

维度	正式群体	非正式群体
建立条件	明文规定，正式结构	无明文规定，无正式结构
运作机制	权威和责任	兴趣和利益
关注的出发点	任务的完成	个人的需要
领导权力来源	管理代表	群体给予
行为指南	法律和准则	道德和规范
控制来源	报酬与惩罚	约束

表7-2　非正式群体潜在的积极作用与消极作用

积极作用	消极作用
创造一个更有效的整体系统	流言蜚语的温床
减轻管理者的负担	鼓励消极的态度
有助于完成工作	抵制变革
有助于促成合作	造成个人和群体之间的矛盾冲突
弥补管理者能力的不足	拒绝和侵扰一些员工
赋予群体满意度与稳定性	降低激励和满意度
增进交流	超生管理者控制的范围进行运作
为员工的情绪宣泄提供一个“安全阀门”	支持从众行为
鼓励管理者更为周密地筹划并执行	造成角色冲突

（2）正确对待非正式群体的方式。一般来说，在正式群体中会有非正式群体的存在，每一个成员既是正式群体中的一员，往往又是各种非正式群体中的一员。处理好正式群体成员与非正式群体成员的关系，是搞好组织中人际关系、实现组织目标的重要环节。为此，必须做好以下几方面的工作：

①支持和保护积极型的非正式群体。这类非正式群体的行为目标与组织目标一致或基本一致，其成员服从组织领导，在工作上有进取精神，员工们在完成本职工作后，利用休息时间钻研与工作有关的问题，学习新知识，如企业中自愿组合的攻关小组、工艺革新小组、业余学习小组等。对这类非正式群体，组织应采取大力支持和保护的态度。又如，员工自发组成的书画爱好者协会、摄影协会、棋牌小组、各种球队协会等可以丰富员工生活，陶冶员工

情操，提高员工的文化素质，有利于员工的身心健康，这类非正式群体对企业的工作有间接的支持作用。

②发挥非正式群体的积极作用，为实现组织目标服务。利用非正式群体成员之间相互信任、说话投机、有共同语言的特点，引导他们开展批评与自我批评，克服缺点，发扬优点，不断提高思想水平和工作能力。

利用非正式群体成员之间信息沟通迅速的特点，可以及时地收集员工的意见和合理化建议。这样既可以为正式群体目标服务，又可以加强正式群体与非正式群体之间的联系，使管理者做到心中有数。

利用非正式群体成员之间感情密切的特点，引导他们取长补短，不断完善自我，从而提高员工素质和工作效率。

利用非正式群体凝聚力强，能较好地满足成员社交、归宿和合群的心理需求特点，引导成员在工作和生活上互相帮助，从而促进企业的安定团结，努力实现组织目标。

③积极改造消极型非正式群体。总的来说，消极型非正式群体的活动对组织目标的实现起消极干扰作用。对这类非正式群体要积极稳妥地进行改造，切忌采取粗暴生硬和简单化的处理办法。要主动接触了解其成员，一旦发现问题及时采取必要措施，改造其消极行为。

坚持用疏导方法做好思想教育。疏导是管好消极型非正式群体的主要方法。管理者要通过调查研究、相互谈心，了解他们的实际情况，坚持原则，陈述利害加强教育，以改变其与组织目标不相适应的不良行为。

行为规范改造。进行行为规范改造，就是用正确的道德观念思想观点和良好的行为方式去改造非正式群体的不良消极行为准则。同时，还可以通过开展积极的有益于身心健康的文体活动，组织和吸引消极型非正式群体成员参加，使其改变不良的行为习惯，培养健康的兴趣爱好。当然，如果非正式群体发展到对工作、社会有危害时，应视其情节轻重，给予适当的处理：轻者批评教育，使其转变态度，改掉恶习；重者应给予纪律处分，违法犯罪的应移送司法部门予以法律制裁。

④做好非正式群体核心人物的工作。非正式群体的核心人物对其他成员的心理和行为能产生一种自觉自愿的、心悦诚服的自然影响力。因此，做好核心人物的工作，是管好非正式群体的关键。管理者应主动加强与核心人物的沟通，听取他们对工作的意见和建议，争取其理解和支持，从而通过他们去影响其他成员。另外，选拔基层管理人员，如班组长、车间主任等，应尽可能考虑选择在非正式群体中享有威信而且作风正派、业务能力强的核心人物，以发挥其影响力。

（三）开放群体和封闭群体

按群体的开放程度分类，可分为开放群体和封闭群体。

1. 开放群体

开放群体是一个群体成员变动频繁、流动性强的动态性的群体结构，成员间的权力和地位不稳定，与外界联系紧密，内部关系较为松散。正是由于这些特性，使得群体有很强的新陈代谢能力、外界环境的适应能力以及改革创新能力，但同时也造成了成员相互之间默契程度不高，不适合承担长期的工作任务。

2. 封闭群体

封闭群体是一个成员相对稳定，变动较少，等级关系严明，与外界联系较少或根本没有联系，内部组织严密的群体结构。它有利于完成长期规划的任务，能保证任务完成的时效性和准确度，但这种群体也会造成体制的僵化、思想的固化，从而不适应形势发展的需要。

以上两种不同类型的群体适合于不同类型的活动，管理者应当根据不同的需要，扬长避短地选择恰当的类型。

（四）初级群体和次级群体

按照结构特征和运作过程的不同，可以把群体分为初级群体和次级群体。

1. 初级群体

初级群体指的是规模较小，有着独特、强烈的认同感，存在亲密人际关系的社会群体。初级群体最早由美国社会组织学家库利（C. H. Cooley）提出。他在1909年撰写的《社会组织》一书中使用了Primary这个词来表示“最初”（First）。他认为，家庭和儿童嬉戏的群体是每个个体所遇到的最初的社会化主体，他相信这类群体对于个人的性格、社会性及其思想意识的形成都是至关重要的。因此，库利把这类群体看作“人性的培养场所”。这类群体主要包括家庭、孩童时期的同辈群体等。自从库利首次使用这个词后，初级群体的含义有了一定程度的拓展，例如，有人将这个词扩大到用于家族企业或类似血亲纽带关系的裙带群体。按照群体成员联系的纽带，初级群体划分为血缘型、地缘型、友谊型和业缘型等。血缘型初级群体是指建立在婚姻、亲子关系基础上的群体，如家庭。地缘型初级群体是指建立在紧密相连的地域空间基础上的群体，如邻里。友谊型初级群体是指建立在友好、信任基础上的群体，如儿童的游戏群体、成年人的朋友群体。业缘型初级群体是指建立在工作联系基础上的志同道合的群体，如工作小组。

2. 次级群体

次级群体又称作次属群体，是用来表示与初级群体相对应的各种群体，是人类经由社会契约建立的有目的、有组织的社会群体，如学校、职业群体、社团等。次级群体是人们为了达到一定的社会目的而建立起来的。次级群体往往有正式的结构，明确的规章和社会分工。一般来说，次级群体规模比初级群体要大，成员更多，成员之间不一定有直接的个人接触，群体内人们的联系往往通过一些中间环节来建立。次级群体既是个人步入社会所必须加入的群体，也是个人社会活动领域拓展和活动能力增强的标志。

（五）实属群体和参照群体

按照个体实际归宿情况，群体可以分为实属群体和参照群体。

1. 实属群体

实属群体是个体实际归宿的或是当下实际参加的群体。个体在其中必须扮演相应的角色，承担义务和享受权利，并与其他成员发生互动关系，且受到群体规范、群体压力等因素的制约。

2. 参照群体

参照群体是个体心目中向往和崇尚的群体。管理心理学认为，参照群体也称标准群体或榜样群体。这种群体的标准、目标和规范可以成为人们行动的指南，成为人们努力要求达到的标准。个人会把自己的行为与这种群体的标准进行对照，如果不符合这些标准，就会改正自己的行为。例如，工厂的先进班组、机关的先进科室等，它们的规范自然而然地变成每个成员的行为准则。在实际生活中，人们所在的群体并不一定是个人心目中的参照群体，常常会有这样的情况，一个人参加了某一个群体，但他把另一个群体作为自己的参照群体。“参照群体”的概念由美国社会心理学家海曼（H. H. Hyman）首先使用。他在 1942 年撰写的《地位心理学》一书中第一次使用这个概念来表示个人在确定自己的地位时与之进行对比的社会群体。他客观地指出，有些群体内的部分或个别成员，虽然参加了某个群体，但该群体并不是那些成员满意的选择，于是他们就会以心仪的群体作为他们的理想标准参照群体。后来一些社会学家进一步提出了参照群体具有比较功能和导向功能的观点。参照群体理论对今天的管理实践仍具有较强的指导意义。

三、人们加入群体的原因

人们加入群体的原因详见表 7-3。

表 7-3　人们加入群体的原因

安全需要	通过加入一个群体，个体能减少独处时的不安全感，个体加入一个群体之后，会感到自己更有力量，自我怀疑会减少，在威胁面前更坚强
地位需要	加入一个被认为很重要的群体后，成员的身份和地位得到别人认可
自尊的需要	群体能让个人感到自己有价值。也就是说，除了向群体外的人显示自己作为某一群体成员的地位之外，群体成员身份本身也能让成员觉得自我价值提升了
情感需要	群体可以满足其成员的社交需要。人们往往会在群体成员的相互作用中感受到满足，对许多人来说，这种工作中的人际相互作用是他们满足感情需要最基本的途径
权力需要	个人无法做到的事通过群体往往能做得到，人多力量大
实现目标的需要	有时，为了完成特定的目标需要多个人共同努力，集合众人的智慧和力量，在这种时候，管理人员就要依赖正式群体来完成目标

第二节　群体特征

工作群体不是乌合之众，而是有结构的。群体结构塑造着群体成员的行为，使人们有可能解释和预测群体内部大部分的个体行为以及群体本身的绩效。角色、规范、地位、群体规模和群体凝聚力的大小是群体的一些特征。

一、角色

（一）角色的定义

所有的群体成员都是演员，每人扮演不同的角色（Role），是指在社会性单位中承担某个职位的人都应该表现的一系列行为模式。如果每个人都只选择一种角色，并可以长期一致地扮演这种角色，那么对角色行为的理解就简单多了。但是很不幸，不管是上班，还是下班，人们都要被迫扮演多种不同角色。要理解一个人的行为，关键是弄清他现在扮演什么角色。

例如，比尔是凤凰城（Phoenix）一家大型电子设备生产企业 EMM 的工厂经理。在工作中，比尔要扮演多种角色，比如，EMM 的雇员、公司的中层管理人员、电子工程师、公司在本社区的主要发言人。工作之外，他要扮演的角色就更多了：丈夫、父亲、天主教教徒、扶轮社员、网球选手、雷鸟乡村俱乐部的会员、家族协会的总裁等。这些角色中有很多是相互兼容的，有一些则相互冲突。比如，公司最近的一次晋升要求比尔调往别处，但其家人却非常希望他留在凤凰城，他工作角色的要求，应该在丈夫和父亲的角色要求面前让步吗？

和比尔一样，每个人都需要扮演多种角色，人们的行为随着人们所扮演的角色的改变而改变。因此，不同的群体对个体的角色要求不同。

（二）角色认同

当态度和实际行为和角色相一致时，角色认同（Role Identity）就产生了。当人们清楚地认识到环境要求自己做出重大改变时，他们往往能够迅速地变换自己所扮演的角色。例如，当工会的办事员被提升为基层管理人员时，他的态度在随后的几个月中就会发生变化，从支持工会转向支持管理层。但是如果后来由于公司财务困难，他又被降到原来的位置，那么他的态度也会改变，又开始支持工会。

（三）角色知觉

人们对于自己在某种环境下应该做出什么样的行为的认识，就是角色知觉（Role Perception）。人们做出某种相应的行为，是以人们认为别人希望怎样作为基础的。

这些认知来自周围的各种刺激——朋友、书本、电影、电视。例如，当今很多执法人员是通过阅读约瑟夫·沃姆巴夫（Joseph Wambaugh）的小说而学会他们的角色行为的；准律师们则通过阅读《法律与秩序》（*Law & Order*）学习作为律师应该如何做；电视节目 CSI 对刑侦人员的描绘，则会指导人们如何运用刑事学。当然，在贸易和专业领域设立学徒制度的主要原因，就是让初学者通过观察业内“老手”从而学会应该怎么做。

（四）角色期望

角色期望（Role Expectations）是指别人认为一个人在一个特定的情境中应该做出什么样的行为反应。个人的行为方式在很大程度上取决于作为某一角色，在当时情况下该如何做。例如，人们一般认为美国联邦法官要表现得彬彬有礼、举止高贵；橄榄球队的教练则要咄咄逼人、充满活力并善于激励自己的球员。

在工作场合中，借助于心理契约（Psychological Contact）的观点来考查角色期望很有意义。雇主和雇员之间存在一种不成文的约定——心理契约，它规定了双方的期待，也就是雇主对雇员的期待，以及雇员对雇主的期待。事实上，正是这种心理契约规定了每个角色的行为期待。一般来说，雇员期待雇主公正地对待雇员，给他们提供可以接受的工作条件，清楚地下达每天的工作任务，对员工的工作好坏给予反馈；同样地，雇主期待雇员工作态度认真，听从指挥，忠于组织。

如果是雇主没能满足心理契约中雇员所设的角色期待，雇员的绩效和工作满意度就会受到消极影响。如果是雇员没能满足雇主的角色期待，通常会受到某种形式的纪律处罚，甚至被解雇。

（五）角色冲突

当个体发现，满足一种角色的要求，就很难满足另一种角色的要求时，角色冲突（Role Conflict）就产生了。在极端情况下，可能包含这样的情境：个体所面临的两个或更多的角色期待是相互矛盾的。

例如，上文示例中，比尔所扮演的多种角色中，有一些是相互冲突的。比尔试图调和他作为丈夫和父亲的角色期待与作为EMM公司经理的角色期待。家庭角色强调家庭稳定，要求他考虑妻子和孩子希望他留在凤凰城的强烈愿望；EMM公司期望员工服从公司的要求。虽然调往别处可能和比尔的财务收入和职业兴趣相吻合，但现在他面临的问题是家庭角色期待和事业角色期待之间的冲突。

二、规范

所有群体都形成了自己的规范（Norms）。所谓规范，就是群体成员共享的一些行为标准。群体规范让群体成员知道自己在一定的环境条件下应该做什么，不应该做什么。群体规范被群体成员认可并接受之后，它们就成为影响群体成员行为的手段，并且不需要借助多少外力来帮助。不同的群体、社区和社会有着不同的群体规范，但不管怎样，每个群体都有自己的规范。

（一）霍桑实验与规范

行为科学家一般认为，直到20世纪30年代早期，人们才开始真正重视规范对工人行为的重要影响。这一进步主要来自1924年到1932年在芝加哥西部电气公司的霍桑工厂开展的一系列实验。霍桑实验是由西部电气的管理层发起的，之后由哈佛大学的教授埃尔顿梅奥（Elton Mayo）主持，实验的主要结论如下：

（1）工人的行为与情感紧密相关；

（2）群体对个人行为的影响显著；

（3）群体标准在确定个人工作量时非常有效；

（4）金钱对个人工作量的影响不及群体标准、情感和安全等因素。

群体形成的规范包括很多“不许”：不许做抢定额者，完成太多的工作量；不许做寄生虫，完成太少的工作量；不许对任何工友打小报告。群体通过一定的方法来落实规范；对于破坏规范的工人，群体处理的方法既不温和，也不阴险，包括讽刺、辱骂、嘲弄，甚至是拳打他们的臂膀。群体成员还会排斥破坏集体利益的人。

（二）从众

作为群体的一员，个人渴望得到群体的接受。因为希望被接受，所以个人容易遵从群体规范。大量证据表明群体对成员产生强大的压力，促使他们改变态度和行为，与群体标准保持一致。

个人会遵从自己所属的所有群体的压力吗？当然不是，因为人们属于很多群体，不同群体的规范不同。有些情况下，人们的规范相互抵触，因此，人们遵从已经加入的或者有意加入的相对重要的群体的规范。重要的群体被称为参照群体（Reference Groups），其特点是：个人在意其他成员认同自己是群体的一员，或者希望自己是群体的一员；觉得群体成员对自己很重要。结论就是，不同群体对成员产生的压力不同。

（三）工作偏差行为

故意破坏重要的组织规范，并旨在威胁组织或员工安宁的行为就是工作偏差行为（Deviant Workplace Behavior），又称反社会行为或粗暴的工作行为。表7-4展示了工作偏差行为的几种类型，每种类型都有例子说明。

表7-4　工作偏差行为的类型

类别	示例
生产	提前离开
	故意慢吞吞地工作
	浪费资源
财产	蓄意破坏
	谎报工作时间
	偷盗组织财产
政治	表现出偏袒行为
	散布谣言
	指责同事
人身攻击	性骚扰
	谩骂
	偷同事的东西

由于受到一般规范的约束，员工个人的反社会行为受到工作群体环境的影响。证据表明，工作群体的反社会行为状况是预测个人工作中反社会行为的重要指标。换句话说，工作偏差行为一旦受到群体规范的支持就会迅速蔓延。

而且，仅仅是因为属于群体就会增加个人的偏差行为，换言之，个人可能平常并没有偏差行为，但是一旦加入工作群体后，偏差行为的概率就增加了。事实上，近期的一项研究表明，和单独工作的员工相比，在群体中工作的员工更可能说谎、欺骗和偷窃。一般情况下，员工担心会被抓住，但是在群体里有了匿名护身，他们不像以前那么担心了，觉得群体里其他人也有同样的机会或者理由去偷窃，这会使他们产生一种错误的信心，敢做更加冒险的行为。

三、地位

（一）地位的定义

地位（Status）指别人对群体或群体成员的位置或层次的一种社会性界定，它渗透在社会的各个角落。人们生活在一个充斥着等级秩序的社会，尽管已做了很大努力，但人们在追求无等级社会的征途上步履维艰。即使是很小的群体也有自己的角色、权力和仪式，以便区分群体成员。在理解人类行为时，地位是一个重要的因素，因为它是一个重要的激励因素，如果个体认识到自己对自己地位的认知与别人对自己地位的认知不一致时，就会做出一定的行为反应。

（二）决定地位的因素

根据地位特性理论（Status Characteristics Theory），不同的地位特性造就群体内的地位层次。而且，地位一般源自以下三者之一：

（1）掌握控制他人的权力；

（2）有能力实现群体目标；

（3）个人特征。

有权力控制群体成果的人往往被视为地位高，这主要是因为他们能够控制群体资源。因此，当一个群体的正式领导者或者经理能够分配资源，如分派工作任务、安排日程以及决定加薪时，他们往往被视为地位高；所做贡献影响到群体成败的成员一般也拥有高地位。例如，运动团队中表现出色的队员通常比一般队员的地位高。拥有受到群体积极评价的个人特征，比如长相好看、智慧、金钱或者友善的人格，通常比缺少这些特征的人地位高。

（三）地位和规范

地位对规范的力量和从众的压力有一些有趣的影响。例如，地位高的群体成员通常比其他成员拥有更多的偏离规范的自由，但前提是地位高的成员其活动对群体目标的实现无碍。地位高的人比地位低的同伴更能抵御从众压力，如果一个人受到群体的高度重视，但同时又不需要或者不在乎群体提供的社会回报，那么他便可以不怎么理会从众压力。

（四）地位和群体互动

群体成员的交往方式受到地位的影响，地位高的人更容易咄咄逼人，他们的声音通常更大，更频繁地批评别人，用更多的命令式语言，更多地打断别人的讲话。但是地位差异实际上会抑制群体观点的多样性以及群体的创造力，因为地位低的成员在群体讨论中往往不活跃。有些情况下，地位低的成员掌握着对群体有帮助的技能和观点，但是他们的技能和观点很难被充分利用，从而也就降低了群体的整体绩效。

（五）地位不公平

让群体成员相信他们的地位层次是公平的这一点很重要。当成员认为群体存在不公平时，就会产生不均衡，并最终引致各种各样的修正性行为。

与正式地位相对应的外在形象也是维持公平感的重要因素。如果人们觉得一个人的地位与组织赋予他的地位形象不对称时，就会产生地位不协调感。比如，一个低级别的员工却拥有条件更优越的办公室时，地位不协调感就产生了。简言之，员工期望个人所拥有的配置和他们的地位相匹配。

在群体内部，通常有一致的地位标准，因此，成员在群体内的等级具有高度一致性。但是，当人们在不同群体间切换时，如果新的群体具有不同的地位标准，或者新的群体成员具有不同的背景，他们就可能面临冲突情境。例如，企业主管人员可能用个人收入或公司的发展速度作为衡量个人地位的决定因素；蓝领工人的标准可能是资历年限。在由不同种类的人组成的群体中，或者不同种类的群体必须互相依赖时，如果群体尝试协调或者一致化不同的层次，不同的地位标准可能会引发冲突。

（六）地位和文化

文化差异是否会影响地位？答案是绝对肯定的。

地位的重要程度在不同文化间存在差异，例如，法国对地位高度敏感，而且，不同国家具有不同的地位标准，在拉丁美洲和亚洲，地位往往来自家庭地位或者组织中的正式职位。相反，虽然地位在美国和澳大利亚也很重要，但是不会“写在脸上”，并且地位更多来自成就，而不是头衔或者家庭背景。

这些分析是为了帮助人们在和来自不同文化背景的人打交道时，知道哪些人物有地位。如果一个美国管理者不明白，办公室的大小并不是衡量日本管理层职位高低的标准，或者如果他不知道英国人对家谱和社会级别是多么的重视，他很可能无意间冒犯他的日本或者英国伙伴，并因此削弱他的人际交往效果。

四、群体规模

群体规模能够影响群体的整体行为，但其影响力取决于用哪个因变量。事实表明，小群体完成任务的速度比大群体快，并且在小群体中个体绩效也要好一些。但是，如果群体要做的是问题索解，则大群体比小群体表现要好。把这个结论转换成数字可能有点儿风险，但可以利用一些参数，大群体——12 人或者 12 人以上的群体，更善于吸收多种不同的观点。如果群体的目标是调查事情的真相，那么应该是大群体更有效。相反，小群体善于完成生产性任务，因此，成员在 7 人左右的群体在执行任务时更为有效。

一个与群体规模有关的最重要发现是社会惰化（Social Loafing）。所谓社会惰化是指一种倾向，即个人在群体工作时付出的努力不如单独一个人工作时多。这个发现挑战了这样一个逻辑：群体整体的生产力至少应该等于群体成员个体生产力的总和。

一般人对群体的刻板印象是，群体精神会激励其成员更加努力地工作，从而提高群体的整体生产力。20 世纪 20 年代末，德国心理学家马克斯·瑞格尔曼（Max Ringelmann）在拔河实验中，比较了个人绩效和群体绩效。他原来以为，群体绩效会等于个人绩效的总和，也就是说，三个人一起拉绳的拉力是一个人单独拉绳时的三倍，八个人一起拉绳的拉力是一个人单独拉绳时的八倍。但是，研究结果没有证实他的期望。一个人单独拉绳的平均拉力是 63 千克。在三人群体中，平均每个人的拉力是 53 千克，在八人群体中，平均每个人的拉力降为 31 千克。

用相似的实验任务来重复瑞格尔曼所做的研究，也基本上支持瑞格尔曼的发现。群体绩效随着群体规模的增大而增大，但是在群体中加入新的成员会降低产出率。因此，就总的生产力来讲，四人群体的生产力大于三人群体的生产力，但随着群体规模的增大，群体成员个体的生产力却降低了。

社会惰化效应是什么原因造成的呢？一种解释是缘于群体成员认为其他成员没有尽到应尽的职责。如果一个人认为别人是懒惰或无能的，可能就会降低自己的努力程度来重塑公平。另一种解释是群体责任的扩散。因为群体活动的结果不能归结为具体某个人的作用，个人投入与群体产出之间的关系很模糊，在这种情况下，个人就会“搭便车”来沾群体的光。换言之，当个人认为自己的贡献无法衡量时，群体的效率就会降低。

五、凝聚力

（一）凝聚力的概念

不同的群体有着不同程度的凝聚力（Cohesiveness）。凝聚力是指群体成员互相之间的吸引程度，以及群体成员在多大程度上愿意留在该群体。一些工作群体具有凝聚力，可能是因为成员有很多时间在一起，或者群体的规模比较小，成员的互动比较多，或者是群体面临着外部威胁，而威胁把大家紧密地联结在一起。凝聚力很重要，因为它和群体生产力相关。

（二）凝聚力、绩效规范与生产力的关系

研究结果一致表明：凝聚力与生产力的关系，取决于群体所设定的和绩效相关的规范。如果和绩效相关的规范标准高（产出高、工作质量高，和群体之外的个人合作多），那么凝聚力高的群体比凝聚力低的群体有更高的生产率。但是，如果一个有凝聚力的群体的绩效规范标准低，那么生产率也会比较低。当凝聚力和绩效规范标准都低时，生产率会下降到低到适中的范围，这些结论总结在图 7-1 中。

绩效规范 ＼ 凝聚力	高	低
高	生产力高	生产力适中
低	生产力高	生产力低到适中

图 7-1　凝聚力、绩效规范与生产力的关系

（三）提高群体凝聚力的途径

提高群体凝聚力的方法：

（1）缩小群体的规模。

（2）鼓励成员对群体目标的认同。

（3）增加成员在一起的时间。

（4）提高群体的地位和让人感觉加入群体有难度。

（5）加强和其他群体的竞争。

（6）奖励整个群体而不是奖励某个成员。

（7）从时空上隔离群体。

第三节　群体决策

很久以来，北美和其他很多国家的法律体系基于这样一个基础信念：两个人比一个人有智慧，这一点在这些国家的陪审团制度中表现得最为明显。现在，这种信念已经扩展到一个

新的领域，即组织中的许多决策都是由群体、团队或委员会做出的。

一、群体和个体

在组织中，群体决策的应用范围很广，但并不能以此确定群体决策优于个人单独决策。

（一）群体决策的优点

群体可以带来更完整的信息和知识。通过综合多个个体的资源，群体可以在决策过程中接纳更多的信息。除了接纳更多的信息以外，群体能够在决策过程中体现异质性的优势，增加观点的多样性。群体为多种方法和多种方案的讨论提供了机会。而且，群体提高了决策的可接受性。许多决策在做出之后并不被人们接受，但是，参与决策的群体成员往往会积极支持决策，并鼓励别人也接受决策。

（二）群体决策的缺点

尽管存在上述诸多优点，但是群体决策也存在缺点。群体决策很费时间，因为群体决策所用的时间比个人决策多；群体决策存在从众压力，群体成员希望被群体接受和重视的愿望可能会导致不同意见被压制；群体讨论可能受到少数人的控制，如果讨论是由能力不高的成员控制，群体的运行效率就会受到不利影响；群体决策还会面临责任不清的问题，在个人决策中，谁对最后的结果负责是很明确的，而对于群体决策，每个成员的责任都不清楚。

（三）效果与效率

群体决策和个体决策孰优孰劣？这取决于衡量决策效果的标准。就准确性而言，群体决策通常优于群体中一般成员的个人决策。但是如果与群体中最准确的成员相比，群体决策比不上该成员的个人决策。如果速度是衡量标准，个体决策优势更大。如果创造性重要，那么群体决策比个人决策更有效。如果有效性是指最终方案的可接受性，那么还是群体决策好。

在考查决策效果时不能不考虑决策效率。就效率这一点来说，群体决策总是劣于个体决策。就同一个问题而言，群体决策所用时间总是比个体决策所用时间多，但偶尔有例外。例外的情况是指，进行一种决策需要了解多方面的信息，在这种情况下，如果是采用个体决策形式，决策者就要花费大量时间来查阅资料，向别人咨询。由于群体可以包括来自多个领域的成员，他们了解多方面的信息，这样，寻求信息所花费的时间就可以大大减少。但正如之前已经指出的，群体决策在效率方面的优势，毕竟只是例外情况。一般情况下，群体不如个体效率高。因此，在决定是否采用群体决策形式时，应权衡一下群体决策在决策效果上的优势能否超过它在效率上的损失。

二、群体思维和群体转移

群体决策中的两个现象（群体思维和群体转移）可能潜在地影响群体客观评估各种方案和达成高质量决策的能力。

（一）群体思维

1. 群体思维的概念

例如，在会议、课堂或非正式群体中，某个人本来很想表达自己的看法，但最终还是放弃了。可能是因为他比较害羞，也可能是由于被群体思维所限制。群体思维（Groupthink）

现象是指在群体成员都追求群体意见一致性的情况下，群体寻求一致性的规范使得群体无法客观地评估待选方案，并且使得那些不落俗套的、少数人的和不受欢迎的观点难以充分地表达出来。群体思维现象还包括个体在群体的压力作用下，其心智效率、对事实的认识和道德判断的下降。

2. *群体思维的表现*

群体思维现象的症状表现如下：

（1）群体成员把任何反对他们所做假设的意见合理化。不管事实与他们的假设冲突多么强烈，成员的行为都是继续强化这种假设。

（2）对于那些经常怀疑群体共同观点，或怀疑大家所信奉的论据的人，群体成员对他们施加直接压力。

（3）那些持有怀疑或不同看法的人，往往通过保持沉默，甚至降低自己看法的重要性，来尽力避免与群体观点不一致。

（4）存在一种无异议错觉，如果某个人保持沉默，大家往往认为他表示赞成。换句话说，缺席者就被当作赞成者。

3. *群体思维发生的条件*

所有的群体都会产生群体思维吗？并非如此。群体思维在下述情况中经常发生：

（1）有明确的群体身份；

（2）群体给成员一种正面的形象，而且成员希望保持这种形象；

（3）成员意识到群体的正面形象面临着一种来自集体的威胁。

因此，群体思维，更多的是作为保护群体正面形象的工具，并不是一个镇压反对者的机制。

4. *减少群体思维的对策*

为了把群体思维减到最小，管理者需要控制群体规模。虽然没有一个魔力数字可以完全消除群体思维，但是，当群体规模超过10人时，成员的个人责任感就会下降。管理者还要鼓励群体领导人让小组所有成员在群体中充分给出意见，小组领导人尽量不要提出自己的观点，尤其是在商议的初始阶段。另一个策略是让一个群体成员扮演唱反调的人，让他公开挑战多数人的观点提出不同的意见。

（二）群体转移

在比较群体决策与成员个体决策时，有证据表明一直存在差异。有些情况下，群体决策比个体决策保守，但大多数情况下，群体倾向于冒险转移。

在群体讨论中，往往会出现这种现象。即群体讨论会使群体成员的观点朝着更极端的方向发展，这个方向是讨论前他们已经倾向的方向。因此，保守的会更保守，激进的会更冒险。群体讨论通常会进一步夸大群体最初的观点。

事实上，群体转移（Groupshift）可以看作群体思维的一种特殊形式。群体的决策结果反映了在群体讨论过程中形成的占主导地位的决策规范。群体决策结果是变得更加保守，还是更加激进，取决于在群体讨论之前占主导地位的讨论规范。例如，有些情况下，最初的群体倾向是风险回避（冒险），那么群体就会变得更加谨慎（冒险）。

对于群体决策为什么通常比较冒险，人们有多种解释。例如，有些学者认为，在群体讨论中，群体成员相互之间变得更加熟悉了，随着彼此之间的相处越来越融洽，他们会变得更加勇敢和大胆。另一种看法是，大多数第一世界的国家崇尚冒险，那些敢于冒险的人得到人们的敬慕，群体讨论时会鼓励成员向别人表明自己至少与别人一样愿意冒险。不过，对群体转移最合理的一种解释是，群体决策分散了责任。群体决策使得任何一个人用不着单独对最后的选择负责任，即使决策失败，也没有一个成员能够承担全部责任，所以群体会更冒险。

要运用群体转移的这些特点，必须清楚群体决策容易扩大每个群体成员最初的观点，朝着更冒险的方向转移；群体决策究竟朝着更保守还是更冒险的方向转移，取决于群体成员在开展讨论前已经有的心理倾向。

三、群体决策技术

群体决策最常见的形式发生在互动群体（Interacting Groups）中。在这些互动群体中，成员之间通过言语的和非言语的互动，面对面地交流。但人们在讨论群体思维时已经指出，互动群体会对成员个人形成压力，迫使他们达成从众的意见。头脑风暴法、名义群体法和电子会议法是一些常用的群体决策方法，它们能够减少传统的互动群体法的固有问题。

（一）头脑风暴法

头脑风暴法（Brain Storming）旨在克服互动群体中产生的妨碍创造性方案的从众压力。头脑风暴法通过产生观念的过程，鼓励大家把所有的想法讲出来；在这个过程中，群体成员只需畅谈自己的观点，不许批评他人已提出的观点。

在典型的头脑风暴法中，6～12 人围坐在一张桌子旁，群体领导以清楚明了的方式说明问题，让每个参与者都了解要谈论的问题。然后，在给定的时间内，大家自由发言，尽可能地提出想到的各种解决问题的方案——在这段时间内，任何人都不得发表评论。所有提出来的方案都记录下来，以备之后的讨论和分析使用。

头脑风暴法的确可以产生很多观点，但是这种方法并不是很有效。很多研究都表明个体在单独工作的时候产生的观点，比其在群体中用头脑风暴法时产生的观点要多。一个主要的原因是产出障碍。换句话说，当人们在群体讨论中刚想到一个观点时，其他人可能马上说了出来，这就阻碍了思考的进程，并最终削弱了大家彼此观点的分享。

（二）名义群体法

名义群体法（Nominal Group Technique）限制成员在决策过程中的相互讨论和沟通，因此，使用“名义”一词。和传统的会议一样，群体成员全都列席会议，不过成员独立地做出决策。具体来讲，提出问题以后，有以下几个步骤：

（1）群体成员聚在一起，并在进行讨论之前，每个群体成员写下自己对于解决这个问题的看法或观点。

（2）在这个安静阶段之后，每个群体成员都要向群体中其他人说明自己的观点，一个人接一个人地进行，每人每次表达一种观点，直到所有的观点都被表达并且记录下来——通常要使用记录纸或记录板。所有的观点都记录下来后再进行讨论。

（3）群体开始讨论这些观点，并进一步澄清和评价这些观点。

（4）每个群体成员独自对这些观点进行排序。排序最靠前、选择最集中的那个观点就是最终决策结果。

名义群体法的主要优点在于，它允许群体成员正式地聚在一起，但又不像互动群体那样限制了个体的思维。研究结果表明，一般情况下，名义群体法优于头脑风暴法。

（三）电子会议法

最新的一种群体决策方法将名义群体法与复杂的计算机技术结合起来，称为电子会议法（Electronic Meetings）。只要技术条件具备，这个概念就很简单了。50人左右围坐在马蹄形的桌子旁，面前只有一台计算机终端。问题呈现给参与者后，每个参与者把自己的意见输入计算机。个人的意见和投票都会显示在会议室中的投影屏幕上。电子会议法的主要优势是：匿名、可靠、迅速。与会者可以采取匿名形式把自己想表达的任何想法表达出来。参与者一旦把自己的想法输入计算机，所有的人都可以在屏幕上看到。与会者可以真实地把自己的态度表达出来，不用担心受到惩罚。而且这种决策方法非常迅速，因为没有闲聊，讨论时不会离开主题，大家在同一时间可以互不妨碍地相互“交谈”，不会打断别人。

不过，早期的一些证据表明电子会议法并不能取得预期的效果。综观许多的研究结果，可以发现，与面对面的群体决策相比较，电子会议法会降低群体的效果，它需要更多的时间来完成任务，并会降低成员的满意度。即便如此，从近期人们对以计算机为中介的交流（Computer-mediated Communication）的热爱可见，电子会议法会得以保留，而且在未来会更加流行。

本章小结

许多群体特征和绩效具有相关性。比较重要的有角色认知、规范、地位差异、群体规模和群体凝聚力。

角色认知与员工的绩效评价存在积极的相关关系。下属对自己工作的认知与上司对该下属工作的认知是否存在一致性，会影响到上司对下属是否为一名有效员工的看法。员工的角色认知在多大程度上满足老板的角色期望，该员工就会得到多高水平的绩效评价。

群体规范通过创建是非标准来控制群体成员的行为。特定群体的规范可以帮助管理者了解成员的行为。管理者会发现，当群体规范支持高产量而不是限制产量时，成员个人的绩效水平就会明显地高起来。同样，如果群体规范支持反社会行为，个人参与工作偏离行为的可能性就会更大。

地位不平等会导致挫败感，给生产率带来负面影响，并降低成员继续留在群体的意愿。对于那些对公平敏感的个体而言，不一致很可能会降低他们的激励水平，并增加他们找回公平的尝试（如换份工作）。而且，因为地位低的人通常较少参加群体讨论，所以，在地位差异明显的群体，地位低的员工会减少对群体的投入，他们的工作表现也往往不佳。

群体规模对群体的绩效影响取决于群体要完成的工作任务。规模大的群体面临查找事实类的任务时，效果更好；规模小的群体在面临采取行动类的任务类型时，效果更佳。社会惰化的原理告诉人们，管理层如果想使用大规模群体，必须有相应的衡量群体内个体绩效的方法。

凝聚力对群体生产力有很大的影响。凝聚力是否影响生产力，取决于和绩效有关的群体规范。

满意度、角色认知和绩效的关系一样，老板和员工对员工工作的看法一致与员工的高满意度相关。同样，角色冲突和工作压力、工作不满意度相关。

许多人愿意和与自己地位相当或者比自己地位高的人交流，而不愿意与自己地位低的人交流。因此，可以想见，那些不需要与比自己地位低的人有太多交流的员工，其工作满意度最高。

人们可以直观地预测群体的规模与满意度的关系：规模大的群体满意度低。成员参与社会互动的机会随着群体规模的增大而减少，成员对群体成就的认同感也随之降低。与此同时，拥有更多的成员还会带来分散、冲突，而这些都会降低群体成员的满意度。

本章练习题

1. 简述群体的定义。
2. 群体存在需要什么样的条件？
3. 正式群体与非正式群体存在哪些差异？
4. 试述如何正确对待非正式群体。
5. 试述提高群体凝聚力的途径。
6. 简述群体决策的优点和缺点。
7. 试述群体思维的表现、发生的条件和减少群体思维的对策。

研究性课题

为什么说群体的凝聚力会随着群体成员数量的增加而下降？

第八章

工作团队建设与管理

★名人名言

人们在一起可以做出单独一个人所不能做出的事业；智慧+双手+力量结合在一起，几乎是万能的。

——韦伯斯特（N. Webster，1758—1843，美国辞典编纂者、政论家和编辑）

★学习目标

1. 掌握团队的定义。
2. 了解团队的类型。
3. 了解如何塑造高效团队。
4. 了解团队与质量管理的关系。

★关键词

团队　问题解决型团队　自我管理型团队　跨职能型团队　虚拟团队

★开篇案例

一加一不一定大于或等于二

2004年6月，拥有NBA历史上最豪华阵容的湖人队在总决赛中的对手是14年来第一次闯入总决赛的活塞队。赛前，很少有人会相信活塞队能够坚持到第七场。从球队的人员结构来看，拥有科比、奥尼尔、马龙、佩顿的湖人队是一支由巨星组成的“超级团队”，每一个位置上的成员几乎都是全联盟最优秀的，再加上由传奇教练菲尔·杰克逊对其的整合，在许多人眼中，这是20年来NBA历史上最强大的一支球队，要在总决赛中将其战胜只存在理论上的可能性，更何况对手是一支缺乏大牌明星的平民球队。

然而，最终的结果却出乎意料，湖人队几乎没有做多少抵抗便以1∶4败下阵来。湖人队的失败有其理由：OK组合（奥尼尔和科比）相互争风吃醋，都觉得自己才是球队的领袖，在比赛中单打独斗，全然没有配合；而马龙和佩顿只是冲着总冠军戒指而来的，根本就无法融入整个团队，也无法完全发挥其作用，缺乏凝聚力的团队如同一盘散沙，其战斗力自然也就会大打折扣。

明星员工的内耗和冲突往往会使整个团队变得平庸，在这种情况下，1+1不仅不会大于或等于2，甚至还会小于2。在工作团队的组建过程中，管理层往往竭力在每一个工作岗位上都安排最优秀的员工，期望能够通过团队的整合使其实现个人能力简单叠加所无法达到的成就。然而，在实际的操作过程中，众多的精英分子共处一个团队之中反而会产生太多的冲突和内耗，最终的效果还不如个人的单打独斗。

在通常情况下，团队工作的绩效往往大于个人的绩效，但也不是那么绝对，这取决于团队工作的性质：如果团队的任务是要搬运一件重物，单凭其中一个成员的力量绝对搬不动，要两个以上的成员才能够搬动，这时团队的绩效要大于个人绩效，1+1的结果会大于或等于2；但如果换成是体操比赛中的团体项目，最后的成绩往往会因为某位成员的失误而名落孙山，这时，团队的绩效还不如其中优秀成员的个人成绩，1+1的结果反而会小于2。

（资料来源：管理资源吧，2017-01-08）

第一节　团队概述

一、团队盛行的原因

团队为什么会如此盛行？

事实表明，如果某种工作任务的完成需要多种技能、经验，那么由团队来做的效果通常比个人做的效果好。当组织为了更有效果和更有效率地参与竞争而进行重组时，团队有助于组织更好地利用雇员的才能。管理人员发现，在多变的环境中，团队比传统的部门结构或其他形式的稳定性群体更灵活，反应更迅速。团队能够快速地组合、部署、重组和解散。

但是，团队的激励作用也不可忽视。团队能够促使雇员参与决策。例如，在John Deere公司，一些生产线上的员工同时又是访问顾客的销售员。这些员工比传统的销售人员更了解产品特性；通过在外出旅行中与农场主交谈，这些按时间计酬的员工开发了新的技能，对工作更加投入。因此，团队如此盛行的另一种解释是：团队有助于管理人员增强组织的民主气氛，提高员工的激励水平。

二、群体与团队的差异

群体与团队并不完全相同，因此，需要澄清工作群体和工作团队的差异。

在此前，把群体定义为：为了实现特定的目标，两个或两个以上相互作用、相互依赖的个体的组合。在工作群体中，成员通过相互作用、共享信息，做出决策，并帮助彼此更好地承担自己的责任。

管理学家斯蒂芬·P. 罗宾斯认为，团队就是由两个或者两个以上相互作用、相互依赖的个体，为了特定目标而按照一定规则结合在一起的组织。这里把团队定义为：团队是由员工和管理层组成的一个共同体，该共同体合理利用每一个成员的知识和技能协同工作，解决问题，达到共同的目标。

工作群体中的成员不一定要参与到需要共同努力的集体工作中，他们也不一定有机会这样做。因此，工作群体的绩效仅仅是每个群体成员个人贡献的总和。在工作群体中，不存在一种积极的协同作用，使群体的总体绩效大于个人绩效之和。

工作团队则不同，它能够通过成员的共同努力而产生积极的协同作用。团队成员努力的结果使得团队的绩效水平远大于个体成员绩效的总和。这些定义有助于澄清为什么现在许多组织围绕工作团队重新组织工作过程。管理人员是为了通过工作团队的积极协同作用，提高组织绩效。团队的广泛使用为组织创造了一种潜力，使组织能够在不增加投入的情况下提高产出水平。但是，应该注意，这里说的是“潜力”，构建团队不是变戏法，并不能保证一定产生积极的协同作用。仅仅把工作群体换种称呼，改称工作团队，不能自动地提高组织绩效。工作群体与工作团队的差异见表 8-1。

表 8-1　工作群体与工作团队的差异

差异的方面	工作群体	工作团队
目标	信息共享	集体绩效
协同作用	适中（有时是消极的）	积极的
责任与义务	个体	个体的、共同的
技能	随机的、变化的	补充性的

第二节　团队的类型

团队可以做各种各样的事情，包括生产产品、提供服务、谈判协议、协调项目、提供建议以及做出决策。组织中最常见的四种团队是问题解决型团队、自我管理型团队、跨职能型团队和虚拟团队。

一、问题解决型团队

团队刚刚开始盛行时，大多数团队的形式都很相似。这些团队一般由来自同一个部门的 5 ~ 12 个钟点工组成，他们每周花几个小时的时间来碰碰面，讨论如何提高产品质量和生产效率，以及改善工作环境，这种团队称为问题解决型团队（Problem-solving Teams）。在问题解决型团队里，成员就如何改进工作程序和工作方法互相交换看法或提供建议。例如，美林证券公司创建了一个问题解决型团队，目的是要找出一种可以减少新开现金管理账户时间的方法。团队建议将程序从46个步骤减少到36个，从而成功地把开户所需时间从15天减少到8天。

二、自我管理型团队

问题解决型团队的做法行之有效，但在调动员工参与工作决策及实施的积极性方面尚显不足。这种不足导致企业努力尝试建立一种真正独立自治的团队，不仅能够解决问题，还能执行解决方案，并对工作结果承担全部责任。

自我管理型团队（Self-managed Work Teams）是由若干个员工（通常10～15人）组成的群体，他们从事高度相关或者相互依存的工作，承担着以前由自己上司所承担的很多职责。通常情况下，他们的职责包括计划和安排工作内容、分配工作任务、一起控制工作节奏、做出运营决策、采取行动解决问题、和供应商与客户合作等。彻底的自我管理型团队甚至可以挑选自己的成员，并让成员相互进行绩效评估。结果就是，管理职位的重要性下降，甚至会被取消。

以美国伊顿公司（Eaton Corp）旗下的Aeroquip全球管材供应部的一个工厂为例，分析如何在企业中采用自我管理型团队。该工厂坐落在阿肯色州奥扎克山区的中心，生产用于卡车、拖拉机和其他重型设备的液压制动用的管子。1994年，为了提高质量和生产力，伊顿公司的管理层放弃了生产线管理，把工厂的285名工人划分为50多个自我管理团队。工人突然发现自己可以参与之前仅仅属于管理层的决策，如设定团队的工作日程、挑选新的员工、与供应商谈判、拜访客户、惩处带来麻烦的成员等。从1993年到1999年，公司对客户要求的回应时间缩短了99%，生产力和产出水平增加了50%，事故率降低了一半。

近年，商业杂志上充斥着讲述成功运用自我管理型团队的文章，但是读者还是应该慎重对待这个问题。有些组织采用了自我管理型团队，结果却令人失望。例如，在组织裁员时期，自我管理型团队就会带来麻烦，因为员工通常觉得认可团队管理等同于拿自己开刀。对自我管理型团队效果的总体研究表明，采用自我管理型团队并不一定带来积极效果。结果的不一致性表明，自我管理型团队的有效性需要视具体环境而定。除了裁员之外，其他因素如团队规范的强度和内容、团队承担的任务类型、报酬结构等，也会显著影响团队的绩效。最后，管理人员在引入全球性的自我管理型团队时需要谨慎。有材料表明，这种团队在墨西哥并不顺利，主要是因为在墨西哥的文化里，人们对模糊和不确定性的容忍度低，员工非常尊重权威。

三、跨职能型团队

波音公司为了C-17项目中垫片的自动化生产，创建了一支工作团队，其成员来自生产、计划、质量、加工、设计工程、信息系统等部门。该团队提出的建议在很大程度上缩短了项目的周期和成本，并提高了项目质量。

波音公司的案例实现了跨职能型团队（Cross-functional Teams）的应用。这种团队由来自同一等级、不同工作领域的员工组成，他们来到一起是为了完成某项任务。

横向的、跨越部门界线的群体形式已经被许多组织采用多年。例如，在20世纪60年代，IBM公司为了开发卓有成效的360系统，组织了由公司多个部门员工组成的、大型的任务攻坚队。任务攻坚队（Task Force）其实就是一个临时性的跨职能型团队。同样，由来自多个部门的员工组成的委员会是另一种跨职能型团队。但跨职能型团队的兴盛是在 20 世纪 80 年代末。所有主要的汽车制造公司——包括丰田、本田、尼桑、宝马、通用汽车、福特、戴姆勒-克莱斯勒，目前都采用跨职能型团队来协调复杂的项目。哈雷-戴维森公司（Harley - Davidson）依靠不同的跨职能团队来管理不同的摩托车生产线，这些团队成员来自哈雷的设计、生产和采购部门，还包括一些外部的供应商代表。

总之，跨职能型团队是一种有效的方式，它能使组织内（甚至组织之间）不同领域员工互相交换信息，从而达到激发新观点、解决问题和协调复杂项目的目的。当然，管理跨职能型团队并不是管理野餐会，在其形成的早期阶段往往要消耗大量的时间，因为团队成员需要学会处理复杂多样的工作任务。在成员之间，尤其是那些背景不同、经历和观点不同的成员之间，建立起信任并能真正地合作也需要一定的时间。

四、虚拟团队

以上介绍的团队类型都是面对面地开展工作。虚拟团队（Virtual Teams）采用计算机技术把分散在不同地方的成员联结起来，以实现共同目标。虚拟团队允许人们利用通信网络合作——利用广域网、视频会议或者电子信箱，无论他们只相距一个办公室，还是相隔几个城市。

其他团队可以做的，虚拟团队都可以做，如信息共享、做出决策、完成任务等。虚拟团队还可以把同一组织的内部成员，甚至把组织内的成员和其他组织的员工（如供应商和合资伙伴）联结在一起。虚拟团队可能只存在几天，因为它是为了解决某个问题；也可能存在几个月时间，为了完成某个项目；也可能永久存在。

虚拟团队和面对面交流的团队主要在三点上不同：

（1）没有超语言和非语言暗示；

（2）社会环境受限；

（3）能够超越时间和空间的限制。

在面对面的交谈中，人们使用超语言（声质、音调和音量）暗示和非语言（使眼色、面部表情、手势和其他身体语言）暗示，这些暗示可以通过提供附加信息来明确交流内容；而基于网络的交流却没有这些暗示。虚拟团队常常苦于社会关系的欠缺和队员间直接交流稀少，无法复制面对面讨论中正常的互相让步，尤其是当成员都未曾谋面时。虚拟团队往往是任务导向型，缺乏社会情感信息的交流。因此，虚拟团队成员的满意度低于面对面交流团队成员的满意度。此外，即使成员之间相隔千里之遥，或相差 12 个甚至更多的时区，虚拟团队也能开展工作。虚拟团队能够把本来不可能合作的人们召集在一起工作。

像惠普、波音、福特、摩托罗拉、通用、洛克希德·马丁（Lockheed Martin）、VeriFon、英荷/壳牌（Royal Dutch/Shell）等一些公司，已经非常依赖虚拟团队了。例如，洛克希德·马丁公司，为了给美国军方制造一种新型的隐形战斗机，构建了一个虚拟团队。这个团队的工程师和设计师来自全球不同地区，他们将同时完成这项斥资 2 250 亿美元的项目。公司预期，该团队将花费十年时间制造出这种飞机，而且可以节约 2. 5 亿美元。

第三节　高效团队的塑造

寻找影响团队有效性因素的努力一直没有停止过。但是，近期的研究分析了之前的“一长串因素清单”，并把它们归纳为一个相对集中的模型。图 8-1 总结了目前所知道的影响团队有效性的全部因素。这个模型中有很多和群体相关的概念在本书第七章已经介绍过，此处不再赘述。

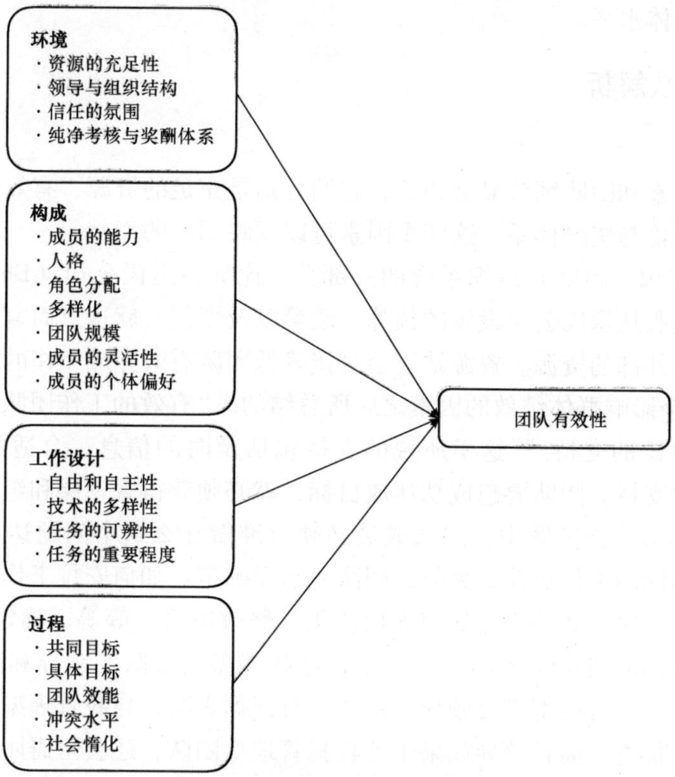

图 8-1　影响团队有效性的因素

一、塑造高效团队注意的问题

以下的讨论基于图 8-1 中的模型。

（1）团队的形式和结构不同。图中展示的模型试图概括各种类型的团队，但是必须注意，不能把模型的预测照搬到所有的团队中。在使用该模型时，应该把它看成一种指导，而不是一成不变的处方。

（2）模型假定团队工作优于个人单独工作。因此，在个人可以把工作做得更好的情形下，创造“高效”团队就相当于完美地解决错误的问题。

二、构成高效团队的主要因素

构成高效团队的主要因素可以归纳为四类：

（1）资源因素和其他促进团队有效性的环境因素；

（2）团队的组成；

（3）工作设计；

（4）反映团队状况以及影响团队有效性的过程变量。

三、高效团队的有效性

一般来讲，团队有效性包括衡量团队生产力的客观标准、管理人员对团队绩效的评价以及员工满意度的总体水平。

四、高效团队解析

1. 环境

有四个环境因素和团队绩效显著相关，它们分别是充足的资源、有效的领导、信任的氛围、完善的绩效评价与奖酬体系。这四个因素可以反映团队的贡献。

（1）充足的资源。团队是组织系统的一部分。比如，道氏公司（Dow）塑料产品部的一个研究团队必须服从道氏公司设置的预算、政策以及惯例。就这点而言，所有工作团队的发展都依赖于群体外部的资源。资源缺乏会直接降低团队有效完成工作的能力。正如一组研究人员回顾了13个影响群体绩效的因素之后所总结的。“有效的工作团队最重要的特征之一是群体能够获得组织的支持。”这里所说的支持包括及时的信息、合适的设备、充足的人员、鼓励以及行政支持。团队要想成功达成目标，就必须获得管理层和组织的必要支持。

（2）有效的领导。在团队中，团队成员必须对谁做什么这个问题达成共识，并且确保所有的成员承担相同的工作负荷。另外，团队还需要确定：如何安排工作日程，员工需要掌握什么技能，如何解决团队冲突，如何做出决策、修改决策，等等。确定具体的工作内容，并使工作任务适应团队成员个人的技能水平，这些都需要团队的领导和团队的结构发挥作用。当然，并不是所有时候都需要领导。例如，有证据表明，自我管理型团队通常比正式任命领导的团队表现优秀。而且领导如果干涉自我管理型团队，还会阻碍团队取得高绩效。在自我管理型团队中，团队成员承担了很多本应由管理者负担的职责。

在传统的管理团队中，有两个影响团队绩效的重要因素：领导的期望以及他的情绪。对团队有积极期望的领导通常能够实现期望值。以军队中的一个排为例，如果排领导的期望值较高，这个排的训练效果就会较好。研究还发现，展现积极情绪的领导所管理的团队绩效较高，离职率较低。

（3）信任的氛围。高绩效团队的成员相互信任，并且信任团队领导者。团队成员的彼此信任有助于加强合作，降低互相进行行为监督的需要，使人们相信团队其他成员不会利用自己。当对其他成员信任时，团队成员就不怕冒险和暴露自己的不足。同样，信任还是领导的基础。信任对领导者而言非常重要，因为信任使得群体成员愿意接受并忠于领导者所设的目标和所做的决策。

（4）完善的绩效评价与奖酬体系。怎样才能使团队成员在集体层次和个人层次上都具有责任心呢？传统上以个人为导向的评估与奖酬体系必须有所变革，以反映团队绩效。

个人绩效评估、固定的小时工资、个人激励等与开发高绩效团队的目标是有所抵触的。

因此，除了根据个体的贡献进行评估和奖励之外，管理人员还应该考虑以群体为基础进行绩效评估、利润分成、收入分成、小群体激励及其他方面的变革，来强化团队的奋进精神和承诺。

2. 成员构成

这个范畴的变量和团队的人员配置相关，具体包括：团队成员的能力和人格、角色分配和多样性、团队规模、成员的灵活性、成员的个体偏好等。

（1）成员的能力。团队绩效在一定程度上取决于成员个人的知识、技能和能力。有时候人们也会看到，由普通队员组成的运动团队，因为卓越的训练、坚强的意志和紧密的配合，反而能够击败由有天赋的运动员组成的团队。这种情况是新闻的绝佳题材，因为它代表爆冷。

一个团队要想有效运作，成员需要具备以下三种技能：

①成员具备技术专长。

②成员具有解决问题和进行决策的技能，也就是说他们能够找出问题、提出解决问题的建议并权衡这些建议，然后做出有效的决策。

③成员具有善于聆听、反馈、解决冲突及其他人际关系的技能。

如果一个团队没拥有以上三类成员，就不可能充分发挥其绩效潜能。成员的合理搭配至关重要。团队中一种类型的人过多，其他两种类型的人自然就少，这会降低团队绩效。但在团队形成之初，不一定需要以上三方面的成员全部具备。在必要时，一个或多个成员去学习团队所缺乏的某种技能，从而使团队充分发挥其潜能的事情并不少见。

对团队成员能力的研究取得了一些关于团队构成和团队绩效的有益启示。首先，当任务引发大量思考时（例如，解决一个复杂的问题，像重建一个生产线），尤其是当团队内部工作量分配平均时，高能力的团队（团队的成员多数智商较高）绩效更好（团队绩效并不是取决于最弱的队员）。高能力的团队更擅长适应不断变化的环境，他们可以更有效地应用之前的知识来解决一系列新问题。

其次，虽然高能力的团队通常比低能力的团队有优势，但也不是所有情况都如此。例如，当工作任务简单（单个团队成员都可以独立解决的任务）时，高能力团队的表现就相对较差，可能是因为高能力团队在完成这些任务时感到枯燥，于是把注意力转向了其他更富挑战性的活动，而低能力团队则会专注于该任务。高能力团队更适合解决复杂的问题。因此，团队能力与工作任务匹配很重要。

最后，团队领导的能力也很重要。研究表明，在努力完成任务的过程中，聪明的团队领导可以帮助不够聪明的队员。然而，不聪明的领导则会使高能力团队平庸化。

（2）人格。人格对员工的个人行为影响显著，这个观点还可以扩展到团队行为。研究表明，“大五”人格模型中的很多维度都和团队有效性相关。特别是在外向性、宜人性、尽责性、对经验的开放性、情感的稳定性等维度得分高的团队，管理层对他们的团队绩效水平评定的级别也较高。

有趣的是，证据表明，人格特征的方差（Variance）比均值更重要。例如，虽然一个团队的尽责性水平的均值较高是件好事，但是当高尽责性的成员和低尽责性的成员在一起时，绩效就会降低。“这可能是因为，在这种团队里，高尽责性的成员不仅需要完成自己的工作任务，还需要重新去做低尽责性成员的工作。这种差异可能会带来贡献的不公平感。”另外一个和人格有关的有趣发现是：“一个坏员工带坏整个办公室。”如果一个员工缺乏最起码的素质，例如宜人性，就会对整个团队的绩效产生负面影响。因此，一个团队中即使只有一名成员在宜人性、尽责性或外向性上得分低，团队的内部流程也会受阻，整体绩效也会降低。

人们越来越明白为什么这些特质对团队绩效很重要。例如，尽责性高的员工很贵，因为他们很懂得支持团队的其他成员，他们通常也明白什么时候支持才是需要的。外向性的员工在培训和激励遇到困难的团队成员中表现更优秀。当一个团队的构成与它的工作环境不匹配时（例如，团队的组织结构松散，但是项目需要队员密切配合），情绪稳定的成员就显得更加重要了，因为他们可以更好地适应环境，并帮助其他成员适应。成员开放性高的团队更擅长借助计算机技术做决策。开放性高的队员彼此之间交流更畅通，激发的观点更多，从而使得团队更富创造力。当一个不可预见的变革发生时，成员尽责性高、情感稳定、开放性高的团队可以更好地应对并适应变化，人格还会影响团队对周围环境的回应方式。例如，外向的团队和宜人性高的团队反对提供个人奖励，因为个人倾向的激励和这些团队的社会本质相抵触。

人格构成对团队的成功也很重要。团队最好吸纳那些外向、宜人性高、尽责性高、情感稳定、对经验的开放性高的成员。管理层应该尽量使团队内部这些特质的差异变小。

（3）角色分配。不同的团队有不同的需要，团队选拔成员时应该考虑是否能够填补所有不同的角色。

通常可以确定九种可能的团队角色（图 8-2）。成功的工作团队应该填补所有的角色空缺，并且根据个人的能力和偏好进行挑选（许多团队中，一个成员同时担任多个角色）。管理人员需要了解每个成员给团队带来了什么个人优势，再根据这些优势挑选成员，并根据成员的偏好分配工作。通过把个人偏好与团队角色需要相匹配，管理人员可以促进团队成员更好地合作。

（4）多样性。正如之前提到的，团队的多数活动需要许多不同的技能和知识。在这种要求下，可以得出以下结论：由不相似的个体组成的异质性团队，更有可能具备多种能力和得到更多信息，从而更有效。研究结果支持该结论，尤其是在解决需要创造力的任务时。

当一个团队在人格、性别、年龄、教育程度、职能化专业、经验等方面存在多样性的差异时，这个团队就可能获得有效完成任务所需的不同特征。虽然这样的团队可能在引入和吸纳不同的职位时会遇到更多冲突，不太有利，但是，研究结果显示，异质的团队比同质的团队表现更好。基本而言，多样性会引发冲突，冲突会进一步激发创造力，创造力会改善决策。一项研究发现，在认知任务方面，与由不同种族和不同性别的异质团队以及仅由女性组成的同质团队相比，由白种男子构成的同质团队的表现最差。这是真实的，因为全部成员都是男性的团队过于好斗，容易产生决策失误。

但是，种族和国家不同会有什么结果呢？证据表明，这种差异会阻碍团队的运行，至少在短期内会这样。对需要不同观点的任务而言，文化差异似乎是一种财富，但事实上，存在文化异质性的团队在成员相互合作以及解决问题方面会出现困难。好的一面是，这些困难过段时间就会消失。与新构建的文化同质的团队相比较，新构建的文化异质的团队绩效较差，

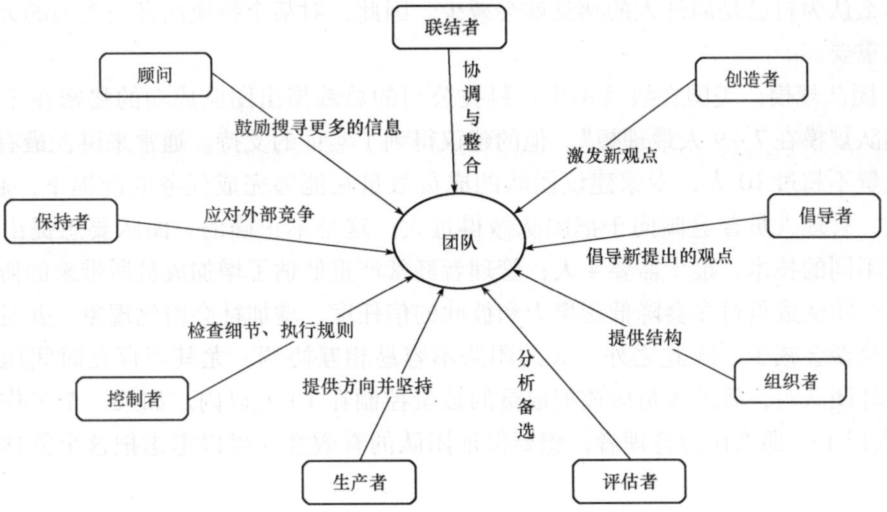

图 8-2　团队角色

这种绩效差异大约会在三个月后消失。原因在于，文化异质的团队需要一段时间来学习如何解决争论，以及学习解决问题的不同方法。

多样性问题中有一个部分受到了群体和团队研究者的密切关注，这就是群体成员在多大程度上分享某个共同的人口属性，比如年龄、性别、种族、教育水平、在一个组织的工作年限，以及这种属性对离职率的影响。这个变量称为群体人口统计学（Group Demography）。

人们所关注的并不是这个成员是男性还是女性，或者这个成员为组织服务了一年还是十年，真正要研究的是这个成员的特性和其他工作伙伴的特性的关系。

群体、团队和组织都由同生群（Cohort）组成，同生群的个体具有共同的人口特征。例如，所有在 1960 年出生的人具有相同的年龄，这意味着他们有着相同的经历，家里人口多，食物紧缺。1970 年出生的人经历了“文化大革命”；1980 年出生的人经历过计划生育，缺少兄弟姐妹的相伴；1990 年和 2000 年出生的人大多是独生子女，自我中心倾向较为明显，与 1960 年和 1970 年以后出生的人存在着巨大差异。因此，群体人口统计学提出，像年龄、加入某个工作团队或者组织的日期等特征，能够帮助人们预测离职率。人口统计学的逻辑是：由不同经历构成的成员离职率更高，因为成员之间交流困难。这种情况下，更容易发生冲突和权力斗争，并且一旦发生，就容易趋向激烈。剧烈的冲突会降低群体的吸引力，因此员工更可能离职。同样地，在权力斗争中失败的员工更倾向于主动离职，而不是被迫离开。

为了验证该理论，学者进行了大量的研究，研究结果比较一致。例如，在部门或者不同的工作群体中，如果大部分成员都是在同一时间加入该群体的，那么那些不在该时间进入的人群就会有较高的离职率。而且同生群之间存在较大差距时，离职率也会比较高。一起进入群体或者组织的人，或者差不多同时进入的人，他们更容易相互交流，对群体或者组织有相似的看法，也更倾向于留下。另一方面，如果成员的入职日期分布不连续或者有凸起，那么该群体就会有较高的离职率。

这一系列的调查表明，一个团队的组成是预测离职率的重要指标。差异本身不能预测离职率，但是如果一个团队差异较大就会导致离职。如果团队中的每个人都和其他人存在适度差异，那么认为自己是局外人的感觉就会减少。因此，对某个特质而言，离差的大小比特质的大小更重要。

（5）团队规模。美国在线（AOL）科技公司的总裁指出团队成功的秘密在于“从小处着眼，团队规模在7～9人最理想”。他的建议得到了实证的支持。通常来讲，最有效的团队的成员数量不超过10人，专家建议团队的成员数量在能够完成任务的前提下，越少越好。不幸的是，管理人员普遍倾向于把团队做得过大，这是不正确的。团队要想提出不同的观点、开发不同的技术，最少需要4人；管理者经常严重低估了增加成员所带来的协调问题的几何增长。团队成员过多会降低凝聚力和彼此的信任度，增加社会惰化现象，并且越来越多的人相互交谈会减少。除此之外，大的团队不容易相互协调，尤其当存在时间压力时。因此，在设计团队时，管理人员应该把成员的数量控制在10人以内。如果一个工作单位正常需要10人以上，那么作为管理者，想要保证团队的有效性，可以考虑把这个群体分成两个小团队。

（6）成员的灵活性。在具备灵活性的员工所组成的团队里，成员可以完成彼此的工作。这是团队的一个明显优势，因为团队可以提高适应能力，并且不会过于依赖某个成员。因此，如果团队挑选重视灵活性的成员，并对他们进行轮岗培训，使他们可以胜任彼此的工作，那么长期来看，这样可以提高团队的绩效。

（7）成员的个体偏好。不是每个员工都是团队选手。如果可以选择，很多员工都会选择不参与团队。当要求偏好独立工作的人组成团队时，团队的士气和成员个人的满意度就会直接受到威胁。这表明，挑选团队成员时，在考虑个人的能力、人格和技能时，还需要考虑个人的偏好。高绩效的团队一般由偏好群体工作的个体组成。

3. 工作设计

为了完成重要的任务，有效的团队必须一起工作，共同承担责任。他们必须是名义上的团队。基于此前工作设计的概念，工作设计包括以下变量：

（1）自由和自主性；

（2）使用不同技能和天赋的机会（技能的多样性）；

（3）完成一项完整的、可识别的任务或产品的能力（任务的可辨性）；

（4）从事的任务或项目对他人有着重大影响（任务的重要性）。

有证据表明，这些特征可以提高成员的激励水平，并增加团队有效性。这些工作设计特征之所以有激励效果是因为它们可以增加工作的趣味性，从而增强成员对工作的责任感和主人翁感。

4. 运作程序

和团队有效性相关的最后一个类别是运作程序变量。运作程序变量包括成员对共同目标的承诺、团队具体目标的设定、团队效能、管理冲突的水平、最低水平的社会惰化现象。

为什么运作程序对团队有效性重要呢？回答这个问题的一种方法是回到社会惰化现象这个话题去找线索。人们知道，在现实工作中，1+1+1并不一定等于3。在团队任务中，不是每个成员的贡献都明显可见，所以个人倾向于减少努力程度。社会惰化意味着负面的协作，整体效能小于单个效能的加总。不过团队通过其运作程序可以产生积极的结果，使团队创造的产出大于个体产出的总和。实验室研究所通常把研究型团队作为研究对象，因为这些团队可以吸收不同个体的多样化技能，从而产生更多有意义的研究，团队产生的研究要多于个体做出的独立研究的总和。也就是说，团队产生积极的协作。团队的过程收获大于团队的过程损失。

(1) 共同目标。有效的团队拥有一个共同的有意义的目的；这个目的为成员指引方向，提供动力，并让成员愿意为它贡献力量。这个目的是一种愿景，它比具体的目标宽泛。

一个成功团队的成员会投入大量的时间和精力，去讨论、设计属于他们集体和个人的目标，并最终达成共识。这个共同的目的，一旦被团队接受，它的作用就好比天体导航对船长的作用，即在任何情况下它都起到指引方向的作用。

(2) 具体目标。成功的团队会把他们的共同目标转变成为具体的、可以衡量的、现实可行的绩效目标。正如目标会使个体提高绩效水平目标也能使群体充满活力。具体的目标有助于顺畅地沟通，还有助于团队把精力集中在如何实现目标上。

而且和对个体目标的研究结果一致，团队目标也应该具有挑战性。研究发现，有难度的目标可以提高团队在这些目标维度的绩效水平。因此，质量目标有助于提高质量，速度目标有助于提高速度，准确度目标有助于提高准确度，等等。

(3) 团队效能。有效的团队对自己有信心，他们相信自己可以成功。人们将这种信心称为团队效能（Team Efficacy）。成功孕育成功。有成功经历的团队增强了未来成功的信心，信心又会进一步激励他们更加努力地工作。管理者可以通过以下方法来提高团队效能：

①帮助团队取得小成功。小成功可以帮助团队树立信心，当团队的绩效记录逐渐变好时，团队成员就会相信未来的努力会赢得成功。

②提供技能培训。管理人员需要考虑提供培训来提高成员的技术和人际技能。团队成员的能力越强，团队就越可能树立信心，并越有能力把信心转化为现实。

(4) 冲突程度。团队有冲突不一定是坏事。完全没有冲突的团队将会变得缺乏生气、停滞不前。因此，冲突实际上可以提高团队效率。但是并非所有类型的冲突都有益，关系冲突源于人际不相容、紧张和憎恶，总是有害的。但是，在团队执行非日常性工作时，成员之间就任务内容产生的争论（称为任务冲突）就是无害的。事实上，因为冲突降低了群体思维的可能性，所以冲突通常是有益的。任务冲突可以激发成员展开讨论，并对问题和解决方案进行严格的评估，最终带来更好的团队决策。因此，有效的团队会有适度的冲突。

(5) 社会惰化。在上一章已经了解到，个体可能会隐身于群体中。因为个人贡献无法衡量，他们会成为社会惰化的一员，搭群体努力的便车。高绩效团队通过使其成员在集体层次和个人层次上都承担责任，来弱化这种倾向。一个成功的团队能够使其成员独自或共同为团队的目的、目标和行动方式承担责任。因此，团队成员应该很清楚哪些是个人的责任，哪些是大家共同的责任。

5. 把个人转化为团队选手

上文已经充分论证了团队的价值及其日益盛行的原因，但是很多人并不是天生的团队选手。而且许多组织有培养个人成就、创建鼓励竞争的工作环境的传统，在这种情况下，只有强者才可以生存。如果这些组织采用团队管理的方式，那么该怎么对待那些他们培养出来的、坚信“我必须照顾好自己”的员工呢？而且不同的国家对个人主义和集体主义的评价也不同，团队比较适合集体主义倾向明显的国家。但是，如果一个组织想引入工作团队，而组织的成员又大多出生并成长于个人主义倾向明显的社会，那么组织应该怎么办呢？一位研究者恰当地描述了美国团队的地位：“美国人在成长过程中并没有学会在团队中要怎么做，在学校里，我们从来没有收到一张来自团队的报告卡，或从未听说过和哥伦布一起航行到美洲的其他海员的名字。”这种局限性在加拿大人、英国人、澳大利亚人以及在其他个人主义国家的人身上都很明显。

6. 挑战

之前的观点旨在说明团队的一大阻力是来自个人的抵制。判断一名员工是否成功不会以他的个人绩效作为评价标准。作为一名优秀的团队成员，个人还必须能够开诚布公地交流、应对差异和解决冲突、为了团队的利益而升华个人目标。对很多员工而言，这样做是一项困难的（有时候甚至是无法实现的）任务。在下面的情况下塑造团队选手的挑战最大：

（1）国家的文化是高度个人主义的；

（2）在引入团队的组织具有重视个人成就的传统。

这说明了美国电话电报公司、福特、摩托罗拉以及其他美国大型公司的管理人员所遇到的问题。这些公司通过雇用和奖励公司之星而蓬勃发展，它们还创造了一种鼓励个人成就和个人奖赏的竞争性氛围。如果这些公司突然强调团队管理，它们的员工会非常震惊。一位大公司的老员工，之前独立工作时表现很好，是这样描述加入团队的经历：“我受到了教训。我 20 年来第一次在评估中得到了负面的评价。”

当引入团队的组织其他员工持有强烈的集体主义观念时，比如在日本或者墨西哥，或者当一个新组织在成立之初就引入团队管理作为组织结构时，管理者面临的挑战就不会那么棘手。土星公司（Saturn Corp.）是一家由通用汽车控股的美国公司，公司自成立之初就以团队作为组织结构的基础。公司招聘每位员工时都考虑他们能否适应团队工作，能够成为一个优秀团队的选手是招聘的基本标准，每一位新员工都必须达到这个标准。

7. 塑造团队选手

要把员工培养为团队选手，管理人员有几个基本的工作：

（1）挑选。一些人已经具备了成为有效团队选手所需的人际技能。招聘团队成员时，管理人员应该确保，候选人除了具备工作岗位所需的技术能力之外，还应该能够同时满足团队角色和技术要求。

许多工作候选人，尤其是那些信奉个人贡献的人没有团队技能。面对这样的候选人时，管理者基本上有三种选择：

①让候选人接受培训，从而把他培养为团队选手。

②如果培训不奏效，把这名候选人调到组织的其他没有团队的部门（如果有可能）。

③不聘用该候选人。

现有的组织如果决定以团队为中心进行工作再设计，那么不难想象，一些员工不愿意成为团队选手，并且无法通过培训来改变。不幸的是，这些员工通常变成团队管理的受害者。

（2）培训。从一个比较乐观的论调来看，大部分重视个人成就的员工通过培训可以转化为团队选手。培训专家通过一些训练让员工体会到团队工作带来的满足感，他们通常为员工提供工作坊，帮助员工改善解决问题、沟通、谈判、管理冲突以及指导方面的技能。

例如，爱默生电器（Emerson Electric）在密苏里州的专业发动机部门，就成功地让 650

名员工不仅接受，而且欢迎团队培训。公司从外面请咨询专家培训工人在团队工作中的实际技能。不到一年，员工就强烈认可团队工作的价值。

(3) 奖酬。为了鼓励合作能力而不是竞争能力，组织还必须重新设计奖酬体系。贺曼贺卡公司在个人激励体系中增设了年终分红这一奖项，奖励实现团队目标的员工。蓝十字保险公司调整了原来的奖酬体系，对个人目标和有益的团队行为分开进行奖励。

对员工晋升、加薪及给予其他奖励，都应该考虑员工在团队中是否善于与人合作。这并不是说要忽视个人贡献，而是说要平衡个人贡献以及对团队的无私贡献。一些行为如教导新同事、和团队成员分享信息、帮助解决团队冲突、掌握团队目前缺乏但是急需的新技能等等，都应该受到奖励。

最后，不要忘了员工可以从团队工作中获得的内在激励。团队能产生友情，作为成功团队不可缺少的一员会使人感到兴奋和满意；有机会让自己得到发展以及帮助队友成长，也会让人得到满足和感到激励。

第四节　团队与质量管理

正如在此前讨论的，提高质量的问题近年来倍受管理者的关注。在这一节，将分析团队在质量管理项目中的重要地位。

质量管理（Quality Management，QM）项目的核心在于过程改善，而员工参与是过程改善的关键。换言之，QM 需要管理者鼓励员工分享观点，并把观点付诸实施。正如一位研究者所言，“除非在团队中，否则任何一个（质量管理的）过程和技术都不能被理解和应用”。所有的技术和过程都需要深度交流、练习、回应、修改、协调和排序。简言之，它们所需要的环境只有优秀的工作团队才可以提供。

团队能够很自然地成为给员工提供共享观点、实施改善的工具。正如波音公司的一位质量管理专家 Gil Mosard 所言：“当你的测评系统告诉你过程失控时，你需要工作团队来系统地解决问题。并非每个人都需要知道如何制作各种花哨的绩效控制图，但每个人都应该知道他的工作进程，这样他才能判断自己是否有所进步。”

当然，团队不能解决所有问题。团队工作所需的时间和资源通常都多于个人独立工作。团队增加了沟通方面的需求，团队需要管理冲突，团队需要召开会议。因此，采用团队时应该考虑好处是否大于成本——事实并非总是这样。由于被团队带来的好处冲昏了头，一些管理人员是在个人独立工作更有效的情况下引入团队的。因此，在匆忙决定采用团队之前，应该仔细衡量，采用团队的方式是工作所需，还是因为团队可以带来收益。

如何来确定所在的群体是否更适合团队工作呢？下面三个测试可以帮助确认所处环境是否适合采用团队合作：

(1) 多人工作是否比一个人工作的效果好？一个很好的预测指标是工作的复杂程度，以及对不同观点的需要程度。不需要多样性投入的简单工作最好还是由个人去完成。

(2) 工作是否可以为群体成员创造一个共同目的或者一系列目标，并且目的或者目标要超出个人目标的简单加总？例如，许多新车经销商的服务部门引入团队的模式，把客服代表、修理工、配件专卖商和销售代表联结在一起，这种团队有利于管理集体责任，确保顾客需要得到满足。

（3）群体的成员互相依赖吗？当工作任务相互依赖时（也就是整体的成功取决于每部分的成功，并且每个部分的成功又取决于其他部分的成功），团队工作有意义。足球很明显是团队运动，队员需要相互依赖、密切合作才能取得成功。与此相反，除了接力赛之外，游泳队并不是真正意义的团队。游泳队是由个人组成的群体，个人单独比赛，团队的总体绩效仅仅是所有个体绩效的简单加总。

本章小结

对员工的工作影响最大的莫过于在工作中引入团队这一概念。从独立工作转换为团队工作，员工需要与他人合作，共享信息，解决差异，并且为了团队的利益而最小化个人利益。有效的团队具有以下共同点：

（1）充足的资源；

（2）有效的领导；

（3）信任的氛围；

（4）完善的绩效评价与奖酬体系。

高效团队的成员不仅具备专业技能，还具有解决问题的能力、决策能力以及人际技能；他们在外向性、宜人性、尽责性、情感稳定性等人格维度的得分也较高。高效团队的规模通常比较小（不多于10人），而且最好是成员有着不同背景。他们可以满足职位要求、灵活，并且乐意成为团队的成员。高效团队的工作为成员提供自由和自主权，使他们有机会使用不同的技能和天赋，有能力完成一项完整的、可识别的任务或产品。而且他们承担的任务对他人有着很大的影响。除此之外，高效团队的成员还愿意为了实现团队的共同目的和具体目标而努力，他们对团队的能力和管理冲突的水平有信心，并且很少有社会惰化现象。

因为存在个人主义倾向的组织、社会吸引和奖赏个人成就，所以在这种环境下创建团队的难度就会比较大。要想转变这种状况，管理人员在挑选成员时，要考虑他们是否具有成为有效的团队选手所需的人际技能，同时培训与开发他们的团队技能，并根据合作程度确定奖励。

本章练习题

1. 什么是团队？
2. 试述团队的类型。
3. 如何塑造高效团队？

研究性课题

如何打造一支高效的创新创业团队？

第九章

沟　通

★名人名言

有效的沟通取决于沟通者对议题的充分掌握，而非措辞的甜美。

——葛洛夫（1936—2016，美国英特尔公司董事长）

★学习目标

1. 描述沟通的过程。
2. 对比口头沟通与书面沟通的优劣。
3. 比较链式、轮式和全通道式网络的有效性。
4. 了解小道消息的影响因素。
5. 认识有效沟通的常见障碍。
6. 阐述跨文化沟通的潜在问题。

★关键词

沟通　口头沟通　书面沟通　有效沟通　跨文化沟通

★开篇案例

新任主管的沟通攻略

可能很多经理人都有过类似的经历。我有一个朋友，几年前他因为表现突出，被公司破格提拔为部门主管。当时比他有资格提升的人很多，有些人心里不服。大家虽然表面上不说，但会在工作配合中较劲，比如：不接受额外的工作要求和任务，推辞说自己有事，或者干脆说“这事你怎么不给别人干，偏偏给我干？”所以他上任后的压力很大。不过他在员工问题上还是处理得不错，包括：和员工沟通、为他们创造空间和机会、调整自己的心态和做事方法等，逐渐赢得了大家的支持。他的一些做法也值得借鉴。

1. 不要怕和下属推心置腹

作为新任主管其实很明白沟通对于部门之间合作的重要性。由于员工在沟通中通常处于被动地位，所以新任主管首先加强和员工的主动沟通，除了正式会议之外，要利用更多机会和员工单独交流。单独交流会让员工感觉到更受重视和尊重，既拉近了情感，又赢得了理解。

2. 不要怕变革的阻力

部门经理的更替很正常，但对于这个部门来说，也许就会面临一次变革。只要变革就会有问题和阻力，但有时候不变革也可能潜伏更大的问题。新任领导一定会推行一些新的方案和战略部署以提高绩效，否则换帅就没有意义。于是，就有了“新官上任三把火”，但这火该怎么个烧法？什么时候烧？是先了解情况因柴烧火，还是根据以往的经验为火烧柴？作为领导，有时既像做政治思想工作的支部书记，又像是传教士。尤其在变革中，需要用自身的热忱去感染下属，焕发他们追求的激情。同时，还要多花时间对下属进行培训，以培训赢得共识，驱动变革和管理。

3. 随时随地随人的激励

除了业绩奖励之外，人性化的细小激励有时候会事半功倍。如果能把要求和赞美有效地结合起来，效果就微妙了，这些事情可以从平时的行为上着手。

新任主管可以准备一个专用的笔记本，用来记录员工的一些细小进步和改变，如某位员工以前总是用大量文字形式给新任主管提出方案，主管说过几次想要他给表格形式的。但有一天在他的笔记本上出现了这样的记录：“阿智今天用表格形式提交了方案。”下午他和阿智说，这份方案做得非常好，因为使用了表格形式，希望以后能继续看到这样的方案。后来，那位员工做的方案一次比一次棒！

4. 把成功留给下属

作为领导，其实不是要展现自己，而更多的是要成就别人。比如，有时重要的客户，下属会需要主管来共同出席。在这种情况下，主管要表现出非常积极配合的态度，对于拜访的准备活动进行一些探讨和准备，并且给下属以提示性的建议，或者是补充几个重要的细节。好的领导，会把成就感留给下属，而不只是自己去冲锋陷阵。领导的这种态度会直接提升下属的工作表现和对团队的感情，工作效率自然会稳步提升。

（资料来源：涂文开．新任主管的沟通策略．中外管理，2006）

第一节　沟通概述

任何群体或组织都脱离不了沟通。通过一个人与另一个人的沟通，信息和观点得以传递。但是沟通不仅是传播信息，还指信息要被人理解。在一个群体中，如果一个人说德语，而其他人都不懂德语，那么说德语的这个人就不会被真正理解。因此，沟通既包括对意思的传递，也包括对意思的理解。

本章将阐述良好的沟通对群体和组织有效性的重要性。因为一个人醒着的时间中有70%用于沟通——写、读、说、听，所以，如果人们总结说，抑制组织成功的最重要因素之一是缺乏有效的沟通，那也是有道理的。事实上，研究表明，沟通问题最常被认为人际冲突的原因。

一、沟通的概念

沟通就是在两个或两个以上的人群中，人们通过语言文字、符号身体动作和行为，将信息和思想传达给接受者的过程。

二、沟通的功能、特点与作用

（一）沟通的功能

在群体或组织中，沟通主要有四种功能：控制、激励、情感表达和提供信息。

1. 控制（Control）

沟通可以通过几种方式来控制员工的行为。员工必须遵守组织中的权力等级和正式的指导方针。当员工对工作不满时，首先需要与直接上司交流，员工还要按照工作说明书去工作，遵守公司的政策法规，等等。在这些情况下，沟通实现的是控制功能。另外，非正式沟通也控制行为，比如，当群体其他成员戏弄或者攻击一位过于勤奋的成员（他使其他成员相形见绌）时，群体是在通过非正式沟通的方式控制该成员的行为。

2. 激励（Motivation）

沟通通过下面的途径来激励员工，明确告诉员工做什么，如何去做，没有达到标准时应如何改进。从前面对目标设定和强化理论的介绍部分可以看到如何进行操作。具体目标的设置、实现目标过程中的反馈，以及对理想行为的强化等操作都有激励作用，而又都需要通过沟通来实现。

3. 情感表达（Emotional Expression）

对很多员工来说，工作群体是主要的社交场所，员工通过群体内的沟通来表达自己的挫折感和满足感。因此，沟通提供了一种释放情感的情绪表达机制，并满足了员工的社交需要。

4. 提供信息（Information）

沟通有助于决策。沟通可以为个体和群体提供决策所需要的信息，使决策者能够确定并评估各种备选方案。

这四种功能无轻重之分。要使群体运转良好，就需要在一定程度上控制员工、激励员工提供情绪表达的手段，并做出决策。群体或组织中几乎每一次沟通都能实现这四种功能中的一种或几种。

（二）沟通的特点

1. 随时性

人们所做的每一件事情都伴随沟通，沟通表现在生活的方方面面，当与他人交谈时；当向公众发表演讲时；当阅读报纸，上网搜集资料时；当接打电话，收发传真时，等等。每个人每天在社会中，为了生活、学习和工作的顺利进行，都要随时随地面对不同的人，针对不同的事进行不同的沟通活动。

2. 双向性

人们既要收集信息，又要给予信息。沟通不是一个纯粹单向的活动，而是双向的、互动的反馈和理解的过程，是一种动态系统。沟通的双方都处于不断地相互作用中，刺激与反应互为因果。例如，乙的语言是对甲的语言的反应，同时也是对甲的刺激。

3. 情绪性

信息的收集会受到信息传递方式的影响。信息在传递过程中很可能会造成信息失真。导致信息失真的原因有很多种，例如，发送者在编码过程中不认真、信息内容混淆、通道选择不力或噪声过大等。此外，个人的感情和情绪、知觉、理解和接受能力、价值观以及不良的倾听习惯都有可能导致信息失真。

4. 互赖性

沟通的结果是由双方决定的。沟通双方彼此需要对方配合拥有相互补充的信息。离开了其中的一方，另一方则不能达到沟通的效果。沟通越深入，两者之间的依赖性越强。

（三）沟通的作用

具体来说，沟通的作用表现在以下几个方面：

1. 有助于改进个人以及组织做出的决策

任何决策都会涉及“干什么”“怎么干”“何时干”等问题，每当遇到这些急需解决的问题时，管理者就需要从广泛的单位内部的沟通中获取大量的信息情报，然后进行决策，或建议有关人员做出决策以迅速解决问题。下属也可以主动与上级沟通，提出自己的建议，供领导者做决策时参考，或经过沟通，取得上级领导的认可，自行决策。单位内部的沟通为各个部门和人员进行决策提供了信息，有利于提升判断能力。

2. 能促使各部门协调有效地开展工作

单位中各个部门和各个岗位是相互依存的，依存性越大，对协调的要求就越高，而协调只有通过沟通才能实现。没有适当的沟通，管理者无法与下属就工作目标、工作方式、工作方法、工作要求等达成共识，下属就可能对下达给他们的任务和命令产生错误的理解，不能圆满地完成工作任务，从而带来效益方面的损失。

3. 有利于形成氛围良好、有战斗力的团队

领导者和下属建立良好的人际关系和组织氛围，有利于提高员工的士气。充分的沟通可以使领导者了解员工的需要，关心员工的疾苦，在决策中就会考虑员工的要求，以提高他们的工作热情。除了技术性和协调性的信息外，员工还需要鼓励性的信息。人们一般都会要求对自己的工作能力有一个恰当的评价。如果领导的表扬、认可或者满意能够通过各种渠道及时传递给员工，就会带来某种工作激励。同时，良好的内部人际关系更离不开沟通。思想上和感情上沟通可以增进彼此的了解，消除误会、隔阂和猜忌，即使不能达到完全理解，至少也可取得谅解，从而营造和谐的组织氛围。所谓“大家心往一处想，劲儿往一处使”就是有效沟通的结果。

三、沟通的过程

沟通发生之前，都存在一个意图，称为“要被传递的信息”。它在发送者与接收者之间传送。信息首先被编码（转化为信号形式），然后通过某些媒介物（通道）传送至接收者，由接收者将收到的信号转译回来（解码）。这样，一个“意图”就从一个人传给了另一个人。

图 9-1 描绘了沟通过程。这一模型包括 8 个主要部分：①发送者；②编码；③信息；④通道；⑤解码；⑥接收者；⑦干扰；⑧反馈。

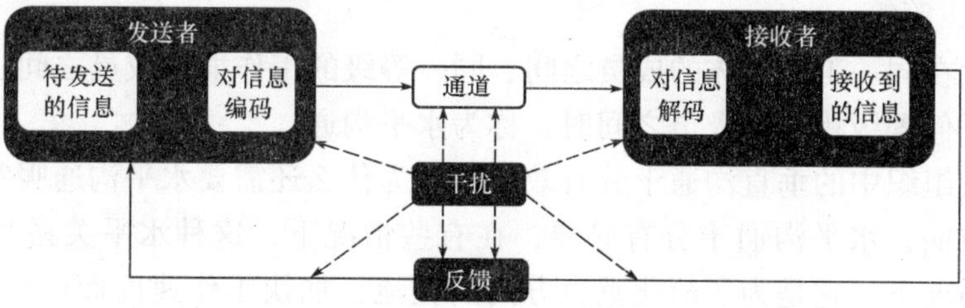

图 9-1　沟通过程

发送者（Sender）把头脑中的想法进行编码（Encoding）而生成信息。信息（Message）是发送者通过编码而产生的真实的实物产品。当人们说话时，说话的内容就是信息；当人们写字的时候，写出的内容是信息；做手势的时候，胳膊的动作和面部的表情就是信息。通道（Channel）是指传送信息的媒介物，它由发送者选择，发送者必须确定采用正式通道还是非正式通道。正式通道（Formal Channels）由组织建立，它传递那些与工作活动相关的信息。正式通道一般按组织中的权力网络去运行，其他的信息形式，如个人信息或社会信息，在组织中通过非正式通道（Informal Channels）传递。非正式通道是自发的，是对个人所选择回应的产物。接收者（Receiver）是信息指向的客体，但在信息被接收之前，接收者必须先将通道中加载的信息翻译成他理解的形式，这就是对信息的解码（Decoding）。干扰（Noise）指沟通中遇到的障碍，它会使信息的清晰度降低。举例来说，干扰可能源自知觉问题、信息负荷过多、语义困难，或者文化差异等。沟通过程的最后一环是反馈。反馈（Feedback）是指对信息的传送是否成功，以及对传送的信息是否符合原本意图进行核查。反馈可以确定信息是否被理解。

四、沟通的方向与原则

（一）沟通的方向

沟通的方向可以是垂直的，也可以是水平的，在垂直维度上，沟通还可以进一步划分为自上而下的沟通和自下而上的沟通。

（1）自上而下的沟通。在群体或组织内，从一个较高水平向另一个较低水平进行的沟通称为自上而下的沟通。管理者与下属之间的沟通，通常被认为自上而下的沟通。当群体的领导者和管理者给下属分配目标、指导工作、通知政策和程序、指出需要注意的问题以及提供工作绩效的反馈时，都属于自上而下的沟通。但是，自上而下的沟通并不一定需要口头沟通或者面对面的交流。当团队的领导给成员发送电子邮件，提醒员工某任务的完成期限即将来临时，他就是在使用自上而下的沟通。

(2) 自下而上的沟通。自下而上的沟通是指在群体或组织内由低水平向高水平进行的沟通。员工向上级提供反馈、汇报工作进度、上报当前存在的问题时，就是使用自下而上的沟通。自下而上的沟通使得管理者了解员工对他们的工作、同事和组织的总体看法，管理者还依赖这种沟通去取得改善工作的建议。在组织中自下而上的沟通例子有基层管理者准备的供中高层管理者审阅的绩效报告、意见箱、员工态度调查、申诉程序、主管与部属之间的讨论和非正式的提意见座谈会（通过这种方式，员工有机会与老板或高层管理者代表一起确认和讨论问题），等等。

当沟通发生在同一工作群体的成员之间、同一等级的工作群体成员之间、同一等级的管理者之间以及任何等级相同的人员之间时，称为水平沟通。

如果群体或组织中的垂直沟通十分有效，那么为什么还需要水平沟通呢？因为在节省时间和促进合作方面，水平沟通十分有必要，在有些情况下，这种水平关系是上级正式规定的；但大多数情况下，它是为了简化垂直方向的交流，加快工作速度而产生的非正式沟通。因此，从管理的角度来看，水平沟通存在有利的一面，也有不利的一面，如果所有沟通都严格遵循正式的垂直结构，那就会妨碍信息的有效性和精确性，而水平沟通在这方面的效果较好。在一些情况下，上级了解并支持水平沟通。但是，在下列情况下，水平沟通会产生功能失调性的冲突：当正式的垂直通道受到破坏时，当成员越过或避开他们的直接领导做事时，当上司发现所采取的措施或做出的决策他都不知道时。例如，管理者可能认为，让经验丰富的员工去传递完成工作的要求，比自己亲自告诉每位新员工组织的所有期望要有效率。这样的沟通的确有效，但是，如果这些经验丰富的员工中，有人串通来试图控制系统，那么水平沟通对管理者而言就是有害了。

（二）沟通的原则

1. 准确性原则

沟通的目的是要将发送者的信息准确地传递给接收者。这在实际生活中是不容易达到的，因为在传递的过程中会出现多种多样的失真情况。要想避免这种现象，就要从信息的发送者对信息的把握做起。这就要求发送者有较高的语言或文字表达能力，并熟悉接收对象，了解其信息接收习惯以及接收能力，使整个传递过程真实、有效。

2. 完全性原则

完全性原则包含两方面的意思：首先，信息的发送者要提供全部必要的信息，并且根据接收者的反馈回答询问的全部问题；其次，在组织中，主管人员位于信息交流的中心，应该重视他们的作用。但是在实际工作中，有些上级主管往往越过下级主管人员而直接向有关人员发指令、下命令，使下级主管人员处于十分尴尬的境地。这样既不利于组织内部成员的沟通，也不利于任务的最后完成。

3. 时效性原则

所谓时效性原则，指的是沟通过程中，发送者和接收者要在尽可能短的时间内进行沟通，并使信息发挥效用。不论是自上而下的沟通、自下而上的沟通，还是水平沟通，除了应注意准确性以及完全性原则外，还应考虑时效性原则。

第二节 沟通的类型

一、人际沟通

群体成员之间如何彼此传递信息？他们主要依赖三种沟通方式来传递：口头沟通、书面沟通和非言语沟通。

1. 口头沟通

传递信息的最主要形式是口头沟通（Oral Communication）。演讲、正式的一对一讨论和群体讨论，以及非正式的谣言和小道消息都是很普遍的口头沟通。

口头沟通的优势在于速度和反馈快。口头信息可以在最短的时间内得以传达并收到反馈。如果接收者对信息不确定，快速反馈让发送者早早察觉，并随之快速纠正。

然而，在组织传递信息或者当信息需要经过很多人传递时，口头沟通的劣势就表现出来了。一条信息经过的人数越多，信息失真的可能性就越大。例如，如果在聚会时玩过电话游戏，就会知道问题的严重性，每个人按照自己的方式解释信息，当信息传达到最终的接收者时，信息的内容已经和最初相差甚远了。在一个组织里，如果决策和其他公共信息都是通过口头方式、严格按照正式的等级格局上下传达，那么信息失真的可能性非常大。

2. 书面沟通

书面沟通（Written Communication）包括备忘录、信函、传真、电子邮件、即时通信、组织的期刊、公告栏的通知，以及其他通过书面文字或者符号传递信息的方式。

发送者为什么选择书面沟通的方式呢？因为书面沟通通常是有形和可证实的，一旦打印出来，发送者和接收者都有了沟通记录，而且信息可以无限期地保存，如果随后关于该信息的内容产生了问题，书面沟通材料仍然有效，这一点对那些复杂漫长的沟通而言尤其重要。一个新产品的市场推广计划里包括大量任务，并且需要延续几个月的时间。把思想诉诸书面表达之后，最初设计推广计划的人随时可以翻阅。书面沟通的最后一个好处来自沟通过程。相比口头表达而言，书面沟通通常会更加斟酌书面用语。书面表达信息时，必须比口头表达更加全面认真地考虑要表达什么。这样，往往经过深思熟虑，书面沟通更加合理清晰。

当然，书面信息也有不足，比较耗费时间，可能 10 ~ 15 分钟就可以说完的内容却需要用一个小时的时间来书写。另一个主要的不足之处在于反馈不足，或者说缺乏反馈。口头沟通允许接收者快速回应自己听到的内容，而书面沟通却没有反馈机制。结果就是，无法保证寄出的备忘录一定能寄达，并且即使对方收到了，也不能保证接收者真正理解发送者的意图。

3. 非言语沟通

如果不考虑非言语沟通（包括身体动作、讲话时的语调或重音、面部表情、发送者与接收者的身体距离），那么任何关于沟通的讨论都是不完整的。举例来讲，在一个单身俱乐部，一个扫视、凝视、微笑、皱眉或者其他身体动作都在传达某种意思。

可以这样说，每个身体动作都有意义，没有任何动作是人无缘无故做出的。例如，通过身体语言可以表达：帮帮我吧，我很孤单；带上我吧，我有空；不要打搅我，我很苦闷。而且这些几乎都是无意识的动作。人们通过非言语的身体动作表达自己的处境：扬起眉毛表示不信任，抱起双臂以隔离自己或者保护自己，耸耸肩膀表示无所谓，眨眨眼睛表示亲密，手指敲来敲去表示没有耐心，拍拍前额表明忘了做某事，等等。

身体语言传达的两点最重要的信息如下：

①个人对他人的喜欢程度，或者对他人观点的感兴趣程度；

②信息的发送者与接收者的相对地位。

例如，对那些自己喜欢的人，人们通常保持较近的身体距离，并且接触的次数也较多。同样地，如果感到比对方的地位高，更倾向于展示身体动作（例如交叉双腿，或者懒洋洋的坐姿），这些身体动作反映了一种随意和放松的姿态。

身体语言是言语沟通的补充，并且通常会使语言沟通更复杂。某种身体姿势或者动作本身并不具有明确固定的含义，但当它和语言结合起来时，就使得发送者的信息更为全面了。

即使一个人一字不漏地读完会议摘要，还是很难像亲自参加会议或看过会议录那样抓住会议的实质内容，因为会议摘要没有对非言语信息的记录，也缺乏对词语或短语的重点强调。

个体给自己留出的空间距离称为身体距离。身体距离也是有意义的。但是，多远的身体距离才合适在很大程度上取决于文化规范。例如，某些欧洲人认为是“商务性”的距离，在北美人眼中却是“亲密性”的距离。如果某人所站的位置比个人认为的恰当距离近，则表明了一种攻击性。但如果他站得比正常距离远，则意味着他对谈话不感兴趣或不喜欢。

对接收者来说，留意沟通中的非言语信息十分重要。在倾听信息发送者发出的言语意义时，还应注意非言语线索，尤其要注意二者之间的矛盾。老板可能告诉某个员工有时间和其谈一个紧急的预算问题，但员工所得到的非言语信息可能明白此时并不是讨论该问题的时机。如果人们想通过言语表达一种情感，例如信任，而在非言语中却传递了相互抵触的情感“我对你没有信心”，那么就会使接收者产生误解。

二、组织沟通

组织沟通包括正式的网络、非正式的小道消息等。

1. 正式的小群体网络

正式的组织网络可能非常复杂，它可以包括数以百计的人以及六层或者六层以上的等级。为了简化讨论，可把这些网络简单归纳为三种常见的小群体——链式、轮式、全通道式，每个小群体五个人。虽然例子有可能过于简单，但仍然可以确认每种网络的独特之处。

链式（Chain）严格遵循正式的命令系统。在严格的三层结构的组织中，沟通渠道基本就是链式沟通网络。

轮式（Wheel）把领导者作为所有群体内沟通的核心。轮式的沟通网络常见于有着强势领导者的团队中。

全通道式（All-channel）允许所有的群体成员相互之间进行积极的沟通。在自我管理型团队中，通常可以看到全通道式网络；所有的群体成员都自由做贡献，没有任何人担任领导职位。

表 9-1 中所展示的，每种网络的有效性取决于强调哪种因变量。如果精确度是重要的因变量，链式的效果最好；轮式有助于领导的产生；全通道式最有助于提高成员的满意度。

表 9-1 小群体网络与有效性标准

标准	网络		
	链式	轮式	全通道式
速度	适中	快	快
准确性	高	高	适中
有领导出现	适中	高	无
成员的满意度	适中	低	高

2. 小道消息

当然，在群体内部和群体之间，正式沟通并不是唯一的沟通系统。非正式系统——小道消息，也是信息源。例如，调查发现 75% 的员工最先得知的关于某事的消息，是来自小道消息的传闻。

小道消息有三个特点。首先，它不受管理层控制；其次，大多数员工认为它比高级管理层通过正式沟通渠道发布的公告更可信、更可靠；最后，它在很大程度上有利于圈内人们的自身利益。

沿着小道消息途径流动的信息准确吗？有证据表明 75% 的信息是准确的。哪些条件可以提高消息的准确性呢？哪些条件会滋生谣言呢？

人们一般认为谣言之所以产生，是由于谣言可以激发闲言碎语，但真实情况很少是这样。如果某情境对人们来说十分重要，但有关的信息又很模棱两可，并且会激起人们的焦虑情绪，这时小道消息会作为对情境的反应而出现。

谣言之所以在组织中盛行，是因为工作环境通常包括重要性、模棱两可以及焦虑这三个因素。在大型组织中，保密和竞争是司空见惯的——诸如新老板的任命、裁员的决定、工作任务的重新安排等事件，都为小道消息的产生和延续创造了有利条件。

显然，对于任何群体或组织的沟通网络来说，小道消息都是其重要组成部分，值得人们认真了解。对员工而言，小道消息弥足珍贵，因为它可以把正式的沟通转化为自己所在群体的“行话”。小道消息还可以让管理者了解组织的士气如何，知道员工哪些事情重要，以及帮助员工缓解焦虑。因此，小道消息具有过滤和认为反馈双重机制，帮助管理者找出和员工相关的重要信息。也许更重要的是，管理者能够对小道消息分析并预测其流向，前提是只有一小部分人（不足 10%）积极向其他人传递信息，了解哪一个联络人认为某种信息重要，能够提高管理者对小道消息传播模式的解释和预测能力。

管理层不能够彻底消除小道消息。但是，管理者应该限定小道消息的范围和影响，从而把其消极效果减少到最低。表 9-2 提供了减少小道消息消极影响的几项建议：

表 9-2 减少小道消息消极影响的建议

序号	建议内容
1	公布重大决策的时间安排
2	公开解释那些看起来不一致或隐秘的决策和行为
3	对目前的决策和未来的计划强调其积极一面的同时，也指出其不利的一面
4	公开讨论事情可能的最差结局，这肯定比无言的猜测引起的焦虑程度低

资料来源：Adapted from L. Hirschhorn, "Managing Rumors", in L. Hirschhorn (ed.), *Cutting Back* (San Francisco: Jossey-Bass, 1983), pp. 54-56. With permission.

第三节 高效沟通的障碍

一、过滤

过滤（Filtering）指发送者有意操纵信息，以使信息显得对接收者更为有利。比如，一名管理者告诉上司的信息都是上司想听到的东西，这名管理者就是在过滤信息。

过滤的主要决定因素是组织结构中的层级数目。组织在纵向上的层级越多，过滤的机会就越多。不过，只要存在地位差异，就会存在过滤现象。例如，害怕传达坏消息、想取悦上司等因素都会导致员工只告诉上司那些他们认为上司会喜欢的消息，从而扭曲了自下而上的沟通。

二、选择性知觉

选择性知觉（Selective Perception）是人们在评价他人时经常用到的一条捷径。因为在沟通过程中，接收者会根据自己的需要、动机、经验、背景及其他个人特点有选择地去看或听信息。在解码的时候，接收者还会把自己的兴趣和期望带进信息中。例如，面试主考官如果认为女性求职者总是把家庭放在事业之上，就会发现女性求职者具备这个特点，无论求职者是否真有这种想法。

三、信息超载

个人处理数据的能力有限。当人们需要处理的信息超出了人们的处理能力时，就产生了信息超载（Information Overload）。由于电子邮件、即时通信、手机、传真、会议以及掌握所在领域发展趋势的需要，当下的管理人员和专业人士面临信息超载的可能性很大。

当信息超出了个人的处理和运用能力时，人们往往挑选、忽视、跳过、忘记信息或者推迟处理，直到超载的问题结束时再处理。不管怎样，结果就是信息的丢失和沟通效率的降低。

四、情绪

接收信息时，接收者的心情也会影响到他对信息的解释。不同的情绪感受会使个体对同一信息的解释截然不同。极端的情绪体验，如狂喜或悲痛，都可能阻碍有效的沟通。这种状态下，人们常常无法进行客观而理性的思维活动，往往做出情绪性的判断。

五、沟通恐惧

有效沟通的另一个主要障碍在于，人群中有 5% ~ 20%，受沟通恐惧（Communication Apprehension）或者焦虑之苦。虽然有很多人害怕在众人面前讲话，但沟通恐惧是一个更为严重的问题，因为它影响所有的沟通技巧。有沟通恐惧的人在口头沟通或书面沟通时会感到紧张和焦虑，或者在两种情况下都如此。例如，可以发现有口头沟通恐惧的人和他人面对面沟通时特别困难，或者在打电话时感到极其焦虑。结果就是，即使电话是最快捷、最合适的沟通方式，他们也会依赖备忘录或者传真来传达信息。

研究表明，口头沟通恐惧者回避需要口头沟通的场合。在自由挑选工作时，有口头沟通恐惧的人往往不会选择某些工作，比如教师，因为这个职位非常需要口头沟通。然而，几乎所有的工作都或多或少地需要口头沟通。更需要留意的是，有证据表明，高恐惧者会曲解工作对他们的沟通要求，从而把沟通需求降到最低。因此，管理人员必须清楚，组织中一些人会大量减少口头沟通，并且自圆其说，认为要有效完成工作并不一定需要更多的沟通。

第四节　有关沟通的一些问题

一、进一步研究的沟通问题

组织沟通中有三个问题需要进一步研究：

（1）为什么男性与女性相互沟通有困难?

（2）委婉恰当的沟通活动在组织中有什么意义?

（3）个人如何改善跨文化沟通技巧?

二、男女之间的沟通障碍

社会语言学家 Deborah Tannen 的经典研究为人们理解男女沟通风格的差异提供了重要线索，她的观点特别有助于解释为什么性别差异经常导致口头沟通障碍，Tannen 的基本观点是，男性通过交谈来强调地位，女性则通过交谈来建立关系，当然，她的观点并不是适用于所有的男性和所有的女性。

Tannen 指出，沟通是一种寻求平衡的活动，它巧妙处理亲密性和独立性需要两者之间的冲突。亲密性强调融洽和共性，独立性则强调分开和差异。问题的关键在于，女性使用的语言是建立联系和亲密性的语言，男性使用的语言是建立地位和独立性的语言。对于大多数男性来说，交谈主要是保护独立性和维持自己在社会格局中等级地位的手段；而对于大多数女性来说，交谈则是一种寻求亲密关系的谈判，在谈判中寻找并付出承诺和支持。

在交谈中，男性常常比女性更直截了当，男性可能会说：“我想你在这一点上是错的。”女性则可能会说：“你看过市场部在这一问题上的调查报告吗？（言下之意是这份报告会指出你的错误所在）。”虽然男性常常把女性的不直接视为“遮遮掩掩”或“鬼鬼祟祟”，但是女性也不像男性那样在乎地位或者渴望高人一等。

女性通常没有男性自负。女性经常会淡化自己的权威或者成就，以免使自己看起来像在吹牛，同时也是为了顾及他人的感受。不过，男性总是误解这一点，并错误地认为女性缺乏自信心和竞争力。

最后，男性还常常批评女性无时无刻不在道歉。女性道歉的次数的确比男性多。男性把“对不起”这句话视为一种缺点，因为他们认为说这句话意味着那位女性要接受责备，而在他看来，她根本不需要受责备。女性也知道自己不必受责备，但她们常常用“对不起”来表达遗憾，并试图让谈话回归平衡：“我知道你肯定对此事感到难过，我也感到很难过。”对多数女性而言，“对不起”是为了表达对他人的理解和关心，而不是为了道歉。

三、委婉恰当的沟通

绝大多数人都知道应该如何修饰词语做到委婉恰当的沟通。多数人都会避免使用残废、瞎子、老头这样的词语，而代之以身体残疾、视力障碍、长者这样的称呼。例如，某报纸允许记者使用“老年人”一词，但同时提醒他们说，老年人的界限因人而异，一群超过 75 岁的人并不一定都是老年人。

人们必须注意他人的感受，一些词语确实很古板，并会干扰和冒犯他人。面对越来越多元化的劳动力队伍，人们必须了解哪些词可能冒犯到他人。但是，委婉恰当的沟通也有副作用，它使得我们的词语越来越复杂，人们之间的交流也越来越困难，比如应该对“垃圾”“配额”和“女人”这三个词语不陌生，但这三个词都冒犯了一个或多个群体，于是它们被这样的词语所取代：“消费后的废弃物品”“教育平等”和“女性同胞”。但问题在于，这些替代性词语所传递的意义往往不如原词表达得那么贴切。

词语是沟通的主要工具。人们如果在使用词语时剔除掉那些不够委婉的词语，就降低了用最清楚、最准确的方式表达信息的可能性。大多数情况下，发送者和接收者使用的词语越多，准确传递信息的概率就越高。如果从词汇库中删去某些词语，则加大了准确沟通的难度。如果进一步用那些意义不易于理解的新术语替代原有词语，接收者得到的信息能够和人们的原意保持一致的可能性就更低了。

人们必须注意自己所使用的词语是否会冒犯他人，但同时还应注意，不要把语言的清理工作推向极端，以致阻碍了沟通的准确性。目前还没有一种简单的办法来处理这种艰难困境，但是，作为管理者，应该知道两者之间的取舍关系，并找到一个合理的平衡点。

四、跨文化沟通

即使在最好的条件下，也很难做到有效沟通。跨文化因素显然增加了沟通的困难，在一种文化背景下易于理解和接受的手势，在另一种文化下就有可能被视为无聊和下流。

（一）跨文化沟通面临的问题

一位文化障碍研究者指出，在跨文化沟通中，存在四个和语言障碍有关的具体问题。

1. 语义造成的障碍

同一词语对不同的人而言其含义不同，对于来自不同民族文化的人来说尤其如此。例如，有些词语无法在不同文化中进行互译。知道“sisu”一词的意思有助于和芬兰人进行交流，但这个单词很难译成完全对等的英语，它的意思有点儿像“胆量”或“坚持不懈”。同样，俄罗斯的新兴资本家与英国、加拿大的生意伙伴相互交流时也有困难，因为英语中的效率、自由市场、规则等词语很难直接翻译成俄语。

2. 词语的内在含义造成的障碍

在不同的语言中，同一词语的意义也不相同，例如，美国和日本的商业人员在谈判中也面临很多困难，因为日语中的“hai”被翻译为“是”，但“hai”的意思也可能是“是，我正在认真听”，而不是“是，我同意”。

3. 语调差异造成的障碍

在一些文化中，语言是规范的；而在另一些文化中，语言却是不规范的。在一些文化中，语调的变化取决于交谈的语境；人们在家里的说话方式，与在社交情境和工作环境中是不同的。如果在一个应该使用正式风格的情境中使用了非正式的个人风格，那会令人尴尬且不合时宜。

4. 认知差异造成的障碍

使用不同语言的人看待世界的方式也不一样。因纽特人对雪的认识与其他地区的人非常不同，他们有很多描述雪的词语。同样，泰国人对“no”的认识显然与美国人有很大差异，因为前者的词汇中并没有“no”这个词。

（二）跨文化沟通的建议

关于文化方面的建议。当和来自不同文化的人进行沟通时，为了减少错误的认知、解释和评价，应该首先评价文化语境。如果他们的文化背景和自己相似，遇到的困难会少一些。除此之外，下面四条原则会对跨文化沟通有所帮助。

（1）在没有证实相似性之前，先假设有差异。大多数人常常自认为别人与自己非常相似，但实际情况并非如此，来自不同国家的人通常是非常不同的。因此，在未得到证实之前，应先假定彼此之间有差异，这样做会减少犯错误的可能性。

（2）重视描述而不是解释或评价。相比描述来说，对某人言行的解释和评价更多是在观察者的文化和背景基础上进行的。因此，要给自己留出充分的时间，根据文化因素调整进行观察和解释的角度，在此之前不要急于做出判断。

（3）移情。传递信息之前，先把自己置身于接收者的立场上，想想发送者的价值观、态度、经历、参照点是什么，对他的教育、成长和背景有什么了解，试着根据别人的原本面貌认识他。

（4）暂且把自己的解释作为假设。当对新情境提出一种见解，或站在异国文化的角度上思考问题时，把自己的解释作为假设对待，它还有待更进一步的检测。仔细评价接收者提供的反馈，看看它们能否证实自己的假设。对于重要决策，还可以和文化背景相同的同事一起分析检查，以保证自己的解释是准确的。

本章小结

仔细回顾本章内容，会发现沟通和员工满意度的关系存在一条共同的线索：不确定性越少，满意度越高。沟通中如果存在失真、模糊和不一致现象，会增加不确定性，从而对满意度产生负面影响。

沟通中的失真现象越少，传达到员工的管理信息中与发送者原本意图相符的就越多。失真减少会进一步降低不确定性，并使群体的任务更明确，更多地利用垂直、水平以及非正式渠道，能够促进沟通的通畅性并降低不确定性，从而改善群体绩效与满意度。应该知道，言语沟通和非言语沟通如果不一致，会增加不确定性并降低满意度。

研究结果进一步表明，要做到完美沟通是不可能的。而且研究结果还表明，有效的沟通（包括感觉到的信任度、感觉到的精确度、沟通的意愿、高层管理者的接纳性、对上层的信息需求）与员工的生产力之间存在正相关关系。因此，选择合适的渠道、做一个有效的倾听者、运用反馈等，都有助于沟通效果的改善。不管怎样，人的因素所造成的失真问题不可能完全消除。沟通过程是信息的交换过程，但是交换的却不一定完全是发送者的原意。不管发送者所期望的是什么，接收者解码后的信息只是反映接收者所认为的现实。也正是这个所谓的“现实”，最终会决定绩效、接收者的激励水平以及满意度。

期望理论中提到，一个人的努力程度取决于他对努力—绩效、绩效—回报、回报—目标满意度这三个关系的认知。如果个体没有足够的数据来判断这些关系的关联性很高，激励就会减弱。当回报不明确、决定和衡量绩效的标准模糊，或者当个体不清楚这些努力能否带来满意的绩效时，员工的努力水平就会降低。因此，沟通对员工激励水平的高低有很大的影响。

最后，沟通效果还和离职率有关。老板可以通过一些活动和新员工沟通自己对他们真实角色的期望。一项研究对比了两种组织的离职率：给员工提供真实角色期望的组织，以及不提供真实角色期望或者只提供正面信息的组织。结果表明，就平均值来讲，后者的离职率比前者高出29%。这足以说明，管理者应该在招募与选拔的过程中向求职者传达真实、准确的工作信息。

本章练习题

1. 什么是沟通？
2. 试述沟通的障碍及改善的方法。
3. 试结合实际阐述跨文化沟通面临的问题以及跨文化沟通的建议。

研究性课题

一般情况下组织召开的会议会有哪些通病？如果你是会议组织者，应该如何组织召开一场有效的会议？

提示内容：没有明确的目标与程序、没有准备、主管失控、无法发言或离题、盲从或漠然、无人负责也无人追踪、参加的人太多……

第十章

领导、领导力与领导理论

★名人名言

理性和判断力是作为一个领导者的基本素质。

——泰西塔斯（古罗马的一个史官）

★学习目标

1. 比较领导与管理的异同。
2. 列出有效领导者的特质。
3. 定义并举例说明俄亥俄州领导维度。
4. 比较并对比特质理论与行为理论。
5. 阐述菲德勒的权变模型。
6. 描述魅力型领导者的特点。
7. 对比变革型领导与交易型领导。

★关键词

领导　领导者　权力

★开篇案例

个人成功是个领导力问题

记得2007年，一家房地产上市公司请我去给他们的高管讲讲管理。当时政府对房地产业采取了一些调控措施，房地产业的日子一时不太好过，于是该公司想：我们现在是不是要重视一下管理了？但是，这个调控很快过去，房地产业的日子又好起来了，这个公司后来大概又不琢磨管理的事了。

过去一些年，许多公司不太思考管理和领导力的事情：一是市场需求旺盛，它们站在了能把猪吹起来的风口上；二是决定它们竞争能力的是政府关系等非市场因素。但是，事情总是会变化的。

有时候，预测未来的最好办法是回顾过去。回顾过去，我们可能会惊讶地发现，许多现在人们习以为常的观念，其实历史很短，比如“个人成功”。

管理大师德鲁克说，个人成功是个新近才有的概念。在过去，农民的儿子是农民，铁匠的儿子是铁匠，没有通过个人奋斗取得成功这回事。可以印证德鲁克的话的是：所谓的“成功学”的确是最近一两百年才在美国兴起，而流传到中国则是最近三十年的事情。有趣的是，德鲁克本人在谈论领导力时，似乎忘记了领导力和成功一样，是个历史概念。德鲁克说，古希腊人色诺芬的《居鲁士的教育》，是第一本系统讲述领导力的著作，也是迄今为止最好的领导力著作。

另有西方领导力学者则说，《孙子兵法》是最早的在当时和现在都有巨大影响力的领导力著作。而《孙子兵法》成书的时间，很可能比《居鲁士的教育》还要早一百多年。为什么人们迟至1 300年才发现军事、政治和宗教领导者这些人，担任的都是类似的角色呢？为什么要到19世纪初期，人们才会开始讨论这些角色共有的抽象特性，也就是领导力呢？

中国人开始讲领导力，比成功学应该还要晚一些。原因在于，过去三十年的中国，就和19世纪初期的英国一样，社会在经历大转型。一方面，转型这个过程本身呼唤领导力；另一方面，转型的一个趋势就是从以权力为中心转型到以领导力为中心——这个趋势现在才刚刚开始。

最近三十年的社会转型，使得我们开始相信个人可以通过奋斗取得成功，个人需要通过奋斗取得成功，所以成功学在中国颇为流行。同样，我们开始相信我们可以发挥领导力，我们需要发挥领导力。这个趋势才刚刚开始，领导力的路还很长。

（资料来源：刘澜．个人成功是个领导力问题，2016－04－28）

第一节　领　　导

领导与管理是两个经常容易混淆的概念，它们到底有什么不同呢？

哈佛商学院的约翰·科特（John Kotter）指出，管理主要是处理复杂的问题。优秀的管理通过制订正式计划、设计规范的组织结构，以及监督计划的实施结果从而达到有序和一致。相反，领导主要处理变化的问题。领导者设置一个未来愿景，以确定前进的方向，接着，领导者与大家一起讨论该愿景，并激励大家克服障碍，从而达成一致。

虽然科特给两个概念划了一个界限，但是研究人员和一线管理者通常不这样划分界限。因此，需要通过另一种方式来定义领导，这种定义可以帮助人们理解在理论和实践中领导的含义。

我们把领导（Leadership）定义为：影响一个群体实现其愿景或一系列目标的能力。这种影响的来源可能是正式的，如来自组织中的管理职位。由于管理职位在一定程度上与正式授予的权威相关，一些人可能会认为领导角色仅仅来自在组织中所担任的职位。但是，并非所有的领导者都是管理者，也不是所有的管理者都是领导者。仅仅由于组织提供给管理者某些正式权力并不能保证他们实施有效的领导。可以发现那些非正式任命的领导，即影响力来自组织的正式结构之外的领导，他们的影响力与正式领导的影响力同等重要，甚至更为重要。换句话说，一个群体的领导者可以通过正式任命的方式出现，也可以从群体中自发产生出来。

一个组织如果要达到最佳效果，就需要强有力的领导与强有力的管理，认识到这点很重要。当今世界变化不断，人们需要领导有能力挑战现状、构建未来愿景，而且有能够激发成员实现愿景的意愿。例如，汽车制造业的三大巨头（福特、通用、戴姆勒-克莱斯勒）都认为自己的管理工作很优秀，却发现自己在领导方面不够有效，因为它们不能准确预测未来趋势（而它们的竞争对手如丰田，却可以准确预测未来趋势）。人们同样需要管理者制订具体的计划、构建有效的组织结构、监督每日的实施情况。

第二节　领　导　力

一、权力的定义

（一）权力

权力（Power）指个体 A 对个体 B 施加影响，并使 B 按照 A 的意愿行事的能力。这个定义表明权力的两个方面：

（1）权力是潜在的，无须通过实践来证明它的有效性。

（2）权力需要一种依赖关系。

权力可以存在但不被使用，因此，可以说权力是一种能力或潜力。一个人可以拥有权力，但不运用权力。也许关于权力最重要的一点在于权力是依赖（Dependency）的函数。B 对 A 的依赖性越强，则在他们的关系中 A 的权力就越大。反过来，依赖感取决于 B 感知到的其他选择方案以及 B 对 A 所控制的选择方案的重要性的评价。只有当一个人控制了另一个人所渴望拥有的事物时，他才拥有权力。如果一个人想获得一个大学文凭，并且不得不参加一门课的考试来达到这一目的，而其目前的老师是全校中唯一讲授这门课的老师，那么老师就拥有了对他的权力，他的选择是极其有限的，所以他会高度重视是否通过考试。

（二）领导与权力的比较

如果细心地比较一下对权力的描述，以及在前面对领导的介绍，就会发现这两个概念是密切相关的。领导者将权力作为实现群体目标的手段。同时，权力又是促使领导努力达成目标的工具。

领导与权力的区别是：

（1）目标的相容性。权力不要求构成权力关系的双方具有一致的目标，只需要依赖性。

然而，领导则要求领导者和被领导者的目标具有一定的一致性。

（2）影响的方向。领导权侧重于对下属施加影响，而尽量减少横向的和向上的影响。权力则不然。

（3）研究重点。关于领导的研究强调领导方式，它寻求对下列问题的答案：一个领导者应该有多强的支持性？下属应在多大范围内参与决策？相反，关于权力的研究更为广泛，关注赢得服从的权术方面。因为群体和个人都可以使用权力来控制其他个体或群体，所以权力的实施者不只局限于个人的范畴。

（三）正式权力

正式权力源于个人在组织中的职位。正式权力可以是强制力、奖赏的能力，也可以是正式的权威。

1. 强制性权力

强制性权力（Coercive Power）建立在惧怕的基础之上。如果不服从会带来消极的后果，那么鉴于对这种消极后果的惧怕，个体往往会对该权力就范。这种权力依靠体罚或者威胁使用体罚，如身体的疼痛，限制活动而引致挫败感，以及对基本的生理或安全需要的控制。强制性权力的一个例子是性骚扰，一些个体利用权力或职位并以有害的方式来强制或者威胁他人。研究表明，权力差距大的时候容易发生性骚扰。

2. 奖赏性权力

与强制性权力相对应的是奖赏性权力（Reward Power）。当人们服从他人的愿望或指示是因为这种服从能给他们带来益处时，奖赏性权力就产生了；因此，如果一个人能够给其他人带来大家认为有价值的奖赏，这个人对其他人就拥有了权力。奖赏可以是财务性的，也可以是非财务性的。

（1）财务性的奖赏：提高工资水平、加薪、奖金；

（2）非财务性的奖赏：认可、晋升、有趣的工作任务、友好的同事、个人喜欢的轮班方式或者销售区域安排。

3. 法定性权力

在正式的群体或组织中，获取一种或多种权力基础的最常见的途径大概要算一个人在组织结构中的职位了。由此获得的权力就是法定性权力（Legitimate Power），它意味着控制和使用组织资源的正式权威。职位的权威包括强制性权力和奖赏性权力。但是，法定性权力的涵盖面比强制性和奖赏性更为宽泛。值得一提的是，这种权力包括组织成员对职位权威的接受和认可。

4. 个人权力

在组织中要想拥有权力不一定需要通过正式职位来获取。例如，在英特尔公司，很多能力突出的芯片设计师就有权力，但是他们并不是管理者，也没有正式的权力。他们拥有的是个人权力——这些权力来自个体独有的某些特点。个人权力有两种基础——专家性权力、参照性权力。

（1）专家性权力。专家性权力（Expert Power）源于专长、技能和知识。由于世界的发展越来越依靠技术的发展，专门的知识技能也由此成为权力的主要来源之一。工作分工越细，专业化越强，目标的实现就越依赖专家。例如，医生因为具有专业技能而拥有专家性权力，所以人们大多数人都听从医嘱。除此之外，还可以看到，计算机专家、税务会计师、经济学家、工业心理学家以及其他各种专家，都会因为他们的技能而获得一定的专家性权力。

（2）参照性权力。参照性权力（Referent Power）的基础是对于某个拥有理想的资源或个人特质的个体的认同。如果喜欢一个人、尊重一个人并且羡慕一个人，他就可以对其施加权力，因为别人想取悦他。参照性权力的形成是由于对他人的崇拜以及希望自己也成为那样的人。参照性权力有助于解释为什么人们会花几百万美元请名人做产品广告。获取参照性权力的一个途径是展现魅力。一些具有参照性权力的人，虽然没有正式的领导职位，却能够对他人施加影响，这是因为他们富有魅力、精力充沛、招人喜欢，以及能令他人动情。

研究结果表明，在三种正式权力（强制性、奖赏性、法定性）基础和两种个人权力（专家性、参照性）基础中，个人权力来源最有效。专家性权力和参照性权力都和员工对上司的满意度、组织承诺以及绩效呈正相关，而奖赏性权力和法定性权力则与那些变量无相关性。而且正式权力的来源之一——强制性权力，实际上会适得其反，因为它和员工满意度、承诺表现呈负相关。

二、领导力的概念及模型

（一）领导力的概念

领导力（Leadership）就是指在管辖的范围内充分地利用人力和客观条件在以最小的成本办成所需办的事，提高整个团体的办事效率，比较常见的领导力开发方法包括《CEO 必读 12 篇》中的领导力提升、EMBA 及 EDP 项目等。领导力与组织发展密不可分，因此常常将领导力和组织发展放在一起，衍生出了更具实战意义的课程《领导力与组织发展》。领导力心理学是以心理学为基础、以管理应用为实践、以组织实验为依托，塑造管理者的领导魅力；重新审视管理者的误区，突破管理瓶颈，改善管理氛围；培养管理工作中让别人说“是”的能力——让否定、拒绝、抵抗、放弃变成认同、接纳、支持、执行；应用于领导、管理、沟通、团队、策划、营销等诸多领域。

（二）领导力五力模型

1. 领导力五力模型的构成

根据领导力概念谱系，领导力是支撑领导行为的各种领导能力的总称，其着力点是领导过程；换言之，领导力是为确保领导过程的顺利进行或者说领导目标的顺利实现服务的。基于领导过程进行分析，领导者必须具备如下领导能力：

（1）对应于群体或组织目标的目标和战略制定能力（前瞻力）；

（2）对应于或源于被领导者的能力，包括吸引被领导者的能力（感召力）及影响被领导者和情境的能力（影响力）；

（3）对应于群体或组织目标实现过程的能力，主要包括正确而果断决策的能力（决断力）和控制目标实现过程的能力（控制力）。

这五种关键的领导能力就构成了领导力五力模型（图 10-1）。

领导力五力模型中的五种领导能力对领导者而言都非常重要，但这些领导能力并不处于同一层面。在五种领导力中，感召力是最本色的领导能力，一个人如果没有坚定的信念、崇

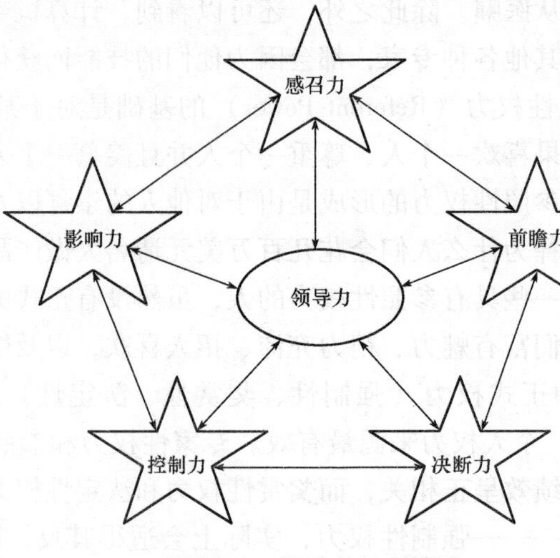

图 10-1　领导力五力模型

高的使命感、令人肃然起敬的道德修养、充沛的激情、宽厚的知识面、超人的能力和独特的个人形象，他就只能成为一个管理者而不能修炼为一个领导者，因此，感召力是处于顶层的领导能力；但是，一个领导者不能仅仅追求自己成为“完人”，领导者的天职是带领群体或组织实现其使命。这样就要求领导者能够看清组织的发展方向和路径，并能够通过影响被领导者实现团队的目标，就此而言，前瞻力和影响力是感召力的延伸或发展，是处于中间层面的领导能力；同时，领导者不能仅仅指明方向就万事大吉，在实现目标的过程中随时都会出现新的意想不到的危机和挑战，这就要求领导者具备超强的决断力和控制力，在重大危急关头能够果断决策、控制局面、力挽狂澜，也就是说，作为前瞻力和影响力的延伸和发展，决断力和控制力是处于实施层面的领导能力。

2. 领导力五力模型分析

（1）领导感召力。感召力是最本色的领导能力，领导学理论中最经典的特质论研究的核心主题就是感召力。感召力主要来自以下五个方面：

①具有坚定的信念和崇高的理想；

②具有高尚的人格和高度的自信；

③具有代表一个群体、组织、民族、国家或全人类的伦理价值观和臻于完善的修养；

④具有超越常人的大智慧和丰富曲折的阅历；

⑤不满足于现状，乐于挑战，对所从事的事业充满激情。

（2）领导前瞻力。前瞻力从本质上讲是一种着眼未来、预测未来和把握未来的能力。具体分析，前瞻力的形成主要与下述因素有关：

①领导者和领导团队的领导理念；

②组织利益相关者的期望；

③组织的核心能力；

④组织所在行业的发展规律；

⑤组织所处的宏观环境的发展趋势。

（3）领导影响力。影响力是领导者积极主动地影响被领导者的能力，主要体现为：

①领导者对被领导者需求和动机的洞察与把握；

②领导者与被领导者之间建立的各种正式与非正式的关系；

③领导者平衡各种利益相关者特别是被领导者利益的行为与结果；

④领导者与被领导者进行沟通的方式、行为与效果；

⑤领导者拥有的各种能够有效影响被领导者的权力。

（4）领导决断力。决断力是针对战略实施中的各种问题和突发事件而进行快速和有效决策的能力，主要体现为：

①掌握和善于利用各种决策理论、决策方法和决策工具；

②具备快速和准确评价决策收益的能力；

③具备预见、评估、防范和化解风险的意识与能力；

④具有实现目标所需要的必不可少的资源；

⑤具备把握和利用最佳决策及其实施时机的能力。

（5）领导控制力。控制力是领导者有效控制组织的发展方向、战略实施过程和成效的能力，一般是通过下述方式来实现的：

①确立组织的价值观并使组织的所有成员接受这些价值观；

②制定规章制度等规范并通过法定力量保证组织成员遵守这些规范；

③任命和合理使用能够贯彻领导意图的干部来实现组织的分层控制；

④建立强大的信息力量以求了解和驾驭局势；

⑤控制和有效解决各种现实的和潜在的冲突以控制战略实施过程。

第三节 领导理论

一、特质理论

纵观历史，强有力的领导人，如拿破仑、毛泽东、丘吉尔、撒切尔和里根等，都被描述为特质明显的人。例如，玛格丽特·撒切尔担任英国首相时期，人们一般这样描述她：自信、铁腕、坚定、果断。

（一）领导特质理论（Trait Theory of Leadership）的内容

根据人格特征区分领导者和非领导者。像玛格丽特·撒切尔、南非前总统曼德拉、维京集团的 CEO 理查德·布兰森、苹果公司的共同创办人史蒂夫·乔布斯、美国运通的主席肯尼斯·切诺特（Ken Chenault）等都被公认是领导人，他们通常被描述为富有魅力、热情、果断。人们从人格、社会、身体和智力等方面去研究领导，以及从这些方面去区分领导与非领导，这种做法可以追溯到领导研究的最初阶段。

许多试图分离领导特质的研究都以失败而告终。比如，20 世纪 60 年代末的一份研究综述了 20 篇研究报告，共列出了近 80 项领导特质，然而其中只有 5 项特质在 4 篇以上的文章中出现。到20世纪90年代，经过无数的研究和分析之后，能够得到的结论也莫过于“多数领导者和其他人不同”，但是关于领导者具备的特质到底是什么这一问题却有很多不同看法，不同的综述有不同的观点。当时对这个问题的认识很含糊。

当研究人员开始根据“大五”人格结构去划分特质时，突破终于出现了。大五人格结构包括外向性、宜人性、尽责性、情感稳定性、对经验的开放性。有一点很明确，那就是，在关于领导的研究综述中出现过的几乎所有特质都可以划分在大五人格结构的某个维度下面。这个方法使下列观点得到一致的、强有力的支持：特质是领导力的预测指标。抱负和活力（领导者普遍具备的两个特质）可以划归到外向性下面，研究者不再强调这两个具体的特质，而是把它们纳入外向性这一更宽泛的概念中进行分析。

一份以“大五”为中心的领导的全面研究综述发现，外向性是有效领导者最重要的特质。但是结果也显示，外向性和领导气度（Leader Emergence）的相关度高于它和领导有效性（Leader Effectiveness）的相关度。这并不令人特别惊讶，因为爱好交际且有权威的人更倾向于维护自己在群体情境中的地位。尽责性和对经验的开放性两个维度也和领导有着较显著的、一致的相关关系，不过没有外向性与领导的相关性强。宜人性和情感稳定性两个维度则和领导的相关性不强。总体而言，特质论对研究领导有一定贡献。外向的（喜欢和人交往，并能够坚持自己的权利）、尽责的（遵守纪律、严守承诺）、对经验开放度高的（有创造力的、灵活的）领导的确在领导力方面有优势，这表明优秀的领导具备一些共同特质。

近期的研究表明，还有一项特质会影响领导的有效性，那就是情商（EQ）。支持EQ的学者指出，如果情商不高，一个人即使受过出色的训练、拥有高水平的分析能力和令人佩服的预见力，并能够提出无数个了不起的观点，也无法成为一个优秀的领导人。对于一个人在组织中能否晋升上这一点非常明显。情商似乎是影响有效领导的关键因素，因为情商的一个重要组成部分是移情（Empathy）。具有移情能力的领导能够感受到他人的需要，善于聆听下属说什么（并且自己不说），并能读懂他人的反应。正如一位领导人所言：“移情包含关心这个内容，尤其是当你关心和你一起工作的人时，能够促使他们在境况变糟时仍然留下来为你工作。多数情况下，仅仅关心这一项就能够为你赢来下属的忠诚。”

尽管支持者认为情商很重要，但是情商与领导有效性之间的相关关系研究却较其他特质少。一位综述者指出，“推测情商的实际作用的时机还不成熟，尽管有这样的警示，情商还是被不少组织视为治疗组织弊病的万能药，这是因为当前的观点认为情商是实现有效领导的关键因素”。

（二）领导特质理论的结论

根据最新的研究成果，可以做出以下两点结论：

（1）特质可以预测领导。20年前的研究结果却恰恰相反，这可能是因为当时缺乏划分和构建特质的有效工具，而“大五”人格结构弥补了这个不足。

（2）特质对领导气度和领导仪态的预测效果，好于对现实中有效领导者与无效领导者的预测效果。当一个人表现出领导气度，并且其他人视之为带领群体实现目标领导时，他未必能够成功。

二、行为理论

由于早期对特质的研究并没有取得预期效果，在20世纪40年代末期，研究者开始把注意力转到一个不同的方向。他们开始研究具体的领导者表现出的行为，想知道有效的领导者是否具有独特的行为方式。例如，西贝尔系统（Siebel Systems）公司的主席汤姆·西贝尔和甲骨文的CEO拉里·埃里森都曾成功地领导各自的公司渡过了艰难时期。而且他们两人具有共同的领导风格——严厉、强硬和专制。这是否表明专制行为被大多数领导者偏爱？为了回答这一问题，在此介绍三个不同的领导行为理论（Behavioral Theories of Leadership），并分析行为观点在实践中的意义。

如果领导的行为理论是成功的，它的意义将与特质理论的意义大不相同。如果特质理论正确，它就会为有需要的群体或组织选拔“正确”的人选提供了基础；如果行为研究能够发现决定有效领导的关键行为因素，就可以培训出领导者。特质理论与行为理论在实践方面的差异源于两者的理论假设不同。特质理论假定领导者是天生的，而不是后天可以培养的。然而，如果人们把具备某些具体行为的人当作领导，那么就可以培养领导——可以设计一些项目，把领导的行为模式移植给期望成为有效领导的人。显然，后者是一条更令人兴奋的研究途径，因为它意味着领导者的队伍可以不断壮大。如果培训有效，可以拥有无数个有效的领导者。

（一）俄亥俄州立大学的研究

最全面且被后人重复最多的行为理论来自20世纪40年代末期在俄亥俄州立大学进行的研究，俄亥俄州的研究者旨在确定领导行为的独立维度。他们根据下属对领导行为的描述，最初列出了1 000多个因素，最后归纳出两大类——结构维度和关怀维度，这两大类基本上涵盖了下属给出的行为描述。

1. 结构维度（Initiating Structure）

结构维度指的是在追求目标的过程中，领导者在多大程度上愿意界定和建构自己与下属的角色，它包括组织、工作关系和工作目标行为。高结构特点的领导者向小组成员分派具体工作，期望员工保持一定的绩效标准，并强调工作的最后期限。拉里·埃里森和汤姆·西贝尔的行为都体现了高结构特点。

2. 关怀维度（Consideration）

关怀维度是指领导者在多大程度上尊重和关心下属的看法与情感，并愿意和下属建立相互信任的工作关系。高关怀特点的领导者关心下属的生活、健康、地位和满意度。他们通常被描述为愿意帮助下属解决个人问题、友善、平易近人，并公平对待每一位下属。美国在线时代华纳公司（AOL Time Warner）的总裁理查德·帕森斯（Richard Parsons）具有高关怀特点，他的领导风格是典型的员工取向，强调合作与达成共识。

人们曾经认为俄亥俄州的研究结果是令人失望的。然而，近期的一个研究综述指出：对这个双因素概念模型的否定显得过于草率，因为该综述分析了160项研究，结果发现结构维度和关怀维度都与有效领导相关。具体来讲，关怀维度与个体的相关性更强。换句话讲，高关怀特征的领导，其下属具有更高的工作满意度和激励水平，并且对领导更加尊重；结构维度与群体和组织的高生产力、高绩效水平相关性更强。

（二）密歇根大学的研究

与俄亥俄州立大学的研究同期，密歇根大学调查研究中心也对领导行为进行了研究，两者的研究目的也相似：确定有效领导者的行为特点。

密歇根大学的研究团队也将领导行为划分为两个维度，分别称为员工导向和生产导向。员工导向的领导者（Employee-oriented Leader）重视人际关系，他们关心下属的需要，并认可员工的差异性。相反，生产导向的领导者（Production-oriented Leader）更强调工作技术或工作任务，他们更关心群体任务的完成情况，并把群体的成员视为达到目标的工具。这两个维度——员工导向与生产导向，与俄亥俄州立大学研究中的两个维度高度相关。员工导向型领导和关怀维度相似，生产导向型领导和结构维度相似。事实上，研究领导的多数学者在使用这两组维度时都认为它们是没有差别的。

密歇根大学的研究者的结论十分认可员工导向的领导者。员工导向的领导者与群体高生产率和高工作满意度呈正相关；而生产导向的领导者则与低群体生产率和低工作满意度联系在一起。虽然密歇根大学的研究表明，员工导向型领导（或称为关怀维度）比生产导向型领导（或称为结构维度）重要，但是，俄亥俄州的研究赢得了更多的关注，因为该研究认为关怀维度和结构维度都是影响有效领导的重要因素。布莱克和莫顿（Black & Mouton）两人在俄亥俄州立大学研究和密歇根大学研究的基础上，提出了管理方格理论（Managerial-Grid）（现在有时被称为领导方格理论）。管理方格理论包括“关心人”和“关心生产”两种领导风格；这两个风格实质上相当于俄亥俄州立大学的关怀维度与结构维度，以及密歇根大学的员工导向维度和生产导向维度。

（三）特质理论与行为理论小结

根据研究文献可知，行为理论和特质理论加深了人们对领导有效性的理解。具有某种特质的领导，以及具有高关怀特点、高结构特点行为的领导，的确更加有效。也许特质理论和行为理论可以结合起来。例如，人们可能认为尽责的领导（尽责性是一种特质）会表现出高结构性特点（结构维度属于行为特征），也许外向的领导（外向性是一种特质）更关怀下属（关怀是一种行为）。遗憾的是，还不确定是否存在这种联系，将来的研究需要将两者结合起来去探讨。

三、权变理论

许多领导者的起起落落，比如安然的前总裁肯尼思·莱（Kenneth Lay）和杰弗里·斯基林（Jeffrey Skilling），表明预测成功的领导远比确认一些特质或者行为复杂得多。在20世纪中期，研究者认为无法在特质和行为方面获得一致的结果，因此，他们转向研究情境的影响作用。领导风格与有效性之间的关系表明，在条件A下，X风格恰当可行；Y风格则更适合于条件B；Z风格更适合于条件C。但是，条件A、B、C到底是什么呢？虽然提出领导有效性取决于情境这样一个观点很容易，但要把这些情境条件确认并分离出来还是颇有难度。研究结果表明，某些情境变量的分离方法比其他方法更为成功，并因此而赢得了更为广泛的认可。

（一）费德勒权变模型

第一个综合的领导模型是由弗雷德·费德勒（Fred Fiedler）提出的。费德勒权变模型

（Fiedler Contingency Model）指出，有效的群体绩效取决于以下两个因素的有效匹配：领导者的风格以及情境对领导者的控制程度。

1. 确定领导风格

费德勒相信影响领导成功的关键因素之一是领导者的基本领导风格，因此第一步就是要找出这种基本领导风格。为此，他设计了 LPC 问卷（Least Preferred Coworker Questionnairze），问卷旨在测量个体属于任务取向型还是关系取向型。问卷由 16 组对照形容词构成（如快乐—不快乐、有效的—无效的、开放的—封闭的、支持的—敌对的）。作答者需要首先回想一下和自己共事过的所有同事，并从中找出一个自己最不愿意共事的人；然后，运用上述 16 组形容词对该人进行评价，评价等级为 1～8 级。费德勒相信，根据一个人对 LPC 问卷的回答，可以判断出他的基本领导风格。如果以相对积极的词语描述最难共事者（LPC 得分高），则回答者很乐于与同事形成友好的人际关系。也就是说，如果一个人把最难共事的同事描述得比较积极，根据费德勒模型他就是关系取向型。相反，如果一个人对最难共事的同事看法比较消极（LPC 得分低），那他可能对生产力更感兴趣，因而被称为任务取向型。另外，有大约 16% 的回答者的分数处于中间水平，很难被划分为任务取向型或关系取向型，从而超出了该理论的预测范围。因此，下面的讨论都是针对其余 84% 的人进行的。

费德勒认为，一个人的领导风格是固定不变的。假定某个情境需要任务取向的领导者，而在此领导岗位上的却是关系取向型的领导者，那么要达到最佳效果，要么改变情境，要么替换领导者。

2. 确定情境

用 LPC 问卷对个体的基本领导风格进行评估之后，管理者必须评估情境，并将领导者与情境进行匹配。费德勒列出了三项权变维度，他认为这三项维度是确定领导有效性的关键要素：

（1）领导者—成员关系：领导者对下属的信任和尊重程度。

（2）任务结构：工作任务的结构化或非结构化程度。

（3）职位权力：领导者对权力变量，如聘用、解雇、训导晋升、加薪等的影响度。

费德勒模型的下一步是根据这三项权变变量来评估情境：

（1）领导者—成员关系是好还是差；

（2）任务的结构化程度是高还是低；

（3）职位权力是强还是弱。

费德勒指出，领导者—成员关系越好，任务的结构化程度越高，职位权力越强，则领导者拥有的控制力越强。比如，在一个非常有利的情境（此时，领导者的控制力很强）中，一位薪酬经理深得员工的尊重和信任（领导者—成员关系好），他所从事的工作（如薪金计算、报表填写）具体明确（工作结构化高），工作还赋予了他奖惩员工的自由（职位权力强）；相反，在一个不利的情境中，一个名为 United Way 组织的自愿筹资小组的主席可能不受大家欢迎，同时对小组的控制力也很弱。总之，把三项权变变量结合起来，便得到八种不同的情境或类型，每个领导者都可以从中找到自己的位置（图 10-2）。

3. 领导风格与情境匹配

掌握了个体的 LPC 分数并评估了三项权变维度之后，费德勒模型指出，二者相互匹

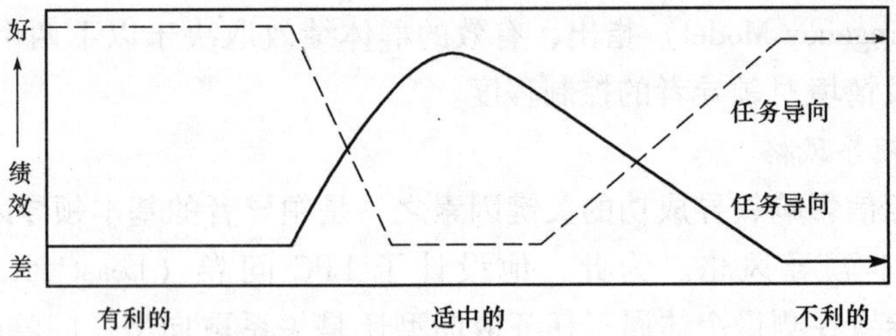

类别	Ⅰ	Ⅱ	Ⅲ	Ⅳ	Ⅴ	Ⅵ	Ⅶ	Ⅷ
领导—成员的关系	好	好	好	好	差	差	差	差
任务结构	高	高	低	低	高	高	低	低
职位权力	强	弱	强	弱	强	弱	强	弱

图 10-2　费德勒权变模型

配时，会达到最佳的领导效果。根据研究结果，费德勒做出总结任务取向的领导者在非常有利和非常不利的情境下的工作更有效。据此，费德勒预测，当处在Ⅰ、Ⅱ、Ⅲ、Ⅶ、Ⅷ型的情境时，任务取向的领导者干得更好。而关系取向的领导者则在中等有利的情境，即Ⅳ、Ⅴ、Ⅵ型的情境中工作更有效。近几年来，费德勒将八种情境类型归纳为三种。他认为任务取向的领导者在高控制和低控制的情境中表现最佳，而关系取向的领导者在中等控制的情境中表现最好。在试图匹配领导者与情境时，可以运用费德勒的研究成果。个人的 LPC 分数决定了他最适合于何种情境类型，而情境类型则通过对三项权变因素的评估来确定，这三项因素分别是领导者—成员的关系、任务结构和职位权力。但是要明确，根据费德勒的观点，个人的领导风格是固定不变的。因此，要提高领导者的有效性，实际上只有两条途径：

（1）替换领导者以适应情境。例如，在棒球比赛中，教练可以根据击球手的情境特点而决定起用左手投球手还是右手投球手。因此，如果群体所处的情境被评估为十分不利，而目前的管理者又是关系取向型，那么用一个任务取向的管理者来替换他就能够提高群体绩效。

（2）改变情境以适应领导者。要改变情境，可以重建任务，也可以提高或者降低领导者对加薪、晋升、训导等活动的控制力。

4. 评估

总体来说，有很多研究对费德勒模型的总体效度进行了考察，并得出十分积极的结论。很多研究结果支持费德勒模型，或者至少支持其中一部分。如果在运用该模型进行预测时，使用的是简化的三种情境类型，而不是之前的八种类型，那么就有更大量的数据支持费德勒的结论。但是，LPC 量表以及该模型在实际应用中也存在一些不容忽视的问题。例如，LPC 量表背后的逻辑是什么还不是很肯定，而且，一些研究发现回答者的 LPC 分数并不稳定。除此之外，权变变量实际评估起来也过于复杂和困难。在实践中，往往很难确定领导者—成员关系有多好，任务的结构化有多高，以及领导者拥有的职权有多大。

（二）领导—成员交换理论

上文中所介绍的领导理论大多基于这样一个假设：领导者对待所有下属的方式是一样

的。这些理论假定：领导者使用一种非常同质的风格对待工作单位的所有人。但请回想一下自己在群体中的经历，可以注意到，在群体中领导者对待不同下属的方式非常不同。领导者对自己的圈内人士或许更为眷顾。领导者—成员交换理论（Leader-member Exchange Theory，LMX 理念）（图 10-3）指出，由于时间压力，领导者与下属中的少部分人建立了特殊关系。这些人成为圈内人士，他们受到信任，得到领导更多的关照，也更可能享有特权。而其他下属则成为圈外人士，他们与领导共处的时间较少，获得满意奖励的机会也较少，他们的领导—下属关系是在正式的权力系统基础上形成的。

该理论指出，在领导者与某一下属进行接触的初期阶段，领导者就暗自将该下属划入圈内或圈外，并且这种关系是相对稳定不变的。领导者通过奖励那些想与之建立密切关系的下属，并惩罚那些不想建立密切关系的下属来促使 LMX 关系的顺利进行。但是要保持 LMX 关系不受破坏，领导者和下属都必须不断为该关系投入。

领导者到底怎样挑选圈内人和圈外人尚不清楚，但有证据表明，领导者倾向于将具有下面特点的人员选入圈内：与领导者的态度和人格特质相似，或者能力水平高于圈外人士。例如，下属如果是掌握型取向（Mastery Orientation）——为了把工作做好，非常重视对工作所需技能和知识的学习，往往可以发展亲密的 LMX，因为这些员工能够为上司提供有价值的信息和经验。结果就是，上司为这些员工提供发展技能和自我提高的机会，这也有利于组织发展。不过，频频与上司交流似乎仅仅对高 LMX 的员工有利，原因很可能在于，上司觉得与低 LMX 的员工频频交流很令人讨厌且浪费时间。在此需要指出的是，虽然是领导者在进行选择，但是下属的特点对领导的归类决策起驱动作用。

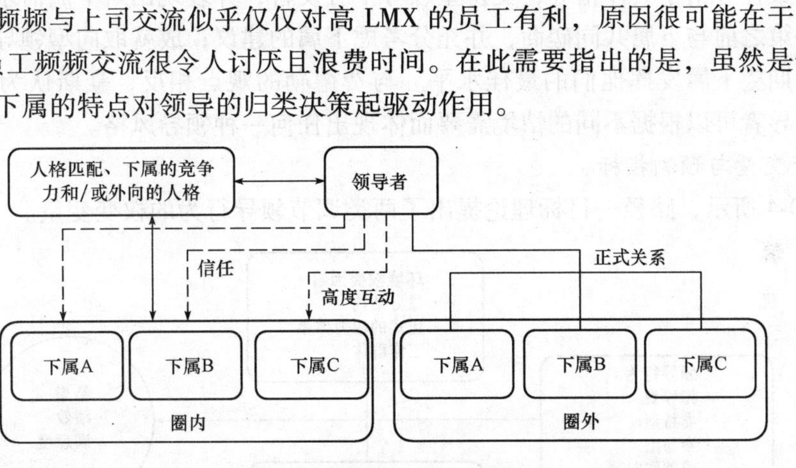

图 10-3　领导—成员交换理论

几乎没有下属愿意成为领导者的圈外人。但是，成为领导者的圈内人也有危险，因为运气会随着领导的起伏而变化。举例来讲，当 CEO 被免职时，他的圈内人通常一起离开。当泰科（Tyco）的 CEO 丹尼斯·科茨洛夫斯基（Dennis Kozlowski）被开除时，他最亲密的助手 CFO 马克·斯沃茨（Mark Swartz）最后也被迫辞职，虽然马克在华尔街享有盛誉，并被视为最理解泰科公司复杂事务的执行官之一。

验证 LMX 理论的相关研究在整体上都支持该理论。具体来说，相关的理论和研究为以下观点提供了大量佐证：

①领导对待下属的方式有差异。

②这种差异绝不是随机的。

③与圈外的下属相比，圈内的下属有着较高的绩效等级、较低的离职倾向，并且对上司的满意度较高，整体满意度也较高。

这些关于圈内成员正面结果的研究发现并不奇怪，人们都知道自我实现预言的存在。领导者把资源投入他们期望表现最好的下属身上，因为领导者认为圈内的成员最有竞争力，所以他们会把资源投入圈内人身上，从而在不知不觉间实现了预言。

（三）路径—目标理论

罗伯特·豪斯（Robert House）创建的路径—目标理论，从俄亥俄州立大学提出的研究领导的两个维度以及激励的期望理论中吸收了一些要素。

1. 理论内容

路径—目标理论（Path-goal Theory）的核心在于，领导者的工作是为下属提供信息、支持或者其他必要的资源，从而帮助下属实现他们的目标。“路径—目标”这一概念来自这样一种观点，即有效的领导者帮助下属明确工作目标，从而为下属指明前进的道路；此外，还要帮助下属清理各种路障，使下属的道路更加通畅。

2. 领导行为

豪斯确定了四种领导行为：指导型领导让下属知道自己对他们的期望，安排工作日程，并对如何完成任务给予具体指导；支持型领导十分友善，并表现出对下属需求的关怀；参与型领导在决策之前与下属共同磋商，并充分考虑下属的建议；成就取向型领导设置有挑战性的目标，并期望下属发挥他们的最佳水平。与费德勒的观点相反，豪斯认为领导者是灵活的，同一领导者可以根据不同的情境需要而体现出任何一种领导风格。

3. 权变变量与预测指标

如图 10-4 所示，路径—目标理论提出了两类调节领导行为的权变变量。

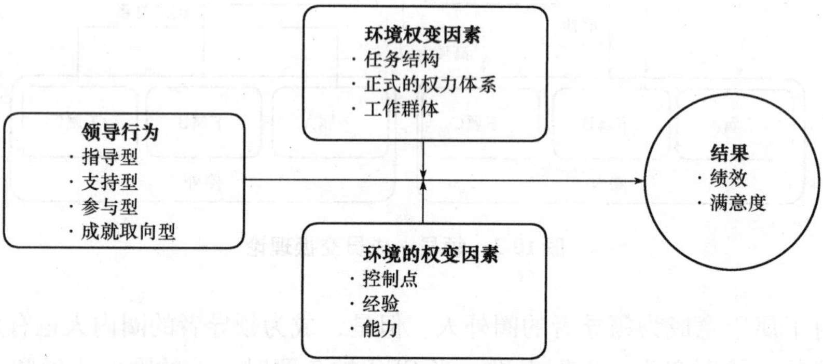

图 10-4　路径—目标理论

（1）处于下属控制范围之外的环境变量（任务结构、正式的权力系统以及工作群体）；

（2）下属人格特征中的部分特点（控制点、经验、能力）。

要实现下属的工作产出最大化这一目标，需要恰当的领导行为，环境因素决定了哪种类型的领导行为最合适，而下属的个人特点决定了如何解释环境和领导者的行为。因此，该理论指出，当领导行为与环境结构资源重复多余时，或者当领导行为与员工的特征不一致时，领导效果不佳。举例来讲，路径—目标理论对以下几点做出预测：

①与具有高度结构化和安排完好的任务相比，当任务不明朗或压力过大时，指导型领导会带来更高的满意度；

②当下属执行结构化任务时，支持型领导会带来员工的高绩效和高满意度；

③对于能力突出或经验丰富的下属，指导型领导可能被视为累赘多余；

④内控型下属对参与型领导更为满意；

⑤当任务结构不清时，成就取向型领导能够提高下属的期待水平，使他们坚信努力工作必会带来高绩效。

（3）评价。由于路径—目标理论过于复杂，要验证它显得非常困难。一项综述显示，研究数据对理论的支持与否不一致。正如这项综述的作者所说："这些结果表明，要么就是有效的领导没有像理论指出的那样去消除员工路径中的路障和陷阱，要么就是这些障碍的本质与理论提出的观点不一致。"另外一项综述表明，理论缺少支持是"令人震惊和失望的"。这些结论受到一些学者的挑战，这些学者指出，目前对该理论的验证性研究还不足以下结论。因此，可以放心地说，"陪审团"仍在关注路径—目标理论的有效性。因为验证该理论的工作非常复杂，所以这个"案子"的审理还需要假以时日。

四、魅力型领导与变革型领导

（一）魅力型领导理论

约翰·肯尼迪、马丁·路德·金、罗纳、德·里根、比尔·克林顿、玫琳凯·艾施（玫琳凯化妆品的创始人）、史蒂夫·乔布斯（苹果公司的共同创始人）以及纽约市的前市长鲁迪·朱利安尼都是公认的魅力型领导，经常被大众提起。那么，他们有什么共同点吗？

1. 魅力型领导的概念

马克斯·韦伯是一位社会学家，也是第一位讨论魅力型领导的学者。一个多世纪以前，他把魅力（在希腊语中是"礼物"）定义为"人格中的一种品质，具有这种品质的人和普通人不同，他们看起来好像被赋予了超自然的或超人的能力，或者至少是某种罕见的能力或品质。一般常人不可能拥有这些特质，他们被视为神圣的或者典范的。因此，具有这些特质的人就被当作领导对待了"。韦伯指出，魅力型领导是理想的权威类型之一。

最早在 OB 领域分析魅力型领导的是罗伯特·豪斯。根据豪斯魅力型领导理论（Charismatic Leadership Theory），下属在观察到某些行为时，会把它们归因为英雄式的或者非凡的领导力。有很多研究尝试找出魅力型领导的特征。文献综述指出了这类领导的四个特征：愿景、为了实现这个愿景而不惧风险、对下属的需要敏感以及行为与众不同。对这些特征的描述见表 10-1。

表 10-1　魅力型领导的关键特征

1. 有远见并能清晰表达。有远见——这是表达个人的理想化目标；能够明确地表达远见的重要性，并让他人理解。
2. 承担个人风险。愿意为了实现而承担高风险，承受高成本，自我牺牲。
3. 对下属的需要敏感。了解他人的能力，并回应他们的需要和感受。
4. 表现出不同寻常的行为。表现出创新的、打破陈规的行为。
资料来源：Based on, J. A. Conger and R. N. Kanungo, Charismatic Leadership in Organizations (Thousand Oaks, CA: Sage, 1998), p. 94.

2. 魅力型领导影响下属的过程

魅力型领导在现实中如何影响下属？有资料表明影响过程包括以下四个步骤：

首先，领导者明确公布一个有吸引力的愿景。愿景（Vision）是指关于如何达到目标的长期战略。愿景可以把组织现在和更加美好的未来联结起来，从而给员工提供了一种连续的感觉。例如，在苹果公司，史蒂夫·乔布斯为 iPod 鼓气时指出，"iPod 将和苹果公司制造出的任何东西一样无愧于苹果的产品"。iPod 实现了苹果的目标：提供突破性的、便于使用的技术。苹果的战略是产品要具备用户容易掌握的界面，并且，可以快速上传和轻松编排歌曲。iPod 是市场上第一款将数据存储和音乐下载联结起来的主流产品。

一旦确定了愿景，领导者就会向下属表达较高的绩效期望，并表明自己相信下属可以达到这些目标。这会激发下属的自尊和自信心。中心软件（Centra Software）的 CEO 保罗·古多尼斯（Paul Gudonis）说，传达信心是管理人员工具箱中最重要的工具。

接着，领导者通过语言和行动灌输一套新的价值观，并且用自己的行为给下属树立学习的榜样。例如，对以色列银行职员的一项研究表明，魅力型领导之所以有效是因为下属对他们有认同感。

最后，魅力型领导表现出动情的，通常是超乎传统的行为，以表现出对愿景的信心和勇往直前的气魄。魅力型领导会感染情绪，让下属在不知不觉间懂得领导表达的情感。

富有感召力的愿景的关键特征是它以价值观为中心。愿景应该能够激发感召力和独树一帜，并带来能够凸显组织特性的新秩序。如果愿景不能够为组织和成员提供一个明显好于现状的未来，那它多数会失效。好的愿景能够和时间、环境匹配，并且能够反映组织的独特之处。而且组织的成员必须对实现这个愿景有信心。愿景看起来应该既有挑战性又能够达到。此外，清楚明了而又包含丰富想象力的愿景更容易被理解和接受。

3. 魅力型领导的不足

许多商界的魅力型领导都成了名人，每个公司都想要一个魅力型 CEO，为了吸引这些人，公司为他们提供了空前的自由和资源，比如随时待命的私人飞机、享用价值不菲的顶层公寓、免息贷款购买海边别墅和艺术品、由公司付酬的护身保安，以及其他奢侈性福利。一项研究表明，即使业绩平平，魅力型领导也可以利用他们的领导魅力来获得高薪。

不幸的是，魅力型领导虽然引人注目，但他们未必尽力为组织谋取最大利益。安然、泰科、世界通信和南方保健（Health South）的领导不顾一切地利用组织的资源来追逐个人利益，他们违背法律、越过道德底线、对财务数字造假，目的就是短时间内提高股票价格，从股票期权中牟取暴利。这些人利用手中的权力以自己的想象来重塑公司，他们经常完全混淆组织利益和个人利益的界限。在领导魅力受利己主义驱使最严重的时候，领导甚至把个人目标凌驾于组织目标之上。这些领导完全受不了批评，围在身边的都是"应声虫"，他们因为取悦领导而得到好处。于是，在这种环境下，人们即使意识到领导犯了错误，也只好沉默，因为他们不敢挑战这些"国王"或"王后"。

一项研究调查了 29 个公司（例如，通用电气、沃尔玛、惠普等），这些公司都是从优秀走向卓越（15 年间，这些公司的股票累积回报至少是股票市场均值的三倍）。调查结果发现，这些公司都没有本我驱动的魅力型领导。尽管这些公司的领导都非常有抱负、有动力，但是他们的抱负是以公司为导向的，并非为了自己。他们创造了卓越的成就，但并没有因此而大肆张扬。他们承担失误和业绩差的责任，而把成功归功于他人。他们引以为荣的是为组织培养了优秀的领导，在自己离开公司之后，这些新生代的领导可以带领公司取得更大的成功。

当然，并不是说魅力型领导是无效的。整体而言，他们的领导有效性得到了数据的支持。这里要说的是，一个魅力型领导并不总能解决问题。诚然，公司若由一个魅力型领导掌舵，成功的可能性会更大。但是，成功与否，在一定程度上取决于情境和领导的愿景。

（二）变革型领导理论

1. 交易型领导和变革型领导

还有一个研究流派在关注如何区分交易型领导和变革型领导，本章前面介绍的大多数领导理论，如俄亥俄州立大学的研究、费德勒的模型、路径—目标理论，讲的都是交易型领导(Transactional Leaders)。这种领导通过明确角色和任务要求来指导或激励下属向着既定的目标前进。变革型领导（Transformation Leaders）鼓励下属为了组织的利益而超越自身利益，并能对下属产生深远而不同寻常的影响。当代的变革型领导有雅芳的钟彬娴、维京集团的理查德·布兰森、波音的 CEO 吉姆·麦克纳尼等。变革型领导表现出以下特质：

①他们关心每个下属的日常生活和发展需要；

②他们帮助下属用新观念看待老问题，从而改变了下属看问题的方法；

③他们能够激励、唤醒和鼓舞下属为达到群体目标而付出更大的努力。

表 10-2 简单列出并定义了区分两类领导的主要特征。

表 10-2 交易型领导和变革型领导的特征

交易型领导
权变奖励：契约注明努力会得到奖励，承诺奖励优秀的绩效，认可员工取得的成就。
例外管理（积极的）：关注并寻找突破规则和标准的方法，采取正确的行动。
例外管理（消极的）：只有当没有达到标准时才进行干预。
放任管理：放弃职责，避免做决策。
变革型领导
魅力：提供远见和使命感，灌输自豪感，赢得尊重和信任。
感召力：对员工寄予厚望并就此和员工沟通，通过一些符号来强调努力，运用简单的方式传达重要的目的。
智力激发：激发员工的智力、理智、促使其认真解决问题。
个性化关怀：关心员工，根据每个员工的不同需要而有差别地对待、给予指导、提供建议。

变革型领导和交易型领导并不会采用截然对立的方式处理问题，这两种风格互相补充，但是这并不意味着两者同等重要，变革型领导是在交易型领导的基础上发展起来的，前者带来的下属努力水平和绩效水平要优于纯粹的交易型领导。反过来则不成立，因此，如果一个优秀的交易型领导，不具备变革型领导的特质，那么只会成为一个业绩平平的领导，最优秀的领导同时具有上述两者的领导特征。

2. 全距领导模型

图 10-5 展示了全距领导模型。放任管理（Laissez-faire）是最消极的，因而也是最无效的领导行为。这种风格的领导几乎都是无效的。例外管理（Managementby Exception）无论是积极的还是消极的，都比放任型管理稍稍好一点，但是还称不上有效领导。实施例外管理

的领导往往在有问题发生时才出现，通常已经太迟了。权变奖励型（Contingent Reward）可能是有效的领导风格，但是，权变奖励型的领导不可能激发员工去完成超出工作职责的任务。只有剩下的四种领导风格都属于变革型领导的一部分，可以激励下属努力工作去超出预期水平，并愿意为了组织的利益牺牲他们的个人利益。个性化关怀（Individualized Consideration）、智力激发（Intellectual Stimulation）、魅力（Idealized Influence）都能够促使员工更加努力提高他们的生产力、道德水平和满意度，并带来更高的组织效率、更低的离职率和缺勤率，还能改善组织的适应能力。由这个模型可知，当领导者经常使用这四种变革型领导行为时，他们的行为通常最为有效。

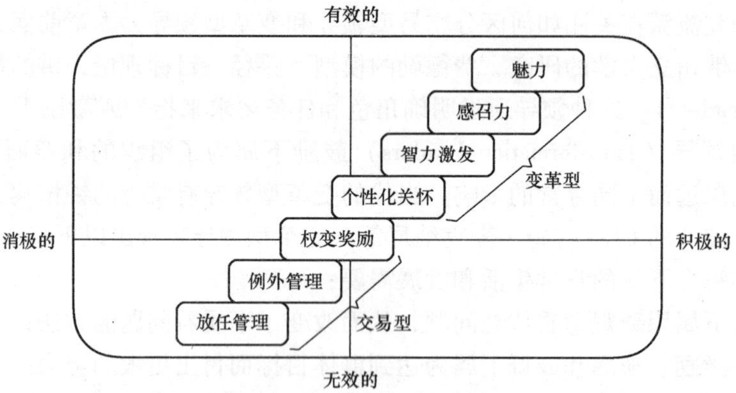

图 10-5 全距领导模型

3. 变革型领导如何发挥作用

在过去几年里，学者为了解释变革型领导如何发挥作用而进行了大量的研究。变革型领导激励下属提高创新和创造水平。例如，美国陆军上校 Leonard Wong 发现，在伊拉克战争中，美军鼓励“反应而不是预谋、顺从而不是创新、坚持而不是大胆”，针对这些问题，该上校鼓励尉官创新和冒险。变革型领导更为有效，因为他们本身更具创造力，并鼓励下属发挥创造力。

目标是解释变革型领导发挥作用的另一个关键因素。变革型领导的下属更倾向于追求志向远大的目标，这些下属熟悉并接受组织的战略目标，相信所追求的目标对自己本身也很重要。Veri Sign 公司的 CEO 斯特拉顿·斯卡拉沃斯（Stratton Sclavos）曾说：“这涉及绘制路线图——能够清楚地告诉员工目的地在哪里，以及如何达到目标。更为重要的是，要选择那些对实现该目标持有同样激情、承诺、担心和竞争力的人来共事。”

Sclavos 对于目标的看法提到了愿景。这和研究结果一致，愿景在解释魅力领导如何发挥作用时非常重要。研究还表明，愿景可以部分地解释变革型领导的效果。事实上，有一项研究发现，在解释企业的成功时，愿景甚至比富有魅力的（感情洋溢的、生机勃勃的、精力充沛的）沟通风格更重要。变革型领导还会引发员工的忠诚，增加他们对领导的信任感。

4. 对变革型领导的评价

支持变革型领导优于交易型领导的研究证据给人留下了深刻的印象。变革型领导在不同的国家和地区（韩国、俄罗斯、以色列、印度、肯尼亚、挪威）、不同的职业（中学校长、海军司令、部长、商业协会的主席、军校生、工会代表、学校教师、销售代表）以及不同的工作水平中都得到了支持，对美国、加拿大和德国军官的大量研究表明，每个层次的变革型领导的评价结果都好于相应层次的交易型领导。一项分析了 87 个验证变革型领导的研究发现，变革型领导和员工的激励水平与满意度水平相关，还和领导的高绩效与有效性相关。

变革型领导理论也不是完美的。问题主要集中在：严格来讲，权变奖励型领导是否只是交易型领导者的一个特点。而且和全距领导模型的观点相反，权变奖励型领导有时候比变革型领导更有效。

概括一下，研究结果总体上表明变革型领导——而不是交易型领导，与低离职率、高生产力以及高员工满意度的相关度很高。和领导魅力一样，变革型领导也可以通过学习得到。对加拿大银行管理者的一项研究发现，接受变革型领导培训的管理者所管辖的分行的绩效水平明显高于没有接受该培训的管理者所管辖的分行。其他的研究也取得了类似的结果。

5. 变革型领导与魅力型领导的对比

关于变革型领导是否与魅力型领导相同尚存有争论。将魅力型领导引入 OB 领域的研究者罗伯特·豪斯认为两个概念是同义的，两者的差异就好比“适度的”与“适中的”那样。不过，首先研究变革型领导的学者巴纳德·巴斯（Bernard Bass）却认为，魅力只是变革型领导的一部分，变革型领导比魅力型领导更广泛，领导魅力本身不足以“解释变革型领导的全过程”。另一位研究者认为，“纯粹的魅力型（领导）可能希望下属接受领导的世界观，并且不要深究；而变革型领导试图给下属注入质疑现有观点的能力，并使他们最终具备质疑领导提出的观点的能力”。虽然很多研究者相信变革型领导比魅力型领导更广泛。但研究发现，在现实里面，那些在变革型领导上得分高的人，往往在魅力型领导上得分也高。因此，在实践中，测量魅力型领导与测量变革型领导差不多是等同的。

本章小结

领导力在理解群体行为方面起着重要作用，因为通常是领导者为群体指明目标和方向。领导力是预测群体行为准确度较高的指标，因此它对改善群体绩效非常有价值。

在一定程度上，领导的成功取决于领导者具有“合适的要素”，具有合适特质（外向、尽责、开放），并展现出合适行为（关怀维度、结构维度）的领导更可能成为有效的领导者。

说领导成功取决于情境也是正确的。需特别指出的是，LPC 理论和 LMX 理论认为环境因素对领导是否有效至关重要。

开始寻找能够展现变革型领导气质的管理者的组织越来越多。他们希望领导者有愿景、有魅力，并有能力带领下属实现愿景。虽然真正的领导有效性是在合适的时间表现出合适的行为，但证据充分表明，人们对于领导者应该具备什么形象有一个相对统一的看法。

如果一个管理者正在考虑寻找有效的领导者来填补组织的关键职位空缺，那么他应该选择那些具有一定特质和行为倾向的候选人，并且还应该特别留意他们是否具有魅力和感召力。从讨论中也看到，通过展现这些优点，人们都可以成为更优秀的领导者。

本章练习题

1. 什么是领导？
2. 简述权力的定义。
3. 领导与权力的区别是什么？
4. 什么是领导力？
5. 简述领导力五力模型。
6. 结合实际分析费德勒权变模型。

研究性课题

合格的领导者应该具备哪些特质？

第四部分　组织层面的组织行为及规律

第十一章

组织文化

★名人名言

人们塑造组织，而组织成型后就换为组织塑造我们了。

——丘吉尔（1874—1965，英国前首相，政治家）

★学习目标

1. 描述组织文化。
2. 明确组织文化的构成。
3. 明确组织文化的作用。
4. 了解有效营造和维系一个组织的组织文化的方法。
5. 明确组织成员学习组织文化的过程。
6. 明确营造道德性组织文化的途径。
7. 明确营造积极向上的组织文化的途径。
8. 理解全球化背景下组织文化多元化趋势。

★关键词

组织文化　组织文化营造　组织文化维系　组织文化多元化

★开篇案例

坚守至臻之艺

从2012年开始，爱马仕在中国的门店开始了一轮扩店。爱马仕中国区总裁曹伟明说，每隔七八年，爱马仕都要对重点店面重装升级，旨在为顾客提供更好的购物体验，也是对品牌传统的坚持与创新。杭州湖滨银泰店的拓店，对于爱马仕中国区，更有着里程碑式的意义。在曹伟明看来，相比北京和上海，杭州具有独特的历史和自然的禀赋，和爱马仕的品牌精神相契合："杭州坐享西湖胜景，同时有着丝绸等方面的手工艺传统，这和爱马仕所崇尚的手工艺精神是一致的。"同时，杭州所辐射的周边区域新富阶层的崛起与高端产品消费品位的升级，也是爱马仕布局杭州的战略考量之一。

与拓店开张同期进行的，是"爱马仕手工艺盛典"（Festival des Métiers），向公众展示其专属的八种经典工艺，这是爱马仕在中国第四次举行这样的盛典。来自皮具、马具、丝巾、制表等八个领域的九位杰出的手工艺匠专程从欧洲来到杭州湖滨银泰中心，现场向公众展示一件件手工艺臻品的成长历程。爱马仕将自身定位为"手工艺品牌"，而非"奢侈品牌"。曹伟明认为，爱马仕对精湛手工艺始终不懈的追求，成为其品牌基因的重要内核。"当然，在坚持传统的同时，还要不断创新，贴近顾客的需求，这是爱马仕品牌176年以来铸就经典的不竭动力。"

在手工艺盛典上，出现了两位爱马仕手工艺大师。一位负责制作凯莉"Kelly"包，她介绍说每个包都会由一名工匠独立完成，共需15~20个小时，最后在成品上签名。在整个制作过程中必须保持专注，一次微小的失误，都可能需要对即将完成的作品重新返工。另一位是负责丝巾制版的工匠，她以一张"Wa，KON"（意为妇女世界）的丝巾为例，说明了制版过程。这张丝巾一共有46种颜色，相应将制出46张版，共需200小时，需要制版师工作一年。

谈及对爱马仕的品牌精神的理解，曹伟明谦逊地表示，自己还在学习和感受的阶段，但他给出了一列形容词：优雅、精致、低调、内敛。他认为，每一个人眼中都有一个爱马仕，其品牌的特质是通过一件件手工艺品呈现出来的。在中国，他欣喜地看到，年轻顾客开始真正用心去感受爱马仕的手工艺品质与精神，而非仅仅把它作为彰显财富的凭借。

［资料来源：曹理达．坚守至臻之艺．财富（中文版），2013，12（下半月刊）］

第一节 组织文化概述

一、组织文化的概念

《辞海》对文化的解释是："人类社会历史实践过程中所创造的物质财富和精神财富的总和。从狭义来说，是指社会的意识形态，以及与之相适应的制度和组织机构。""作为意识形态的文化，是一定社会政治和经济的反应，又给予巨大影响和作用于一定的社会的政治和经济。"

相对于一般国家、民族或社会等宏观范畴的文化而言，组织文化是一种微观文化。任何一个社会组织都有自己的微观文化，不同类型的组织会有其不同类型的组织文化。

最早提到组织文化概念的是霍桑（Hawthorne），他描述了工作小组的文化。组织文化这个主题是在20世纪70年代早期盛行起来的。当时管理者和研究者一样开始寻求能使组织在竞争的环境中得以生存的秘诀，其中企业文化是人们普遍关注，研究最为深入的组织文化研究领域。关于组织文化的概念，众多学者有着不同的表达，其中影响比较大的观点如下：

特雷斯·迪尔（Terrence Deal）和阿伦·肯尼迪（Allan Kennedy）认为，企业文化由价值观、神话、英雄和象征凝聚而成，这些价值观、神话、英雄和象征对公司的员工具有重大的意义。

威廉·大内（William Quchi）认为："传统和气氛构成一个企业的文化，同时，文化意味着一个企业的价值观，如进取、保守或灵活，这些价值观成为企业员工活动、建议和行为的规范。管理人员以身作则，把这些规范灌输给员工、再一代一代的传下去。"

斯蒂芬·P. 罗宾斯（Stephen P. Robbins）把组织文化定义为，组织文化是组织成员共有的一套意义共享的体系，它使组织独具特色，区别于其他组织。

综上所述，组织文化是指组织在生存和发展过程中形成的，区别于其他组织的，为全体成员所共同接受的价值观念、行为准则、团队意识、思维方式、工作作风、心理预期和团体归属感等群体意识的总称。同时组织文化是有层次性的，广义的组织文化是指企业在建设和发展中形成的物质文明和精神文明的总和，包括组织管理中硬件和软件，外显文化和内隐文化两部分。狭义的组织文化是组织在长期的生存和发展中所形成的为组织所特有的，且为组织多数成员所共同遵循的最高目标价值标准、基本信念和行为规范等的总和及其在组织中的反映。

二、组织文化的构成

组织文化的内容非常丰富，主要有组织目标与宗旨、组织价值观、作风与传统习惯、行为规范、组织精神、经营哲学、职业道德、组织精神等。组织作为一种文化意识，渗透于组织管理各个部分、各个部门和全部过程。

（一）组织的价值观

价值观是人们对客观事物的优劣、重要性以及性质进行评价的标准。组织的价值观是组织在运营过程中为使组织获得成功而形成的基本信念、行为准则和是非标准。

不同的组织具有不同的价值观，组织的价值观为组织成员提供一种共同的意识和认同感，构成组织成员的日常行为准则。组织信奉什么样的价值观，就会产生什么样的经营作风和组织形象。所以组织的价值观是组织文化的核心和基石，是组织保持特色和取得成功的必要条件。一般优秀的组织都会注意塑造和完善其价值观，以不断适应环境变化和组织发展的需要。

（二）组织目标

组织目标是组织生存与发展战略的核心。组织目标决定了组织的性质，旨在回答"我们的组织是什么？应该是什么？将是什么？"这些根本性问题。组织目标是组织价值观的集中体现，是发动、凝聚和激励组织成员的焦点，又是组织文化建设的出发点和归宿点，决定着组织文化发展的方向和塑造形式。

（三）组织的经营哲学

组织的经营哲学是组织在长期生产经营过程中所形成的基本哲理和观念，它是组织领导者对组织的发展战略、经营方针和基本信念上的哲学思考。它作为组织文化的重要内容，具有相对稳定性；它的形成受制于组织所处环境、社会经济制度以及组织领导人自身素质特点等因素的影响。组织的经营哲学极大地影响着组织的价值取向和员工的奋斗目标，是处理组织一切问题的最基本依据。不同的组织会有不同的经营哲学，导致不同的经营理念。

（四）组织的行为规范

组织的行为规范是在组织共享的价值观指导下，由组织的规章制度、组织机构设计、管理工作程序、组织成员的行为标准和技术操作制度等一系列组织活动与工作的标准构成的。组织的行为规范可以用文字表达出来，也可以习惯和意念等为组织成员所感知。行为规范表明组织鼓励和提倡什么行为、制止和限制什么行为，对于组织成员的行为具有指导性和约束力，是人们在组织中工作与活动的行为标准和准则。组织的行为规范和规章制度是组织文化中实实在在的行为文化层面的内容。

（五）组织精神与团队精神

组织精神是组织在运营过程中逐步形成，由组织管理者所倡导，由全体职工所认同的群体意识，是企业的观念、宗旨、目标和行动计划的总和表现。组织精神体现组织的精神面貌，也是组织文化的象征。团队精神是企业精神的组成部分，它是指某一特定组织团队为谋求自身生存和发展而长期形成的，并为团队成员所认同的一种健康、向上的群体意识。团队精神是组织的一种特殊的精神风貌，支持着每个成员的意识与行为。

（六）组织形象

组织形象是社会公众和组织成员对组织的整体印象和总体评价。组织形象是组织产品、服务、人员素质、经营作风以及公用关系等在社会公众中留下的具体印象。成功的组织形象有利于提高组织的识别能力、知名度和声誉，增强组织的凝聚力和竞争力，给组织成员以自豪感和自信心，并使组织产品产生更多的附加值。组织形象是组织文化的外貌，组织文化是组织形象的根本。

（七）组织文化的其他方面

除了上述内容外，人们还把组织的风俗、传统习惯、职业道德、工作环境、人际关系、群体意识、民主制度等内容归入组织文化范畴。

第二节　组织文化的作用

组织文化对组织成员、组织的内部经营管理都具有影响，同时，组织文化也影响组织与外部环境的互动。因此组织文化的作用可以从内、外两个方面阐释。

一、内部作用

组织文化对组织内部影响表现在以下方面：

（一）组织文化是凝聚组织成员感情的纽带

组织文化为员工提供一种认同观，并增强了员工对组织的忠诚度。当员工对公司的价值观内化后，就会发现工作带来的内在满足更大。员工的工作动机增强了，对组织的忠诚度也会提高。组织文化形成的群体意识寄托了全体成员的理想、信念和追求，从而使大家对组织产生认同感、归属感、使命感，并由此形成强烈的向心力和凝聚力。

（二）组织文化具有导向和意义建构作用

组织文化决定一个企业的价值取向，规定着企业所追求的目标。卓越的企业文化引导企业对崇高理想和目标的追求，使企业主动适应健康的社会需要，从而把企业引入胜利。被誉为管理之神的松下幸之助认为，对于一个企业来说，技术力量、销售力量、资金力量以及人才力量等都是重要因素，但是最根本的还是正确的经营理念。只有在正确的经营理念的基础上，才能真正有效地使人员、技术和资金发挥作用。

（三）组织文化对组织员工具有约束作用

组织文化通过共有价值观念体系的倡导、行为规范的确立和文化氛围的形成，产生一种强有力的整体影响力和约束力，从而对组织成员的思想和行为具有约束和规范作用。规章制度等“硬约束”固然有效，但是由于其具有刚性的特点，无法估计人的复杂情况及其多方面的需要，因此它的调节范围和功能是有限的。组织文化注重的则是企业精神、价值观等软因素，并通过群体意识、社会舆论、共同礼仪和习俗等内容对组织成员形成“软约束”。无形的、非正式的、非强制的行为准则对员工形成强大的心理约束，使员工进行自我控制，这种约束比有形约束力量更强大。

二、外部作用

组织文化的外部作用表现在以下两个方面：一是组织文化通过组织成员来影响组织与环境的互动；二是组织文化直接影响组织与环境互动的方式和结果。

（一）标识作用

组织文化总是带有本组织的特点，使组织与其他组织区别开来。同时，组织文化鲜明的个性特征，使组织在社会公众面前树立组织的形象，让社会更多地了解组织、认识组织，从而使组织得到社会的认可，增强组织处理事务的能力（如提高企业产品的知名度等），使组织得到更好的发展。

（二）提高组织适应能力的作用

按照系统论的观点，组织处于一个开放的系统中，组织与其所处的环境是互动的，组织文化可能有助于组织适应环境，也可能妨碍组织适应环境。已有的研究表明，通常能使组织更好地适应环境的组织文化具有如下特征：组织关注员工、客户以及股东的利益，并为了满足他们的利益积极行动，密切关注外部环境的变化，为了适应外部环境的变化积极地创新变革。

第三节　组织文化的营造和维系

一、组织文化的营造

作为一个开放的系统，组织文化在形成的过程中会受到来自不同层次的因素的影响。正如埃德加·沙因（Edgar H. Schein）提到的，组织文化的形成过程是组织其应对外部适应挑战和内部融合挑战的过程；组织只有更好地应对外部环境和内部的挑战才能形成适合组织自身的组织文化。

对组织文化形成的影响较大的因素如下：第一，社会层面的影响因素，主要是指社会、经济、文化发展的特征和态势；第二，组织层次的影响因素，包括行业文化、组织结构、组织传统文化；第三，个体层面的影响因素，包括组织领导人的个人文化，组织内其他关键人物（如模范人物、精英人士）的文化，组织内的群体文化。

在众多影响因素中，组织领导人的个人文化通常是最显著和最直接的。在组织文化领域，美国学者约翰·P. 科特（John P. Kotter）和詹姆斯·L. 斯科特（James L. Scott）认为企业文化是指一个企业中各个部门，至少是企业高层领导者们共同拥有的那些企业价值观和经验实践，并对组织文化的形成提出了独到的见解。这主要是因为，领导人具有最高指挥权，组织的经营管理模式和方法往往体现出领导者个人的价值观、思维方式。因此，在组织文化形成的过程中，组织领导人往往就是组织文化的创造者，其文化特质也成为组织文化最初的发端。沙因特别阐述过组织文化创造者在组织文化形成中的角色和作用的文化深植机制（表 11-1）。他认为，创建者借助初级植入机制与次级勾勒与增强机制来深植和传播文化。初级植入机制创造出组织整体的气氛，这是组织文化的雏形，当次级勾勒与增强机制与初级植入机制相一致时，组织文化的框架和内容也就基本形成了。

表 11-1　文化深植机制

初级植入机制	次级勾勒与增强机制
领导平时注意的、测量的、控制的是什么	组织设计及结构
领导对关键事件及问题的反应方式如何	组织系统及程序
领导资源分配依循的看得到的标准是什么	组织的典礼与仪式
领导的角色示范、教导与训练	空间、外观及建筑物之设计
领导配置奖酬及地位的看得见的标准	有关人物、事件的故事和传奇
领导招募、甄选、选拔、退休及调职的看得见的标准	组织哲学、价值观、章程的正式传述

因此，通常企业组织文化的形成一般经历企业高级管理人员的创意和信念、企业经营行为、企业经营成果到最后企业文化的产生四个阶段，如图 11-1 所示。

二、组织文化的维系

一个组织的形成不是凭空产生的，组织文化一旦形成，就需要人们加强和维系它。组织文化的维系对于组织的发展发挥着重要作用。最初组织文化源于组织创造者的经营理念，组织理念逐渐发展出一套组织规范，用来规范和引导组织成员的意识和行为，由于新员工不可能都完全符合组织文化的要求，此时组织要求帮助新员工适应组织文化，这个过程称为社会化，只有适应组织文化的人才能最终留下来，并且得到晋升，而组织现任高层管理人员的言行举止对组织文化也有重要影响。因此维系组织文化就必须采取一系列有效的管理措施和方法（图 11-1）。

（一）组织创造者

组织文化发端与文化创建者的个人文化有关，并会受到社会、组织及其成员文化因素的影响。诸多组织文化都是留有文化创建者个人文化的印记。例如麦当劳文化深受雷·克洛克

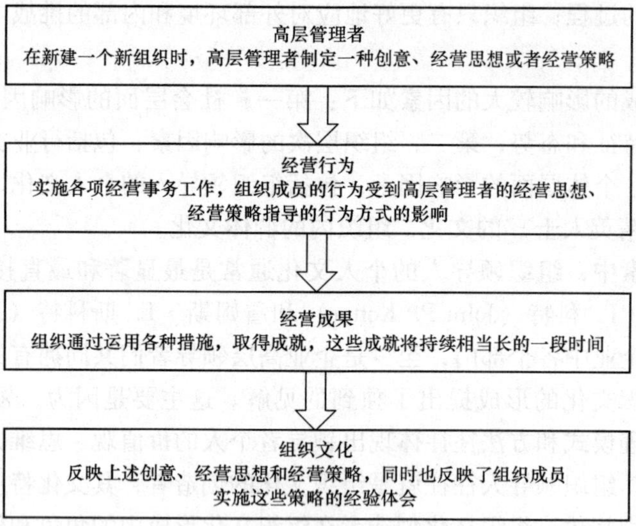

图 11-1　组织文化形成的阶段

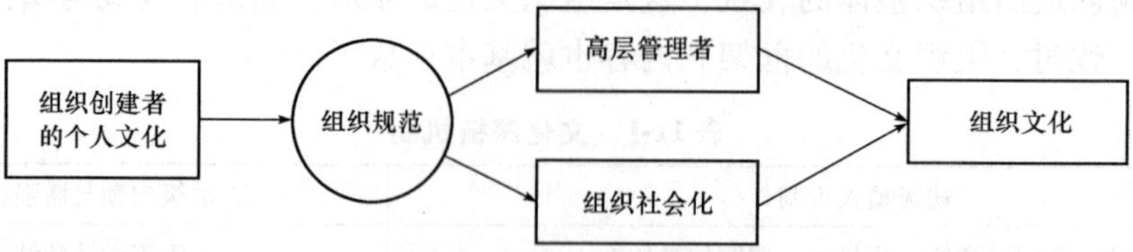

图 11-1　组织文化维系过程

个人文化的影响，海尔文化深受张瑞敏个人文化的影响。

（二）组织规范

组织文化创建者的文化会在实践的发展中加以沉淀和完善，逐渐发展出一套组织规范，用来规范和引导组织成员的意识和行为。组织建设者的个人文化形成组织文化的雏形，它确定了组织文化的发展方向，但是仍然相对简单和粗糙。因此若要使简单的组织文化体系在组织内部推广，还必须进行完善。通常，组织会把完善后的组织文化框架表达成一套系统的组织规范，最典型的组织规范就是组织文化手册。像海尔、华为这些拥有优秀组织文化的组织，在其组织内部都有一套完善的组织文化手册。

（三）高层管理者

高层管理者是组织中举足轻重的人物，介于总裁与组织之间，其言行会影响组织文化的模式，体现了一个组织领导方式、领导结构和领导制度，对组织文化的塑造起着核心作用。一个组织是冒险还是保守，应当怎样奖励、管理、控制，组织的心理气氛如何，都由高层管理者决定。可以说，高层管理者在组织与个人之间架起一座桥梁，一方面使组织更好地规范着每一个员工，另一方面员工通过管理者的领导体制去更深入地领会组织文化，高层管理者是组织文化得以一脉相承的关键人物。

（四）组织社会化

明确了组织规范之后，管理者会营造相应的文化氛围，使得员工能按照规范认知和行动。同时，对于进入组织的成员来说，他们还会经历组织社会化的过程，以便能较好地掌握和应用组织规范。所谓组织社会化，就是指员工为了适应所在组织的价值体系、组织目标和行为规范而调整自己态度与行为的学习过程。进行组织社会化的方式很多，但最为常用的是以下几种：

（1）正式的与非正式的。新员工与当前的工作环境越是隔离，并以某种方式清晰地表现出自己是新来的，社会化过程则越正式。非正式的社会化让新员工直接进入工作，很少或根本没有特殊注意他们。

（2）个体的与集体的。新员工可以单独完成社会化进程，很多专业办公室具有这种特点。另外，新员工还可以被组织起来，拥有一系列共同的经验。

（3）固定的与可改变的。固定日程设定了变化的标准化阶段，它的特点是循环式培训方案，还包括试用期。而可变日程安排没有提前给出任何变化的时间表。

（4）序列的与随机的。序列社会化的特点是使用可以培训和鼓励新成员的角色榜样。在随机社会化中，角色榜样被有意隐含起来，他们让新员工自己去思考和理解。

最终在组织规范的基础上，组织成员们有了共享的价值观和行为方式，组织文化就形成了。简单说，鉴定组织文化是否形成就是看组织成员从心理到行为举止是否达成一致。

三、员工学习组织文化的途径

组织文化形成后，组织的员工可以通过多种方式学习组织文化，最有效的途径是故事、仪式、物质象征和语言。

（一）故事

很多组织中都流传着这样的小故事，它们的内容一般都与组织的创始人、打破常规、从乞丐到富翁的发迹史、劳动力削减、员工的重新安置、对过去错误的反省以及组织的应急事件等有关。这些故事构成了组织的一种象征，一种组织成长的经历、经验和资源；它可以起到借古喻今的作用，为当前的企业经营实践提供解释和支持。在许多企业中，员工培训的第一堂课是请老员工讲述企业历史，以此教育新员工，这正是故事的魅力。

（二）仪式

仪式是一系列活动的重复，这些活动能够表达并强化组织的核心价值观，如哪些目标是最重要的，哪些人是最重要的、哪些人无足轻重等。许多企业每天都让员工集体宣读经营理念，集体练习工作中使用的仪式，以此强化员工对组织文化的理解。最著名的公司仪式当属玫琳凯化妆品公司的年度颁奖大会。这个大会在一座大型礼堂里举行，要持续几天，所有与会者都要身着漂亮的礼服。那些出色完成销售指标的销售人员，都会得到一些精美奖品。这种年会通过对销售业绩的公开表彰，一方面起到激励员工的作用，另一方面，这种仪式也突出了玫琳凯个人的坚强意志和乐观精神。正是这两点，使她克服重重困难，创立了自己的公司并获得了巨大的物质财富。

（三）物质象征

组织文化的信息还可以通过向管理人员提供的物质待遇表现出来。例如，有些公司为高级管理人员提供豪华轿车，面积大、装饰标准高的住房。物质象征还包括办公室的大小、家具的档次、管理人员的额外津贴、员工休息室或即时用餐设施，以及为某些员工提供的专门停车位等。

（四）语言

随着时间的推移，组织常会创造自己所特有的名词，用来描绘与业务有关的设备、办公用品、关键人物、供应商、顾客或者产品。新员工经过一段时间的工作之后，那些起初时常令他们困惑的缩略语、行话，就会完全成为他们语言的一部分。一旦这些术语为员工所掌握，它们就成了共同的特征，把既定文化或亚文化中的成员联系在一起。许多组织，以及组织内的许多单位都用语言作为识别组织文化或亚文化成员的方式；通过学习这种语言，组织成员可以确认他们已经接受了文化，也有助于员工保持相关组织文化的理念。

第四节　营造道德型组织文化

一、企业责任概念的提出

1923 年，英国学者欧利文·谢尔顿在其《管理的哲学》一书中首次提出企业社会责任的概念，他把企业社会责任与公司经营者满足产业内外各种人类需要的责任联系起来，并认为企业社会责任包含道德因素。从此，开启了对企业社会责任和道德责任的广泛讨论和实践。企业开始意识到，负责任的商业行为不仅能为其赢得良好的公众品牌形象，更能进一步为它们带来实际的商业利益。随之而生的是企业功能定位由企业本位向社会本位转变，企业的义利之争再次引起人们的关注。1979 年，美国佐治亚大学管理学教授阿奇·卡罗尔（Archie Carroll）首次提出企业社会责任的金字塔模型，他将企业社会责任自下而上划分为经济责任、法律责任、道德责任和慈善责任。

企业道德责任是企业在生产经营及其他活动中对员工、消费者、社区、政府、环境、慈善事业等应当履行的基本道德规范和原则，是企业伦理的核心内容。企业道德建设的核心在于改善相关管理理念，进而超越现代资本生产模式，以一种道德人的标准来要求企业从业人员。

二、营造道德型组织文化的必要性

在通过市场有效配置资源的同时，市场机制配置资源的负面作用、企业道德缺失很普通，企业的道德问题就成为企业发展进程中必须走出的困境。

企业道德缺失的问题由其发展过程可以分为以下四个层次：

第一，完全从“投入—产出”的经济系统来衡量企业。企业被理解为一种非道德的存在体。它仅仅以效率的高下作为判断标准，忽略了企业组织空间中人的生存感。这种源自西方资本主义早期发展的泰勒制的生产模式集中体现出“理性经济人”存在的缺陷。

第二，在追逐效益的同时，偏于单向度发展组织空间中物的因素，而扭曲了组织空间中人的因素。这样，企业从非道德的存在体进一步滑落为不道德的存在体。企业在高效生产商品的同时，完全无视企业对于社会的道德责任和对于环境的道德责任。企业排放的工业废水、化学废料污染了人与动物的生存环境，破坏了人与自然的生态平衡。

第三，企业过度趋利而行，导致不道德的企业伦理，最终影响了其自身的存在价值。原材料是与账本不符的劣质品，经济运行的生产报表是名不符实的虚假数据，产品是欺骗顾客的低质商品。企业的不诚信扭曲了自己的存在价值，企业组织空间的存在逐渐倾覆在虚假的地基上。

第四，企业的不道德演变为经济生活中的常态。由于绝大多数的个体都生活在企业的组织空间中，这种经济生活不道德的常态化，容易影响人的价值取向，转变人的思维模式，并进一步腐化人类生活的其他领域。这会导致人际关系的物化，人与人之间互相利用，充斥着唯利是图的交往关系和普遍的不信任感。在这样的生活状态下或失去生命存在的意义而引发富士康式的跳楼事件，或失去正确的是非观与理性的处事态度而由小争执激发起群体性事件。

三、营造道德型组织文化的途径

诺贝尔经济学奖得主阿马蒂亚·森说过："经济越是朝向未来发展，就越需要伦理的回归，其原因就在于人们无论怎样试图摆脱道德的羁绊，终会因为无法脱离经济活动本身内在具有的伦理属性而归于徒劳。"利与义虽然是矛盾体的两个对立面，但二者也是相互依存、相互支撑的。企业是以利益、契约和义务为纽带，通过商品与资本的创造和经营获取适当利润的协作组织，它既是经济实体，也是伦理实体，企业伦理道德与企业商业活动具有内在的相容性。因此，企业需要以道德责任为引导，将义利共生的道德追求融入企业的每一个决策环节中，将宣言、承诺等精神内容融入企业的日常生产经营活动中，激发企业的良性行为，从而把企业道德责任的价值理念推向具体的操作。

首先，重视员工个人价值在组织工作中的体现。20 世纪 80 年代，在西方发达国家开始盛行的"工作生活质量运动"（Quality of Work Life，缩写为 QWL），以人性为中心，强调通过对人力资源的综合、全面开发，提高组织机构的各种效率，同时实现提高员工工作质量的目的。在 QWL 的企业模式中，组织与个人的发展目标达成一致，人不再只是资本生产模式下束缚在机器化链条中的了无生机的螺钉，而是具有共同奋斗目标的自由个体的联合。企业员工以企业的生产劳动的存在方式而实现自我、发展自我。这种以人性的健全发展为目的的企业生产模式，已经突破了资本生产模式下唯经济效益至上或者以人性需求为工具手段的限制，从社会发展的整体视角关注人性的健康全面发展。

其次，加强对员工的"责任观"教育。员工是企业价值观的最早接受者与最快传递者，通过对员工由外而内的灌输和培养，将企业道德责任的价值观渗透给每一个员工，才能使企业成员认同公司的道德文化，从而产生超越自我的信仰和价值观，在企业内部真正形成根深蒂固的以责任为核心的文化理念。

然后，完善责任管理的制度文化。如某保险公司推行的"责任心管理"，其指导思想是以责任心管理体制去规范人的行为，以责任心文化体系去引导人的思想，创建"以责任心为核心价值观、员工争先负责、企业勇于负责"，从而实现员工行为自律与他律的高度统一的企业。

最后，用信誉与品质提升企业形象。将道德意识与责任感融入企业的产品与服务中，渗透到企业的商业行为中，最终使利益相关者真正认可企业的人格与信誉，从而树立企业颇具道德责任感的良好形象。

第五节 营造积极向上的组织文化

企业的组织文化导向就像企业前进的方向盘，对全体成员的行为有引导作用。积极向上的组织文化是在组织文化发展过程中，通过激发、示范、诠释和传播能够激起员工凝聚力、归属感、行动力的人和事而形成的一种积极组织行为。现代组织强调人的主体价值和自我实现，情感和社会约定成为更有效的动机源泉。成就感、归属感、被爱戴、被欣赏以及责任与承诺成为更有力的内在激励动机。因此，发挥企业文化的积极作用，营造积极向上的组织文化，对消除潜文化的消极影响，优化企业的人际关系，创造健康向上的内部环境，提升员工素质，培养过硬团队，塑造企业品牌形象，提升企业核心竞争力等都具有重要意义。

一、营造积极向上的组织文化的重要意义

（一）改善员工对组织发展变革的态度

组织的发展变革是组织生存的常态，是组织应对内、外部环境变化而进行局部或者整体调整的历程。罗宾斯（Robbins，1994）把组织变革分为技术、人员和结构三个维度。所谓技术维度是将输入转变为产出的技术。人员维度是组织成员的期望、感受、态度和行为。机构维度是指组织协调机制、授权程度和人事管理等。三个维度中，人员维度最为关键。组织变革带给员工现有利益的损害和对未来的不安全感，在一定程度上会导致员工的困惑、消极。因此，通过传播积极向上的组织文化消除员工的困惑和过度忧虑，描述组织未来美好的愿景，有利于转变员工对组织变革的态度，树立变革的信心并积极参与推动变革。

（二）激发成员的自觉性和进取心

一旦形成积极向上的组织文化，强有力的正能量文化会激发员工自觉遵守企业的各种规章制度、维护企业的利益与其他员工的利益并支持企业发展变革。在企业日常运行中，成员的努力和成绩能得到肯定和表扬，会让员工产生工作满足感，进而激发员工的进取心，积极向上、主动进取地投入工作。当企业发展遇到阻力时，则会使员工凝聚力量协同克服。

二、领导在营造积极向上的组织文化中的作用

（一）提高积极向上组织文化的感召力

积极向上的组织文化是一种精神力量，其发挥作用主要依靠对成员精神上的吸引和感召。一方面，领导者为组织带来方向感，日常中要向组织中的员工传递美好的组织愿景并激发员工热情，对于愿景的描述、言语承诺要始终如一，不轻易改变，言而有信。另一方面，应当充分考虑员工的相关利益，使员工信任领导者做出的远景描述，并积极推进工作。

（二）身体力行才能产生积极向上的组织文化

企业领导者的模范行为是一种无声的号召，对下属成员起着重要的示范作用。因此，领导者应该首先信守积极向上的组织文化，通过自己的行动为全体员工进行引导，要在自身的言行和组织的管理中体现这种积极向上的价值观。领导者要注意自身所投射的形象，发挥榜

样作用，产生积极的能量。

（三）感情沟通激活积极向上的组织文化

除了坚信和宣扬正能量文化，领导者还要注意与组织成员的感情沟通，重视情感的凝聚力量。人的最大特点就是有思想、有感情，领导者需要通过与员工进行感情沟通，消除其对组织发展不必要的误解，只有和员工形成情感上的默契才能取得员工的信任，使员工坚定地相信领导者的组织管理决策。

当然，要形成积极的组织行为，仅依靠形式上的积极向上的组织文化是不够的。同时在物质激励方面也要跟进，在组织和员工之间建立相应的机制实现共赢。

第六节　对全球化的启示

全球化是一个以经济全球化为支撑的涉及经济、技术、文化乃至日常生活方式全方位的全球范围内相互交流、相互作用的整体进程。在今天，每一个民族、每一个人的生活都与全球化密切相关且无法回避，人类文明已经进入了一个全球化的新时代。经济的全球化与文化的发展密不可分，并推动着文化的多元化。中国在20世纪80年代，将企业文化理论引入企业管理的实践中，在文化多元化的时代背景下，组织文化也必然会呈现出多元化的趋势。

一、组织文化的交流与融合

在经济全球化的背景下，随着中西方频繁地交流以及跨国公司的迅速发展，在企业特别是合资企业的内部由于不同国家或地区之间的文化交流与碰撞引发的问题逐渐凸显，西方“物本管理”思想和中国“人本管理”思想开始逐渐地走进彼此。改革开放的不断深入，以及中西方之间的组织文化交流越来越广泛，随之而来的是组织文化越来越高的融合程度。亲自去体验不同的民族文化和了解不同民族文化之间的差异是跨国公司在全球化经营战略下实施有效管理的必要途径，跨国公司要采取包容的态度对待不同地区和民族的文化，在异质文化条件下实施有效的跨文化管理，有效解决文化冲突的问题，从而创造具有自身特色的企业文化。当前，跨国公司面临的普遍问题就是：如何适应分公司所在国的文化以及如何处理或协调公司内部不同部门或单位之间文化的冲突，以及如何在公司内部形成宽容的文化氛围，使不同文化之间能相互取长补短，从而创造性地形成一种新的企业文化。

二、多元的组织内部文化

基于知识经济背景下企业的组织形式开始向网络化演变，企业必须有更具弹性的文化。因为网络化的组织内部各部门或单位是相对独立的且是自主决策，所以在占主导地位的企业文化下，各部门或单位必然会形成能反映本部门或单位风格的、有自身特色的亚文化。在网络化组织的部门或单位里，这些有别于主流企业文化的企业亚文化也会不断发展、创新。因此，网络化组织的各部门或单位的亚文化、大型跨国公司或集团内部的亚文化以及组织内部有别于正式组织文化的非正式组织的文化都是企业文化多元化趋势的表现形式。

三、开始探索基于民族文化的本土组织文化

企业文化理论诞生于西方，但是，后来的发展对民族文化的关注度不够。随着经济的发展，人口发生大规模的流动，使得不同的民族文化相互交流、渗透。组织环境由以前的统一民族文化背景变成多民族跨文化背景，使得以前屡建奇效的组织管理方法已经不适应变化了的组织环境。组织文化的实践也表明，我国已经开始创建基于不同民族文化的本土化的组织文化理论，开始解决西方组织文化理论引入我国后出现的水土不服问题。例如，草原文化、蒙古民族文化和西口文化共同的作用下，小肥羊秉承传统文化的精神，发挥区域文化的优势，提出了“羊文化”的崭新理念。小肥羊继承和发扬了草原文化的特质，充分利用了内蒙古的资源优势和品牌效应，打造了生态型和资源型的企业文化，形成了民族型的企业文化。

四、虚拟组织文化的发展

随着互联网以及计算机技术的发展，虚拟组织与日俱增，随之虚拟组织的组织文化引起人们的高度关注。虚拟组织有以下特点：存续时间短、人员分散、工作方式独立等，因此建设传统的组织文化体系面临变革，虚拟组织必须寻找并建设符合虚拟组织自身特点的组织文化。虚拟组织的本质是合作，有信任才有合作，建设组织文化必须在信任的基础上通过培育团队精神才能完成。虚拟组织的成功依赖的是各成员组织的业绩。如果合伙组织不能按时完成任务，就会影响虚拟组织目标的实现。当彼此之间团结合作带来的效益对虚拟组织内部所有成员组织都有利时，各成员组织就会团结协作，所以虚拟组织文化必须包含任务文化。因此，建立强调自我约束的“软文化”对虚拟组织来说是非常重要的。虚拟组织文化的内容就是信任文化、团队文化、任务文化、从他律走向自律的文化。

本章小结

组织文化是一个组织成员共同拥有的，是组织区别于其他组织的价值观体系，对组织成员的行为起指导作用。这种价值观对员工行为有强烈的影响，企业长期稳定的发展需要员工对组织文化的强烈认同。一个具体的组织，其文化的形成往往取决于组织其应对内外部挑战的过程。组织文化形成后需要加强和维系，组织文化的维系对组织发展发挥着重要作用。

本章练习题

1. 组织文化在一个企业的生存与发展中发挥什么作用？如何发挥这些作用？
2. 描述你所在的一家组织的组织文化，例如你目前学习、工作的组织或者家人在其中工作的组织。对于一个组织的员工，哪些价值、信念、故事和符号是具有重要性的？
3. 联系某类企业实际，讨论组织文化应当如何建立？如何才能维持？
4. 如何有效地进行一个组织的组织文化建设？

研究性课题

为什么有的组织文化缺乏特色？

第十二章

组织变革与压力管理

★名人名言

人们最出色的工作往往处于逆境的情况下做出。思想上的压力，甚至肉体上的痛苦都可能成为精神上的兴奋剂。

——贝弗里奇（1879—1963，英国经济学家）

★学习目标

1. 阐述组织变革及其意义。
2. 描述组织变革的动因与阻力。
3. 管理组织变革的方法。
4. 了解营造适应组织变革的组织文化的方法。
5. 明确工作压力的概念，了解进行压力管理的方式。

★关键词

组织变革　变革动因　变革阻力　工作压力　压力管理

★开篇案例

微软公司的组织变革

用外人的眼光来看，微软公司似乎是在以闪电般的速度发展着。然而，从内部来看，对发展太缓慢的指责与日俱增。微软公司有3 000名员工，生产180多种不同的产品，至少有5个管理层。公司的员工开始抱怨文案主义和决策迟缓的问题。日益明显的官僚化倾向甚至使公司失去了几个重要的人才。此外，微软公司还面临着一些新的挑战，如美国司法部对这个软件巨人的裁决，以及美国在线公司和时代华纳合并所形成的互联网竞争强敌。

在这种情况下，高层管理人员开始重建微软公司。为使公司能对软件行业中的快速变化做出更好的反应，他们建立了8个事业部。其中，商用和企业事业部侧重向企业用户提供诸如Windows 2000这样的软件；家用和零售事业部处理游戏软件、家庭应用软件、儿童软件及相关业务；商界生产率事业部以知识型工人作为其目标市场，为他们开发诸如文字处理方面的应用软件；销售和客户支持事业部则主要集中于会计律师事务所、互联网服务提供商和小企业这样的顾客群。其他的事业部还包括开发者事业部（研制供企业编程人员使用的工具）；消费者和商务事业部（使商家与企业的MSN网络门户相联）；消费者视窗事业部，其目标是使个人电脑更易于消费者使用。最后一个是微软研究事业部，开展各方面的基础研究，包括语音识别和先进的网络技术。

真正使这一新结构对微软公司具有革命性意义的是，这8个事业部的领导被授予了充分的自由和职权，只要能够实现销售收入和利润目标，他们就可以按照自己认为适当的方式经营其业务并支配各自的预算。而在以前，盖茨和鲍尔默都卷入每个大大小小的决策中，包括Windows 2000的主要性能，以及评价用户支持热线得来的反馈记录等。现在，事业部经理被授予了以前所没有的职权和责任。一个事业部经理这样说，他感觉“就像在经营自己的小企业”。

“互联网使一切都发生了改变”，盖茨这样认为。正因为如此，他认识到了微软公司也必须改革。他希望新的结构是这一正确方向上的一个起点。

（资料来源：孙元欣，许学国，林英晖．管理学——原理·方法·案例．科学出版社，2006，P235）

第一节　组织变革的动力

现代组织理论认为变动性和稳定性是组织的基本属性。组织变革是组织主动的因条件变化而做出相应的反应，是组织为了实现自身的目标，根据外部环境和内部因素的变化，对组织现状主动进行改变和创新的过程，是组织管理更加符合组织生存和发展的要求过程。

管理科学倡导有效或有计划的组织变革，这类变革必须基于两种内在目标：一是提高组织对环境的适应能力，二是改进组织员工的行为模式。因此组织变革对组织管理的意义在于：意识通过组织变革可以调适组织结构和运行机制，实现组织与环境动态适应；二是通过组织变革可以改进组织运作方式和水平，实现组织与组织成员心理、行为的动态和谐。

所谓组织变革的动力，就是支持变革并推动变革的驱动力。变革的动力源于人们对变革必要性及变革所能带来好处的理解和认识。如企业内外客观条件的变化，组织本身存在的问题，各层次管理者居安思危的忧患意识以及变革可能带来的权力和利益关系的变化，这些都可能成为引发组织变革的动机。组织面对动态和变化的环境，要求它们迅速适应。一般说来，变化可分为两类：一类是组织的外部环境变化；一类是组织内部因素变化（图12-1）。

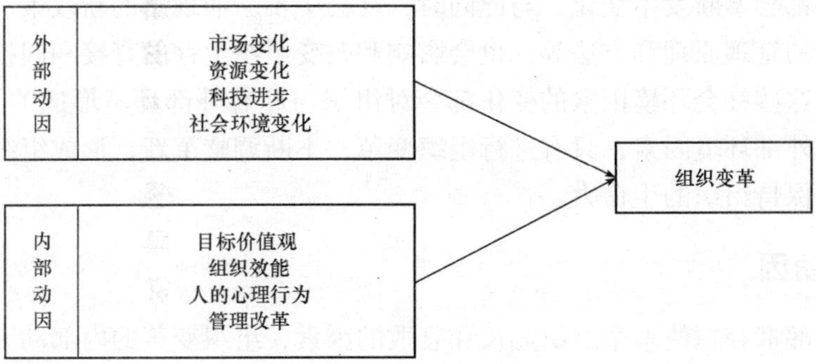

图 12-1　组织变革的动力

一、外部动因

任何组织都必须与外界环境进行交流，力争使自身与外界环境取得平衡。组织变革的外部动因主要就是指组织的管理者难以控制的外界环境因素对组织变革的促进作用，其中最主要的是市场、资源、技术和环境变化的影响。

（一）资源变化

资源变化主要包括一个组织所需要的资金、能源、设备、原料、劳动力、信息等投入物的质量、数量和价格的变化，涉及组织生存与发展的自然资源、资本资源、信息资源和人力资源的变化。任何组织都是一个投入产出系统，其产出的成果，即广义的产品的价值，取决于服务对象——顾客的接受程度，因此资源和市场是组织生存的理由和生命线。组织赖以存续与发展的资源和市场的变化是推动组织变革的基本动因之一，只有不断适应资源和市场变化的组织，在激烈的竞争环境中生存下来，才是富有生命力和发展力的组织。

（二）科学技术变化

科学技术变化是促进组织变革的强大动因。新技术、新材料、新工艺、新设备的出现，会带来产品、组织管理、专业分工、人际关系等一系列变化，以空前的广度深入影响和改革社会生产方式、组织方式和生活方式。例如，信息和计算机技术的引入，传统的组织结构出现扁平化趋势，管理者的管理幅度更大，中层管理部门和人员可以减少，组织活动反应更为迅速、敏捷。人类社会科学技术的不断进步，不断改变着各类组织的产品结构、生产与工作技术、生产方式和公众的消费偏好，不断改变着人力资源的质量、成分和流动性，劳动者在性别、种族、文化上越来越多样化，劳动力的教育水平和流动性不断加强，劳动力的结构和价值观不断变化，高知识、高技术的工作对高素质人才的需要日益扩大。因此，各种组织只有进行变革，才能适应科学技术变化的潮流和发展趋势。

（三）社会环境变化

社会环境变化主要是指社会行为价值观的变化和社会的体质或制度结构的变化，也包括社会的政治因素、法律因素、文化因素、政府政策以及顾客、竞争者、供应者、公众等因素的变化，但对组织变革影响较大的是前两类因素的变化。随着社会的发展、知识的积累、技术的进步、工作和生活质量的提高，人们的社会价值观念、道德标准、价值和行为取向、工作和生活偏好等都会不断发生变化，与此同时，社会中不断涌现出的新政策、新制度、新组织、新体制、新的管理原理和方法等，也会影响和改变组织生存的直接和间接环境，以及自身运转的效能。这些社会环境因素的变化都会对组织与原有外部环境形成的平衡造成压力，组织又无法控制外部环境因素，只有进行组织变革，不断调整革新，形成组织与外部环境的动态平衡，才能保持组织的生命力。

二、内部动因

任何组织内部都存在使整个组织成长和衰败的因素，组织变革的内部动因主要是组织成员的变化，组织运行和成长中的矛盾所引起的。对组织变革影响较大的内部推动因素主要有组织目标和价值观的变化，组织运行效能的变化，组织成员心理和行为的变化，以及组织自身管理方式、管理技术方法的变化等。

（一）组织目标和价值观的变化

组织目标是一个组织在未来一段时间所要达到的目的，它指明了一个组织的广义宗旨。组织目标的对象，一是维持组织的生存与发展；二是致力于的管理活动和组织成员的努力和绩效。组织目标的确立与保持要靠价值观系统来维系，组织价值观系统的变化，会导致人们对目标的价值、目标的选择、目标的可行性等进行新的权衡，从而引起目标的变化。组织目标一旦变化，组织的任务，各项工作的基础，组织稳定、组织决策、组织活动的依据和标准等都会发生变化，自然成为组织变革的动因。

（二）组织运行效能低下

一个组织决策迟缓，错误不断，无法把握机遇；一个组织因循守旧，墨守成规，难以产生新思想、新方法；一个组织内部沟通阻塞，冲突频繁，活动失调，人事纠纷严重；一个组织机能紊乱、效率不高、组织成员积极性无法调动等，组织就处于运作效率低下的状态，迫切需要通过组织变革来诊治“病症”，提高组织运作效能。因此组织运作效能低下是从内部促使组织变革的动因之一。

（三）组织成员心理和行为的变化

任何组织中，人都是最宝贵的资源和动力，人们的积极性、主动性和创造性是组织成功实现目标的关键。但是人们的工作积极性受制于其动机、态度、行为等社会心理与行为因素的影响，如果组织成员的价值观念、工作期望、工作态度、工作行为等发生变化，与组织目标、组织结构、组织关系、权责系统相互矛盾或者不相适应时，往往需要对组织或组织的部分进行相应的变革，从而调动人的积极性，发挥人力资源的效用。

此外，组织在管理上的重大改进或变化往往会推动或导致组织变革的发生。从大的意义上讲，组织变革应属于“管理改革”或“改革管理”的组合部分，从具体意义上讲，管理的改进是指一个组织所采用的管理思想理论、管理体制、管理方式方法、管理技术手段等方面的改变和进步。

上述这些因素都会对组织施加压力，导致组织系统失衡，从而在组织自身产生改革现状、追求新的平衡的变革推动力量。当然，推动组织变革的动因是多种多样的，通常会发生几方面因素交织在一起促进组织变革的情形，因此，应当始终以全面、系统的观点来考察和分析。

第二节　组织变革的阻力与克服

一、组织变革的阻力

任何组织变革都面临着动力和阻力问题。所谓阻力，就是人们反对变革、阻挠变革甚至对抗变革的制约力，表现为组织内部成员对组织变革的怀疑、抱怨、拖延、消极怠工，甚至破坏等不利于组织变革的观念、言论和行为。

对于变革阻力，应该从积极和消极两个方面来加以认识。就消极作用而言，变革阻力阻碍了组织对环境的适应和组织的进步，影响组织的效率、效能的提高，可能使组织因缺乏革新精神而错失发展机遇。就积极作用而言，变革的组织阻力会促使组织的行为具有一定的稳定性和可预见性，从而减少混乱和随意的组织行为或变革的发生及其对组织的冲击和伤害。例如，企业员工对薪酬制度改革方案的不满会激发对薪资分配方案优缺点的讨论，产生许多有益的建议，从而使薪资改革方案更加完善。变革阻力的表现形式多种多样，形成原因也十分复杂，下面将变革的阻力分为个体阻力和组织阻力两个方面来说明（图 12-2）。图中展示了组织变革阻力的两种重要来源，现实中两者往往是交织在一起的。

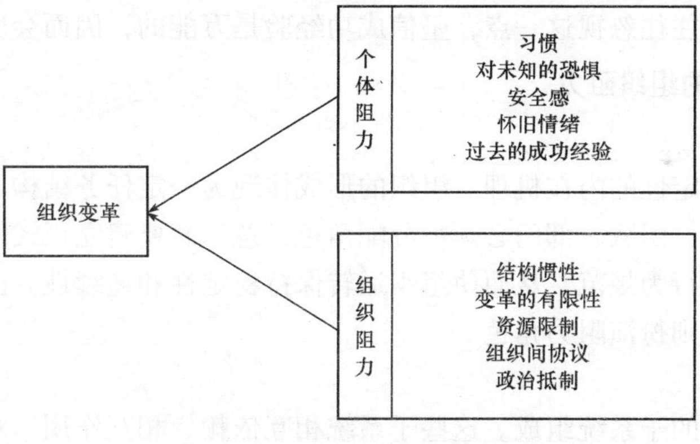

图 12-2　组织变革的阻力因素

（一）组织变革的个人阻力

1. 习惯

人类是有习惯的动物。除非情况发生了明显的变化，否则往往容易依赖于习惯性或模式化的反应来对付复杂的社会生活。习惯对个人来说可能是一种满足的源泉，习惯允许人以自己熟悉的方式去适应所处的环境。但是当组织发生变革，个人难以看到改变习惯带来的好处时，按习惯方式做出反应的行为趋向就会成为变革的阻力。

2. 对未知的恐惧

变革使用一些模糊和未知的东西来代替人们已知的东西。组织与员工无法预测变革后组织结构会给员工带来什么样的结果，不确定性会给大多数人带来焦虑。未来变革的不确定性以及变革后果的潜在不确定性会引起人们内心的恐惧。为了避免对未知的恐惧，许多人宁愿维持现状，抵制组织变革。

3. 安全感

变革意味着打破原来的平衡状态，责任权利的再分配，以及要调整人们所习惯的制度规则和活动方式，往往使组织成员暂时处于不稳定状态，一些人会感到自己的权力地位、所控制的资源、收入以及福利等受到了威胁，从而带来某种程度的不安全感。一般来说，安全感需要程度较高，既得利益和控制资源受到威胁的人可能抵制变革，因为变革给他们带来了不安全感。

4. 怀旧情绪

个体通过知觉塑造自己的认知世界，一旦形成了个人的认知世界，就会下意识选择自己的注意力和保持力，有意识地对信息进行选择性加工，倾向于选择感受那些最符合自己对当今世界理解的事物，不愿意随时对新事物做出客观深入的了解，如果新事物与自己原有的知觉和观点相左，便容易对变革抵制。企业的历史越长，它长期积淀下来的文化、观念越深，变革的阻力越大。当变革目标同企业长久形成的文化理念与员工价值观产生冲突时，通常会遭到多数员工的反对。

5. 过去的成功经验

一个曾经取得过成功的企业，往往容易陶醉于昔日的荣耀之中，将过去的成功经验作为企业未来制胜的法宝。事实上，由于环境的急剧变化，过去的经验可能不再适用于今天的条件。然而，管理人员往往忽视这一点，坚信成功经验是万能的，因而会反对变革。

（二）组织变革的组织阻力

1. 结构惯性

组织具有产生稳定性的内在机理。组织的形成体现为一定任务结构、层级部门结构和权责结构，意味着个人、团队、部门必须被分配角色，意味着要建立正式的工作关系、信息沟通关系、规章制度和行为规范，从而使组织运转保持稳定性和连续性。但是，当组织面对变革时，这种结构惯性则扮演阻力角色。

2. 变革的有限性

组织由许多独立的子系统组成。这些子系统相互依赖、相互作用，对任何子系统的变革都可能直接或者间接地作用到其他的子系统，从而受到其他子系统的反作用力。所以对组织中的子系统进行有限变革或者选择有限的变革点推行组织变革时，很可能因为招致其他系统的抵制或更大的系统问题而阻力重重，甚至使有限的变革趋于无效。例如，当组织变革技术时，但没有对组织结构做出相应的调整以配合这种变化，则技术的变革就不可能被接受。

3. 资源限制

组织变革是有成本的，需要一定人力、财力、物力、时间等资源的投入。资源不足或者资源不易改变都会对组织变革形成某种阻力。通常经济基础薄弱、资源条件较差的组织会因为资源限制考虑放弃或者延迟组织变革。或者当一项变革会改变组织的资源结构，致使原有的某些资源被闲置而造成资源浪费，或者该组织的固定资产投资高、现有资源价值很高且无法轻易改变或技术相关性强时，损失就会更大。在这种情况下，组织的现有资源和资源结构就会对变革产生一定的阻力。

4. 组织间协议

组织间的协议通常规定了组织和组织管理者在法律上和道义上的责任，对组织具有约束力。这类协议所施加的责任和义务，可以约束组织管理者的行为，限制组织变革。例如，劳动合同对于管理部门的雇用和解雇人员、分配任务、提升与罢免等特权和行为意向就是一种限制。

5. 政治抵制

通常情况下，组织变革必须对权力进行重新配置，因此会威胁到组织长期以来已有的权力关系和资源分配格局。威胁到既得利益者的利益，因此会引来既得利益者或者实权人物的提防和抵制。此外，企业的现状是过去决策的结果，而变革是对现状的改变，无疑会引起对组织领导人以往决策正确性的怀疑，因而也会有对变革的抵制情绪。

二、克服变革阻力

虽然组织变革存在诸多阻力，但是可以采取行动来减少这些阻力。

（一）沟通

当信息失真或沟通不良，人们会对变革产生焦虑情绪，进一步演变为抵制变革。对变革必要性和其可能后果的有效沟通，可以减少变革的阻力，能够帮助组织成员接受并推进变革。沟通的形式主要是个别交谈、小组讨论或报告等。

（二）加强说服教育

通过说服教育加强组织成员对新知识、新观念、新技术的了解和掌握，学会用正确的观点和方法来看待变革，增进员工对组织变革的理性认识，增强对组织变革的适应力和心理承受力。另外，可以营造一种非改不可的压力和紧迫感，让成员自觉加入变革中来。教育的方法主要有专题报告、各种书面材料的宣传、员工会议等。

（三）增加参与度

心理学研究表明，人们对某项事件参与度越高，就越勇于承担责任，并把它作为自己的事情来做。公开表明组织目前所处的环境和面临的困难与机遇，在组织中上下达成共识，鼓励员工共同参与讨论和设计并实施变革，有利于增强员工的归属感，增强变革的紧迫感，扩大对变革的支持力量，使组织变革有更为广泛的群众基础，这是保证组织变革得以顺利进行的首要条件。

（四）促进与支持

从心理上和技术上帮助那些受到变革影响的员工。通过为员工提供咨询与心理辅导、新技术培训、短期的带薪休假等方式调整员工紧张与焦虑的心态，提升他们面对变革的适应能力。管理者在变革中应努力创造一种与员工之间相互尊重、相互理解的良好氛围，发挥员工的积极性和主动性。

（五）谈判

当阻力具有强大影响力时，谈判可能是一种必要的策略。通过谈判，以某种有价值的东西换取他们对变革的支持。但这种方式潜在的成本较高，一旦变革者为了避免阻力而对另一方让步，就可能因此面临其他权威个体的勒索。

（六）操纵和收买

操纵是暗地里施加的影响。具体方法有扭曲事实、屏蔽信息或者制造谣言。收买是用财务或者其他好处笼络人心，包括操纵与参与。但是这种策略一旦被识破，就可能会带来适得其反的结果，并且变革者的名誉会受到很大影响。

（七）强制

强制是对变革的抵制者直接实施威胁和压力。常见的现象有威胁调职、不予提拔、消极的绩效评估、提供不友善的推荐信等。但是强制可能影响人际关系，这种方法只有在万不得已的情况下才使用。

第三节　管理组织变革的方法

组织变革是一个过程，有着自身的规律和模式。下面是几种常用的推行组织变革的方法。

一、卢因的三步模型

库尔特·卢因（Kurt Lewin）是计划变革理论的创始人，他认为成功的组织变革应该遵循解冻、变革和再冻结三步骤。

（一）解冻

将变革看作对组织平衡状态的一种打破，即解冻，这是创造变革的动力。在这一阶段，组织必须清醒地认识到新的现实，抛弃旧的观点和做法，为树立新的行为和观念做好准备。然而组织在与那些不再发挥作用并要设法打破的结构和管理行为分开之前，会受到来自旧观念的抵制。因此组织必须确定地否定目前的行为或态度，或者在一段时间内不再强化或肯定；这种否定必须建立足够的、能产生变革的迫切感；通过减少变革的障碍，或通过减少对失败的恐惧感来创造心理上的安全感。

（二）变革

变革即指明改变的方向，实施变革，使成员形成新的态度和行为。这时组织创造并拥有一种未来愿景，并综合考虑达成这一目标所需要的步骤。这个愿景不仅包括其使命、哲学和战略目标的某种陈述，而且旨在清晰勾画出组织理想的未来样子。此过程包括帮助员工对角色模型的认同，即学习一种新的观点，或确立一种新的态度的最有效的方法，即观看其他人是如何做的，并以这个人作为自己形成新态度或者新行为的榜样；再从客观实际出发，对多种信息加以选择，并在复杂的环境中筛选出有关自己特殊问题的信息。

（三）再冻结

把组织稳定在一个新的均衡状态，目的是保证新观念和新行为得到巩固，或为新的行事方式，这是变革后的行为强化阶段。具体做法是让成员有机会来检验新的态度和行为是否符合自己的具体情况。成员一开始对角色模型的认同可能很小，应当用鼓励的办法使之保持，让成员有机会检验与他有重要关系的其他人是否接受和肯定新的态度。群体成员彼此强化新的态度和行为，个人的新态度和新行为可以保持更持久。

二、科特的八步计划

哈佛商学院的约翰·科特在卢因的三步模型基础上，为实施变革建立一个更详细的模型。科特列举了管理者在发动变革时常见的失败因素，建立了八个连续的步骤来克服这些问题，具体如下：

（1）通过创造组织需要迫切变革的理由，建立紧迫感。

（2）形成具有领导变革所需足够权力的联盟。

（3）建立新的愿景来指导变革，并制定实现该愿景的战略。

（4）在整个组织中进行愿景沟通。

（5）通过扫除变革障碍、鼓励冒险、鼓励创造性地解决问题，向员工授权，让他们为愿景采取行动。

（6）有计划地创造和奖励近期成果，这些成果会推动组织向新的愿景迈进。

（7）巩固成果，重新评估变革，在新的计划中做出必要的调整。

（8）通过证明新行为与组织成功之间的联系，强化变革。

三、行动研究

行动研究又称互动研究，是指一种变革的过程，这种过程首先系统地收集信息，然后在信息分析的基础上选择变革行为。行为研究的价值在于它为推进有计划的组织变革提供了科学的方法论。

行为研究的过程包括五个阶段：

（1）诊断。组织变革的推动者在行为研究中通常是外部顾问，他们从组织成员那里收集变革需要的信息。变革推动者提出问题，与员工面谈，翻阅记录，并倾听员工所关注的问题。

（2）分析。组织变革的推动者对诊断阶段所收集的信息进行分析，把这些信息综合成几个方面：主要关心的问题，问题的范围和可能采取的行动。

（3）反馈。反馈即与员工共同分享前两步获得的信息，在变革推动者的帮助下，凡是将会参与变革方案的人员都必须帮助查找问题以及确定解决的办法，制订行动计划来实施任何必要的改革。

（4）行动。员工和变革推动者通过具体行为来解决所发现的问题。

（5）评价。组织变革的推动者以原始资料为依据，与之后发生的变革进行比较和评价，评估行动计划的有效性。

行动研究对组织变革的好处在于，一是以问题为中心，通过客观地发现问题的类型决定变革行为的类型；二是由于活动研究中包括了员工的大量参与，减弱了变革的阻力。

四、组织发展

组织发展是以提高组织整体绩效为目标，有计划进行组织变革的一种综合手段。组织发展的思路是对企业进行“多层诊断”“全面配合”“行动干预”“监控评价”，从而形成积极健康的诊断——改进周期。组织发展的具体方法有以下几种：

（一）敏感性训练

在敏感性训练中，成员处于一个自由开放的环境中，在专业行为科学家的引导下，自由讨论感兴趣的问题，表达意见，分析行为和情感，并接受他人反馈的意见，从而达到增强自我意识和认知能力，提高对人际互动的敏感性作用。这种方法可以有效地用于管理培训和团队建设活动，解决组织与群体中的人际关系方面的许多问题。

（二）调查反馈

调查反馈是评估组织成员所持的态度、发现成员之间的认知差异并消除这些差异的一种工具。基本方法是由独立的评价机构或委托有关单位，运用专门设计的问卷表评估和分析员工的态度与气氛，从而系统地识别可能存在的问题，收集解决问题的意见和方法，并把调查结果反馈给各个层次的干部员工，也可以举行调查反馈会议，运用得到的资料，诊断所存在的问题，制订解决问题的行动计划。

（三）过程咨询

过程咨询主要是通过群体内部或者群体与咨询顾问之间的有效交流与工作过程而进行的，从而帮助诊断和解决组织过程中面临的重要问题。过程咨询在假设上与敏感性训练很相似，它们都假定通过协调人际关系和重视参与以提高组织的有效性。二者区别表现为目的不同，过程训练不是以解决组织存在的问题为目的，而是帮助大家改变观念，更改任务导向。但是过程咨询的不足之处在于组织成员不能像在其他组织发展活动中那样广泛参与整个过程，而且过程咨询一般时间较长，费用较大。

（四）团队建设

团队建设是利用高度互动的群体互动来增强团队成员之间的信任和坦诚，协调群体工作的步调与规范，提高群体工作效率。团队建设通常包括目标设定、团队成员间的人际关系开发、用来明确每个成员和责任的角色分析，以及团队过程分析。

（五）群体间关系的开发

组织发展关注的一个很重要的领域是群体之间功能失调的冲突，群体间关系的开发重点关注组织内职位、部门或分工的差异，致力于改变不同群体对彼此的态度、观念和刻板印象。最常用的方法是，让每个群体独自列出该群体对自己的认识、对其他群体的认识以及自己认为的其他群体看待自己的方式。然后各个群体分享这些信息，讨论他们看法之间的异同，尤其要寻找导致分歧的原因。一旦发现问题根源，这些群体就进入整合阶段，为找到改善群体间关系的解决方法而付出努力。

（六）价值探索

价值探索不是寻找问题和解决问题的方法，而是确定一个组织的独特品质和特殊优势。这些因素可以成为员工改进工作绩效的基础。价值探索过程由四个步骤构成：第一步是发现，就是找出大家所认为的组织优势；第二步是梦想，就是在发现阶段得到信息的基础上，员工思考组织未来是什么样子；第三步是设计，基于对梦想的描述，参与者为组织的未来找到一个共同的愿景，并就组织的独特品质达成共识；第四步是参与者会尝试去确定组织的命运或如何实现他们的梦想，通常还会制订行动计划和实施方案。

第四节　营造适合变革的文化

企业所处的内外部环境都发生了变化，应对变革的形势，企业文化是否需要打破旧的平衡，建立新平衡？回答是肯定的，人们必须去学习如何营造一种能够帮助企业适应变革的新文化。

一、变革原有的企业文化

这个过程主要包括变革思想、领导意识、人才观、利润观、战略观、企业文化观等。企业变革前后在管理模式、经营策略、产业结构、人才需求、利益等方面均会有很大的不同，因此必须变革原有的企业文化。其中变革领导意识显得尤为重要，因为领导意识影响着企业的各项决策，直接关系到企业的生存和发展。

二、变革企业行为

企业通过制度上的改变促进和培养员工的新技能，达到行为上的改变，通过行为上的改变让他们对企业有一个新的认识和感知，并且用新的态度来看待企业，慢慢形成或接近企业提倡的理念。企业文化的形成是一个良性循环，没有尽头，体现在企业中是生产效率的提高和凝聚力的增强。任何一个企业从初创到成长壮大，必然会积淀形成自己独特的企业文化。

三、建立共同愿景

“上下同欲者胜”，只有建立一种全体员工都认同的企业文化，企业才能凝聚人心。对企业来说，重塑企业文化不是组织一帮文人，研究和讨论企业文化是什么、怎么做，而是将新的经营思想细化到企业生产中的每一个环节，通过不断的企业变革来实现员工行为上的改变。成功的企业对文化的理解，表现在他们不断变革经营战略和立即行动上，它们的文化有一个共同点就是能够不断促进企业的变革，不断的变革又使企业业绩不断增长，所以企业的变革过程也就是企业文化形成的过程。

四、领导团队身体力行

要使企业中的每一个人相信并愿意去实践共同的价值观，领导团队的身体力行最重要。如果共同的价值观只是停留在口头、文字、会议等形式上，领导团队高高在上，这样的价值观是不可能被员工接受的。领导者要有非常敏锐的观察力，观察这个组织所有人的心理以及客观的困境，通过口号、行为，形成一种共识，让大家行为一致，形成一种文化，形成一种力量。

五、让价值观体现在工作绩效上

要员工信奉共同价值观，就要让他们相信这样的价值观是能够给他们带来绩效的，无论是在薪酬上或者是个人发展空间上，必须有一个体现的载体。所以要有意识地向员工表明新的战略变革是如何帮助他们提高工作绩效的，从而使他们理解战略变革的作用与价值观的联系，并且愿意去坚持这种价值观。

六、清除发展变革途中的障碍

战略变革开始往往让企业员工在观念上无所适从，文化惯性使他们怀疑变革的真实性，既得利益者更加会在正式或非正式场合散播不利变革的言论。如何让变革的决心深入人心，让创新价值观成为坚定不移的价值取向，是战略变革的关键。“标杆效应”是让成员迅速适应变革的有效方法，是使员工清楚何者是对，何者是错的捷径；变革需要付出成本，解雇不适合战略变革的成员，本身就是一种价值观取向的标杆；形成主流文化，坚决清除发展变革途中的障碍，是向组织成员宣示这场变革决心的最好途径。

第五节　工作压力与压力管理

在急剧变化的现代社会，面对市场竞争的加剧，员工工作负荷不断增大，心理压力随之成倍增加。重视员工的压力管理，已成为组织管理的一个重要方面。压力管理有利于减轻员工的心理压力，保持最佳工作状态投入工作，进而提高组织绩效，促进个人和组织的和谐健康发展。

一、工作压力

（一）压力模型

压力是人身处某种动态情境中，个体要面对自己所期望的目标相关的机会、限制及要求，并且这种动态情境所产生的结果被认为是重要而不确定时产生的心理和生理反应。由此可见，压力一般与各种限制和要求相联系。限制会阻碍一个人去做自己想做的事，而要求则会推动自己做希望得到的事。因此压力本身不一定是一件坏事，通常所说的压力是其负面影响，其实它也有积极价值。

当压力发生在工作中便形成了工作压力，工作压力是人与环境互动的一种特殊关系，当环境要求超过个人能力以及利用的资源时，并危及其心理的平衡与生活步调的和谐与完整时所产生的压力。工作压力就是人在工作情景中许多内、外在变量与个人因素交互作用所产生的心理紧张现象。正如罗宾斯的工作压力模型（图 12-3）所示，使人产生压力的因素有三大类：环境因素、组织因素和个人因素。这些因素是否使人产生压力以及产生压力的大小，受一些个体因素的调节变量的影响，如个体认知、工作经验、社会支持等。当个体感受到压力时，会产生一些后果，表现为生理症状、心理症状和行为症状。

（二）压力源

压力源是指那些会迫使个体偏离其正常心理或生理功能的工作相关因素。它主要关注的是工作条件对个体健康的负面影响，主要的压力源包括环境因素、组织因素与个体因素。

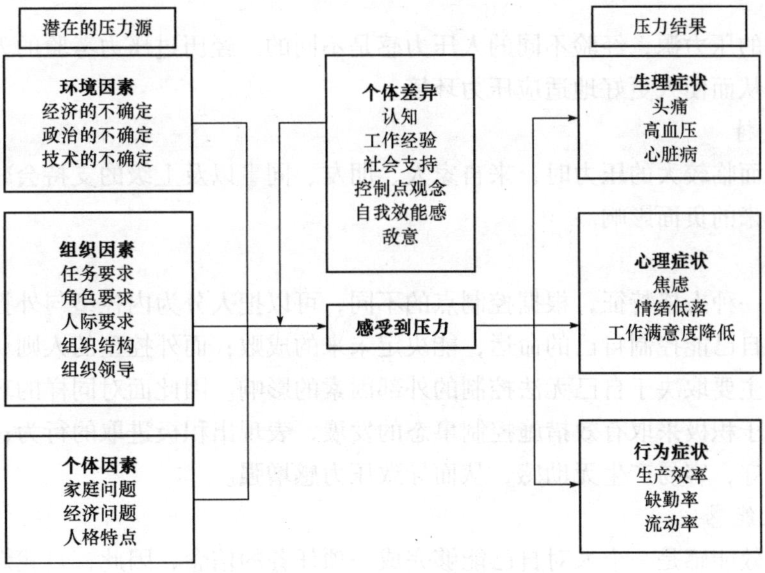

图 12-3　罗宾斯的压力模型

1. 环境因素

环境的不确定性会影响到组织中员工的压力水平。经济的不确定性影响人们对未来经济收入的预期，是导致压力的重要因素。政治的变革和动荡会打破已有的社会生活秩序，给人们带来压力。技术变革是导致压力产生的又一因素，技术革新和进步使员工的技能在短时间内过时，甚至会使一些产业淘汰。如果不能跟上技术发展，员工将面临巨大的就业压力。

2. 组织因素

组织内部存在诸多导致压力感的因素。工作任务要求与员工的工作压力相关，包括工作自主性、任务多样性、自动化程度、工作条件、情绪劳动等。员工在组织中扮演的角色同样会给个体带来压力，如角色负荷、角色模糊以及角色冲突等。工作中的人际要求，包括能否得到上级的支持、与同事之间的关系、组织和社会支持也会使员工产生压力感。

3. 个体因素

个体方面可能带来成为压力源的因素，包括如家庭成员关系是否和谐、家庭经济状况、开支是否超出其承受能力等。此外，个体的性格特点也是影响个体产生工作压力的因素。

（三）个体差异

不同个体面对相同压力源影响的反应不同。正如罗宾斯提到的，有些人在压力重重的环境中生机勃勃，而有些人则萎靡不振，是什么因素致使人们处理压力的能力有所差异呢？证据越来越多地表明，在压力源和压力反应之间存在诸多调节变量，这些变量在很大程度上影响了人们对压力源的反应。

1. 认知

员工的反应基于他们对现实的认知，而不是基于现实本身。因此个体对环境条件的认知与评价是影响压力源与个体反应之间的调节变量。

2. 经验

面对同样的压力源，经验不同的人压力感是不同的。经历过压力考验的人最终会养成一种抗压能力，从而使人更好地适应压力环境。

3. 社会支持

当一个人面临较大的压力时，来自家人、朋友、同事以及上级的支持会减轻由于高度紧张的工作所带来的负面影响。

4. 控制点

控制点是一种人格特征，根据控制点的不同，可以把人分为内控型与外控型两大类。内控型的人认为自己能控制自己的命运，能决定未来的成败；而外控型的人则认为个体受环境的控制，成败主要取决于自己无法控制的外部因素的影响。因此面对同样的环境条件时，内控型的人倾向于积极采取有效措施控制事态的发展，表现出积极进取的行为；外控型的人则倾向于消极防守，容易产生无助感，从而导致压力感增强。

5. 自我效能感

由于自我效能感是一个人对自己能够完成一项任务的信念，因此，自我效能感不是实际能力，而是对自我能力的一种主观信念。与低自我效能感的人相比，高自我效能感的人相信自己完全能够应对当前的环境，完成所面临的任务，因此，面临同样的压力环境，其压力感相对较低。

6. 敌意与易怒感

一些人的性格中包括高度的敌意和愤怒，那些易怒、对别人抱持怀疑和不信任态度的人，更容易体现到压力感。

(四) 压力后果

长期高度的压力不仅使人精神衰竭，而且危害个体的身体健康、心理健康，影响到工作绩效。压力的表现形式多种多样，可归纳为三种类型：生理症状、心理症状和行为症状。

1. 生理症状

生理压力影响到人的身体健康，压力感能使患者新陈代谢出现紊乱，心率、呼吸频率加快、血压升高，头痛，易患心脏病。

2. 心理症状

与工作有关的压力导致员工工作不满意，这是最简单和最明显的心理影响后果。处于压力的人还经常表现出紧张、焦虑、易怒和情绪低落等心理症状。相关证据表明，当工作对人的要求多样且互相冲突，或者员工对工作责任、权限及内容不明确时，压力感和不满意感都会增强。

3. 行为症状

压力感的行为症状表现为生产率降低、缺勤、人员流动、饮食习惯改变、嗜烟、嗜酒、说话快、烦躁、睡眠失调等。

工作压力对组织绩效的影响有消极的一面，也有积极的一面。其关键在于压力是否在人们所能控制的范围之内。一般来说，压力与工作绩效的关系可以用类似于 Yerkes 和 Dodson 的倒 U 型关系模型（图 12-4)。该模型表明中等水平的压力使员工的工作绩效最高。如果工作完全没有压力，缺乏挑战性，员工工作缺乏积极性，工作效率将会很低。随着压力强度的增加，个体会调动自身资源去适应工作要求，绩效也会相应提高。然而，处于中等水平的压力，经过长时间的作用后也会给工作绩效带来负面影响，因为它会磨耗和侵蚀个体的精力资源。

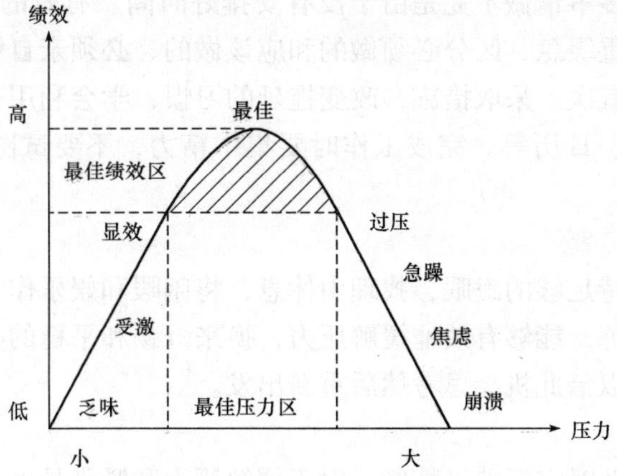

图 12-4　压力绩效模型

二、压力管理

从组织的角度讲，当员工压力感处于中低水平时，有利于促进员工绩效水平的提高。但如果压力水平过高，或者中低水平压力持续时间过长，则会使工作绩效降低，因此需要管理层采取一定措施。

（一）组织压力管理

组织管理者应该为员工营造一个适度压力的工作环境，同时要避免过度压力的产生，改善管理模式，满足员工的合理化需求，缓解和消除员工的压力。

（1）改善工作环境。管理者应该致力于创造高效的工作环境，帮助员工减轻疲劳，更加舒心、高效地工作。

（2）尊重员工的诉求，创造以人为本的企业文化。首先要增强员工之间相互合作和支持意识，加强上下级之间沟通；尊重员工诉求，鼓励员工参与决策，提高其归属感和满意度。

（3）进行任务和角色需求的管理。主要从工作本身和组织机构入手，使任务清晰化，角色丰富化，根据员工的个性特征设计和分配工作。

（4）进行生理和人际关系需求管理。提供组织资助的健康项目，创造良好的心理和生理环境，满足员工在工作中的身心要求。

（二）个人压力管理

个体自身因素是员工工作环境和工作本身状况的主观感受和评价，所以降低压力水平，员工个人也应承担责任。

1. 正视压力

员工个人形成任何有效压力管理措施之前，必须先对工作压力有明确的认识和接受的态度。对于已经产生的工作压力，不要责备是自己的能力表现差，这是正常的心理现象，有时适度的压力反而是进步的原动力。

2. 进行有效的时间管理

通常，人们觉得很多事情做不完是由于没有安排好时间。有效的时间管理方法主要有：为所要做的事情设定轻重缓急，区分必须做的和应该做的、必须亲自做的和可以交由别人完成的，合理安排，有主有次。采取措施，改变拖延的习惯，学会利用有一些提示时间和计划的外部手段，如提醒器、日历等。完成工作时要集中精力，不要试图一下子把所有的工作做完。

3. 锻炼与放松

注意劳逸结合，保持足够的睡眠，找理由休息，将闲暇和娱乐作为工作的必要补充。进行适度的、有节奏的锻炼，能够有效地缓解压力，换来舒畅和平稳的心情。适时、适度的休假，让身心恢复，也可以借此机会思考然后重新出发。

4. 寻求社会支持

受到压力威胁时，及时宣泄消极情绪，对于缓解压力和紧张是极其有帮助的，因此来自家人和朋友的支持非常重要。不妨与家人或朋友同事一起讨论目前的压力情景，把自己的苦闷和倦怠说出来，在他们的帮助建议下，对压力进行重新审视。当需要某些实际帮助时，不妨求助于领导和同事。

本章小结

组织变革是组织为了适应环境的变化而变革自身以适应组织发展的过程。组织变革要从战略高度思考变革的愿景和目标，制订相应的变革计划，克服阻力，按照变革的模式实施变革，并不断持续改进。

工作压力是组织中的一个问题，当员工压力感处于中低水平时，有利于促进员工绩效水平的提高。但如果压力水平过高，或者中低水平压力持续时间过长，则会使工作绩效降低，因此需要采取一定措施进行压力管理。

本章练习题

1. 举例说明组织发展的动力有哪些，如何加强这些动力。
2. 结合实例谈谈组织变革的阻力有哪些，以及如何应对这些阻力。
3. 推动组织变革的方法有哪些？
4. 什么是工作压力，工作压力对员工的影响是什么？
5. 如何应对工作压力，工作压力管理的对策有哪些？

研究性课题

当个人面对压力时会有何反应？

参 考 文 献

[1] [美] 斯蒂芬·P·罗宾斯，蒂莫西·A·贾奇．组织行为学 [M]．12 版．李原，孙健敏，译．北京：中国人民大学出版社，2008.

[2] 马新建．组织行为学——中国情景与管理 [M]．北京：北京大学出版社，2015.

[3] 王怀明．组织行为学：理论与应用 [M]．北京：清华大学出版社，2014.

[4] 张昊民，李燚，木楧晖．组织行为学 [M]．2 版．北京：高等教育出版社，2015.

[5] 乔芳．创建适应企业发展变革的企业文化 [J]．煤炭经济研究，2003 (9)：61－62.

[6] [美] 詹姆斯·坎贝尔·奎克，戴布拉·尼尔森．组织行为学——现实与挑战 [M]．7 版．刘兴智，闫一晨，邱光华，译．北京：清华大学出版社，2013.

[7] 陈春花，曹洲涛，刘祯，等．组织行为学——互联时代的视角 [M]．北京：机械工业出版社，2016.

[8] 罗倩文．组织行为学 [M]．北京：科学出版社，2016.

[9] 闫洁，吴威威．企业责任的道德追问——企业道德责任及建设 [J]．唐都学刊，2011，27 (5)：29－33.

[10] 夏森．试论组织文化的多元化趋势 [J]．中国商论，2014 (6)：50－51.

[11] [加] 杰拉德·H. 赛兹．组织行为学案例 [M]．上海：格致出版社，上海人民出版社，2008.

[12] 张德，吴志明．组织行为学 [M]．4 版．大连：东北财经大学出版社，2016.

[13] 胡立君，唐春勇，石军伟．组织行为学 [M]．2 版．武汉：武汉理工大学出版社，2016.

[14] 刘佛翔．组织行为学 [M]．2 版．北京：科学出版社，2016.

[15] [美] 弗雷德·鲁森斯．组织行为学 [M]．12 版，双语教学版．王磊，姚翔，童佳瑾，等译．北京：人民邮电出版社，2016.

[16] 张德．组织行为学 [M]．5 版．北京：高等教育出版社，2016.

[17] [美] 贾林·科尔基特，杰弗里·勒平，迈克尔·韦森．组织行为学 [M]．3 版，双语数学通用版．北京：人民邮电出版社，2016.

[18] 瞿群臻，甘胜军．组织行为学 [M]．北京：清华大学出版社，2016.

[19] 罗明亮．组织行为学 [M]．北京：电子工业出版社，2016.

[20] 窦胜功，卢纪华，周玉良．组织行为学教程 [M]．4 版．北京：清华大学出版社，2016.

[21] 袁凌，雷辉，刘朝．组织行为学 [M]．2 版．北京：中国人民大学出版社，2015.

［22］曹威麟，洪进．组织行为学［M］．2 版．北京：北京大学出版社，2015.
［23］徐世勇．组织行为学［M］．2 版．北京：中国人民大学出版社，2015.
［24］Robert Kreitner，Angelo Kinicki. Organizational behavior［M］．北京：中国人民大学出版社，2015.
［25］［加］史蒂文·麦克沙恩，玛丽·安·冯·格里诺．组织行为学［M］．2 版．汤超颖，郭理，译．北京：中国人民大学出版社，2015.
［26］李宁．组织行为学在企业人力资源管理中的应用研究［J］．改革与开放，2017（08）：124＋126.
［27］胡战平．积极组织行为学对员工绩效的影响研究［J］．江苏科技信息，2017（08）：14－15.
［28］房宏君，张丽芳．应用型高校组织行为学课程教学探析［J］．劳动保障世界，2017（03）：64＋66.
［29］赵亮．组织行为学在企业管理中的运用［J］．中国商论，2016（16）：54－55.
［30］卞玉洁．从组织行为学角度浅析医院人才流失原因及其对策［J］．社区医学杂志，2016，14（05）：73－75.
［31］虞戈．应用组织行为学管理企业中的非正式组织［J］．企业改革与管理，2016（01）：65＋173.
［32］刘贵英．从组织行为学的角度分析如何发挥领导力在团队中的作用［J］．商，2015（24）：24－25.
［33］武倩．积极组织行为学视角下的企业员工激励研究［J］．商场现代化，2015（15）：138.
［34］白天明，周林，周君．组织行为学视角下的项目团队构建［J］．铁路工程造价管理，2015，30（01）：1－3＋13.
［35］李永瑞，等．组织行为学［M］．2 版．北京：高等教育出版社，2013.
［36］［美］斯蒂芬·罗宾斯，蒂莫西·贾奇．组织行为学精要［M］．9 版．吴培冠，高永瑞，张璐斐，等译．北京：机械工业出版社，2008.
［37］陈晶．组织行为学［M］．长春：东北师范大学出版社，2011.
［38］［美］罗伯特·卡茨．高效管理者的三大技能［J］．哈佛商业评论，2005（7）：118－130.
［39］时巨涛，马新建，孙虹．组织行为学［M］．2 版．北京：北京师范大学出版社，2008.
［40］郭咸纲．西方管理思想史［M］．3 版．北京：经济管理出版社，2004.
［41］杨天亮，辛斐，雷旭．人类大脑结构和功能的性别差异：来自脑成像研究的证据［J］．心理科学进展，2015，23（4）：571－581.
［42］苏萨．天才的脑与学习［M］．北京：中国轻工业出版社，2005.